营销关键业务领域风险防控手册

国网浙江省电力有限公司 编

企业管理出版社
ENTERPRISE MANAGEMENT PUBLISHING HOUSE

图书在版编目（CIP）数据

营销关键业务领域风险防控手册 / 国网浙江省电力有限公司编 . —北京：企业管理出版社，2024.3

ISBN 978-7-5164-2997-6

Ⅰ . ①营… Ⅱ . ①国… Ⅲ . ①电力工业—工业企业管理—销售管理—风险管理—浙江—手册 Ⅳ . ① F426.61-62

中国国家版本馆 CIP 数据核字（2023）第 240281 号

书　　名	营销关键业务领域风险防控手册
书　　号	ISBN 978-7-5164-2997-6
作　　者	国网浙江省电力有限公司
策　　划	蒋舒娟
责任编辑	蒋舒娟
出版发行	企业管理出版社
经　　销	新华书店
地　　址	北京市海淀区紫竹院南路17号　　邮编：100048
网　　址	http://www.emph.cn　　电子信箱：26814134@qq.com
电　　话	编辑部（010）68701661　　发行部（010）68701816
印　　刷	北京亿友创新科技发展有限公司
版　　次	2024年3月第1版
印　　次	2024年3月第1次印刷
开　　本	710mm × 1000mm　　1/16
印　　张	22.5印张
字　　数	355千字
定　　价	78.00元

版权所有　翻印必究　·　印装有误　负责调换

编委会

主　任：张彩友
副主任：周　俊　胡若云　洪健山
委　员：沈　皓　赵海宝　张艳丽　张　全　王秀春　赵郭燚　苏　媛
　　　　马　明　马　亮　严华江　曹瑞峰　赵　璞　朱　林

编写组

组　长：沈　皓
副组长：陈仕军　游　晟
成　员：刘　欢　朱　林　赵　睿　许小卉　袁　婷　蒋　群　石赟超
　　　　陈晓媛　韩鑫泽　庄　琛　周晨晖　安　东　刘兴平　章琛敏
　　　　马赟婷　黄沁沁　于天洋　钟震远　叶丽雅　刘　政　顾家伟
　　　　姜　于　许　巍　俞　昂　施志强　何　琪　陈冰心　马洁瑾
　　　　王贵平　周　瑶　刘　钊　潘俊杰　陈彬琦　李　源　傅　盈
　　　　卢　姬　蒋贝妮　黄林涛　陈甚逾　何　倩　喻　亮　张力行
　　　　杨　佳　程建华　何杲杳　郑　康　何　婷　陈钰莹　谢天草
　　　　邵麒麟　张伟波　潘喆琼

前 言

营销服务作为面向市场和客户的核心专业，是电网企业主导业务的重要组成部分，是践行"人民电业为人民"企业宗旨，履行政治、经济、社会三大责任的主要彰显。近年来，国网浙江省电力有限公司（以下简称"公司"）积极服务经济社会高质量发展和满足人民对美好生活向往的需求，在落实国家重要决策部署、推进电力市场化改革、打赢新冠疫情攻坚战、电助"千万工程"及"双碳"示范建设相关营销服务工作中，得到政府及社会的广泛认可。

公司以习近平法治思想为指引，以人民为中心，奋力推进依法治企，建设世界一流水平法治企业，提供世界一流水平供电服务。公司2010年作为国网公司首批试点单位之一，率先建成营销稽查监控中心，常态开展对营销业务质量、服务水平及合规风险的监督管控，坚持以在线、专项、现场"三位一体"营销稽查为抓手，以事前、事中、事后营销业务风险数字化内控"三道防线"深化建设为重点，着力推动制度变革、防范重大风险、促进合规治理、提升服务水平，全面强化"查改防"一体的数智化营销合规管理，以更高质量法治护航"一业为主、四翼齐飞、全要素发力"发展布局，营销合规风险管控能力实现整体性跃升，保障公司稳健经营、持续健康发展。

进入新发展阶段，落实新发展要求，构建新发展格局，更高水平法治建设、更高层次风险挑战及更高诉求供电服务，对公司营销服务工作提出新的更高的要求。为进一步完善营销稽查合规管控体系，强化"以防为主、防治结合"，推进风险研判、源头防范和系统治理的工作，公司联合国网甘肃省电力有限公司，编写《营销关键业务领域风险防控手册》。本书以指导性、实用性、先进性为原则，依照现有营销关键业务领域、最新制度标准及法治建设合规管理的要求，重点围绕审计监管关注点、质量问题易发点、供电服务敏感点，按营业业扩、电价电费、计量采集、用电检查、分布式光伏、智电能效、负荷管理、市场化售电、客户服务、营销项目共十大专业划分，梳理291个主要风险事项，从风险描述、风险影响、监督评价要点、防范措施、政策依据、典型案例六个维度深入细化、实化风险防控举措，切实指导相关单位及营销人员增强风险意识、提高业务技能水平、提升风险防控能力，推动公司法治建设再上新台阶，争当法治央企"排头兵"。

  本书编写过程中得到国网客户服务中心及重庆、山东、安徽、天津、河北、湖南等公司的大力协助和支持，评审过程中也得到众多营销业务专家的诚挚指导和帮助，在此致以衷心的感谢。由于编者水平有限，本书难免存在不妥与瑕疵之处，敬请各位读者批评指正。

目录
CONTENTS

第一部分
营业业扩风险

1 优化营商环境 ·················· 02
- 1.1 用电报装等信息不公开透明 / 02
- 1.2 业扩报装流程体外循环 / 03
- 1.3 办电环节精简不到位 / 04
- 1.4 业扩报装流程超时限 / 05
- 1.5 办电资料精简不到位 / 06
- 1.6 "最多跑一次"落实不到位 / 07
- 1.7 占掘路等行政审批事项未实现多部门并行审批 / 08
- 1.8 未按规定延伸电网投资界面 / 09
- 1.9 未一次性书面答复相关检查意见 / 10
- 1.10 系统账号权限管理混乱 / 11

2 业务受理 ·················· 13
- 2.1 未提供典型设计方案及工程造价参考手册 / 13
- 2.2 业务受理相关原则未落实 / 14
- 2.3 办电便利化措施落实不到位 / 15
- 2.4 业务受理存在"三指定"行为 / 16
- 2.5 限定用电报装线上办理 / 17
- 2.6 未向客户提供受电工程单位资质查询服务 / 18

3 方案答复 ·················· 20
- 3.1 方案答复存在"三指定"行为 / 20
- 3.2 办电材料审核不严 / 21
- 3.3 重要负荷认定不准确 / 23
- 3.4 电源方案制订不合理 / 24
- 3.5 低压容量开放政策执行不到位 / 25
- 3.6 "先接入,后改造"落实不到位 / 26
- 3.7 违规出现"一址多户" / 27
- 3.8 高可靠性供电费收取不合规 / 28
- 3.9 供电方案现场答复执行不到位 / 29
- 3.10 电价策略制定不合理 / 30
- 3.11 计量方案制订不准确 / 31
- 3.12 低压报装用户设备容量核定不到位 / 32

4 设计审查 ·· 34
4.1 设计审查存在"三指定"行为 / 34
4.2 设计文件审核不到位 / 35

5 中间检查 ·· 37
5.1 中间检查存在"三指定"行为 / 37
5.2 隐蔽工程检查不到位 / 38

6 竣工检验 ·· 40
6.1 竣工检验存在"三指定"行为 / 40
6.2 竣工检验不到位 / 41
6.3 验收接入环节收费不合规 / 42
6.4 擅自扩大验收范围 / 43

7 装表接电 ·· 45
7.1 业扩搭接安排管控不合理 / 45
7.2 供用电合同签订不规范 / 46
7.3 送电条件不满足情况下通电 / 47
7.4 客户档案资料管理不规范 / 48

8 变更用电 ·· 50
8.1 变更用电流程未及时归档 / 50
8.2 暂停（减容）、暂停（减容）恢复未重新核定电价执行标准 / 51
8.3 暂停（减容）未现场封停变压器 / 52
8.4 暂停（减容）设备启停时间与实际不符 / 53
8.5 暂停（减容）特抄电量失准 / 54
8.6 改类流程随意由高电价修改为低电价 / 54
8.7 优惠电价流程变更把关不严 / 55
8.8 改类流程基本电费设置错误 / 56
8.9 改类流程定量、定比电量与实际不符 / 57
8.10 改类流程线损、变损电量设置错误 / 57
8.11 过户、更名流程受理不规范 / 58
8.12 销户流程预收电费清退不到位 / 59
8.13 销户流程受理不规范 / 60
8.14 分户（并户）流程电气连接未分割清楚 / 60

第二部分
电价电费风险

1 抄表管理 ·· 64
1.1 抄表包参数设置有误 / 64
1.2 未按规定进行现场作业终端（或抄表机）管理 / 65
1.3 未按规定设置抄表例日 / 67

1.4 未按规定抄表例日抄表 / 68
1.5 现场抄表作业不规范 / 68
1.6 当月电费应出未出 / 69
1.7 长期手工抄表 / 70
1.8 需量用户表计最大需量冻结日与抄表例日不一致 / 71
1.9 抄表翻度未处理 / 72
1.10 总峰谷示数异常 / 73
1.11 无功考核异常 / 74
1.12 分布式光伏用户电量异常 / 75
1.13 发电上网电量抄表异常 / 76
1.14 抄表数据与采集不一致 / 77
1.15 长期零电量 / 78
1.16 拆表冲突 / 79
1.17 电动汽车充电桩用电量偏离理论值 / 80
1.18 核算包参数设置有误 / 80
1.19 业扩变更示数录入异常 / 81

2 核算管理 ······ 83

2.1 供电公司执行不合规电价政策文件 / 83
2.2 阶段性优惠电价政策执行错误 / 83
2.3 居商电价混用 / 85
2.4 两部制电价执行错误 / 85
2.5 差别电价执行错误 / 87
2.6 分布式光伏电价执行错误 / 88
2.7 发电上网电价执行错误 / 89
2.8 企业自用电电价执行错误 / 90
2.9 农业电价执行错误 / 91
2.10 学校教学和学生生活电价执行错误 / 92
2.11 居民电采暖电价执行错误 / 94
2.12 分时电价执行错误 / 95
2.13 充电设施电价执行错误 / 96
2.14 各省特有电价政策执行错误 / 97
2.15 定量定比设置不合理 / 98
2.16 功率因数考核标准错误 / 99
2.17 综合倍率异常 / 100
2.18 两路及以上进线用户需量基本电费计收错误 / 101
2.19 变损参数设置错误 / 102
2.20 专线用户线损率设置错误 / 103
2.21 用电类别、行业类别不一致 / 105
2.22 电费退补处理不规范 / 106
2.23 电费发行不及时 / 107
2.24 系统权限设置不合规 / 107
2.25 基本电费计费方式变更不及时 / 108
2.26 通过过户、销户规避差别电价 / 109
2.27 光伏用户结算异常 / 110
2.28 执行电价与电能表计度器不匹配 / 111
2.29 电价时段与电能表时段不一致 / 112

3 收费管理 ······ 114

3.1 电费催费管理不规范 / 114
3.2 电费违约金损失 / 115

3.3 电费走收不规范 / 117
3.4 营业厅电费现金管理不规范 / 118
3.5 收费、解款业务处理不合规 / 119
3.6 销户用户余额未清 / 121
3.7 电费预收互转管理不合规 / 122
3.8 电费虚假实收 / 123
3.9 跨考核周期冲正 / 124
3.10 电费虚拟户 / 125
3.11 电费催收不及时 / 126
3.12 发票管理混乱 / 127
3.13 增值税发票虚开 / 128
3.14 随意收取承兑汇票 / 129
3.15 陈欠电费管理不规范 / 130
3.16 购电制规范性 / 131
3.17 清理规范转供电收费 / 131
3.18 退费管理不合规 / 132
3.19 违规垫付应收电费 / 133
3.20 员工截留用户的电费资金 / 134
3.21 改变收费方式获取不当利益 / 134
3.22 电费反洗钱 / 136
3.23 智能交费协议签订不到位 / 137
3.24 违规欠费停复电 / 138

第三部分
计量采集风险

1 现场作业 ·········· 142

1.1 计量装接安全管控不到位 / 142
1.2 计量装接质量不合格 / 143
1.3 电能表和采集终端更换业务不规范 / 144
1.4 计量装置安装位置不合理 / 146
1.5 计量器具配置不合理 / 147
1.6 导线选择不合理 / 148
1.7 计量设备主人制现场工作不到位 / 149
1.8 计量设备主人制工作质量监督不到位 / 150
1.9 计量设备主人制移动作业终端管理不到位 / 151
1.10 现场检验设备使用不合理 / 152
1.11 现场检验工作落实不到位 / 153
1.12 现场检验服务不合规 / 154
1.13 装接单（工作单）审核执行不到位 / 155
1.14 计量装置故障处理违规 / 156

2 采集运维 ·········· 158

2.1 用电/采集异常主站处置不到位 / 158
2.2 采集数据不完整、不准确 / 159
2.3 现场设备巡视不到位 / 160
2.4 采集设备配置不合理 / 161
2.5 计量装置时钟管理不规范 / 162

3 资产管理 ··· 164

- 3.1 库房管理不规范 / 164
- 3.2 仓储不规范 / 165
- 3.3 出入库不规范 / 166
- 3.4 计量箱管理不规范 / 167
- 3.5 拆回利旧不规范 / 168
- 3.6 报废处置不规范 / 169
- 3.7 物联卡管理不规范 / 170

4 计量档案 ··· 172

- 4.1 系统档案与现场不一致 / 172
- 4.2 留档资料管理不规范 / 173

5 台区线损 ··· 175

- 5.1 台区责任制未落实 / 175
- 5.2 营配调数据变更未及时贯通 / 176
- 5.3 台区总表的装接运维及故障处理不及时 / 177
- 5.4 用户表计的装接运维及故障处理不及时 / 178
- 5.5 低压采集的装接运维及故障处理不及时 / 179
- 5.6 特殊用电用户未处置直接接入台区 / 181
- 5.7 台区自备电源、分布式电源私自反送电 / 182
- 5.8 反窃查违现象未及时处置 / 183

第四部分 用电检查风险

1 重要电力用户管理 ·· 186

- 1.1 重要电力用户认定不规范 / 186
- 1.2 重要用户电源配置不规范 / 187
- 1.3 重要用户自备应急电源配置管理不规范 / 188
- 1.4 重要用户运行管理不规范 / 189
- 1.5 重要用户档案不完善 / 190

2 客户安全管理 ··· 192

- 2.1 检查计划制订不规范 / 192
- 2.2 现场检查不规范 / 193
- 2.3 缺陷隐患管理不到位 / 195
- 2.4 客户安全用电告知不到位 / 196
- 2.5 客户设备巡视不到位 / 197
- 2.6 客户侧安全服务不到位 / 198

3 供用电合同 ··· 200

- 3.1 合同签订的主体不合法或合同有效性存在问题 / 200
- 3.2 合同附件不完整、必备条款不完善 / 201

3.3 合同产权归属与运行维护责任不明确 / 203
3.4 未与客户签订供用电合同或合同超过有效期 / 204

4 保供电 ……………………………………………………………… 206
4.1 保供电启动流程不规范 / 206
4.2 保供电准备工作不完备 / 207
4.3 保供电期间工作不到位 / 208
4.4 保供电应急预案不完善 / 209

5 窃电（违约）用电 …………………………………………………… 212
5.1 窃电（违约）用电现场检查处理不规范 / 212
5.2 窃电（违约）用电流程处理不规范 / 214
5.3 窃电（违约）用电处罚不到位 / 215
5.4 窃电（违约）用电长期未处理 / 216
5.5 临时用电管控不到位 / 217
5.6 暂停（减容）用户管理不到位 / 218
5.7 高损台区反窃电专项核查治理不到位 / 219
5.8 窃电（违约）检查后续处置不规范 / 220

6 配合行政机关停电作业 …………………………………………… 222
6.1 配合政府部门停电作业发起不合法合规 / 222
6.2 配合政府部门停电审批程序不规范 / 223
6.3 配合政府部门停电现场作业不规范 / 224

7 现场作业安全管理 ………………………………………………… 226
7.1 营销作业人员保障不到位 / 226
7.2 营销作业技术保障不到位 / 227
7.3 营销作业组织保障不到位 / 228

第五部分 分布式光伏风险

1 分布式光伏 ………………………………………………………… 232
1.1 光伏基础档案资料不完善 / 232
1.2 光伏项目信息系统录入不完善 / 233
1.3 光伏虚假立户 / 234
1.4 超容量发电 / 235

第六部分
智电能效风险

1 综合能源服务 ·········· 238

1.1 项目决策制度执行不到位 / 238
1.2 供应商甄别不规范 / 239
1.3 项目跟踪管控不到位 / 240
1.4 施工管理不到位 / 241
1.5 运维管理不到位 / 242
1.6 项目资金无法回收 / 243
1.7 政策变化影响 / 244
1.8 合同条款争议 / 245

2 电动汽车充电站 ·········· 246

2.1 项目选址不当 / 246
2.2 项目施工安全质量管理不到位 / 247
2.3 项目验收未按照相关规定执行 / 248
2.4 充电站价格策略不合理 / 249
2.5 运行监控管理不到位 / 250
2.6 工单处理不及时 / 251
2.7 现场运维检修不及时 / 252
2.8 备品备件供应不及时 / 253
2.9 车联网平台安全漏洞修复不及时 / 254
2.10 擅自变更充电站设计 / 255
2.11 充电站未按要求配置灭火器 / 255
2.12 重大服务事件处理不及时 / 256

第七部分
负荷管理风险

1 电力需求响应 ·········· 260

1.1 可调节负荷资源普查不准确 / 260
1.2 可调节负荷资源库建设管控不到位 / 261
1.3 工程实施质量管控不到位 / 262
1.4 需求响应实施管理不到位 / 263
1.5 补贴计算发放管理不到位 / 265

2 有序用电 ·········· 266

2.1 用户侧负荷监测和控制未达要求 / 266
2.2 优先保障和重点限制用户管理不严格 / 267
2.3 方案实施用户告知不到位 / 268

第八部分 市场化售电风险

1 市场化售电 ·································· 270
- 1.1 一个用户对应多份售电合同 / 270
- 1.2 售电公司与用户私下约定新交易电价 / 271
- 1.3 供电公司员工故意造成差错电量 / 272
- 1.4 市场化用户抄表异常 / 273
- 1.5 市场化用户套餐价格错误 / 273
- 1.6 市场化用户疑似规避 1.5 倍惩罚 / 274

第九部分 客户服务风险

1 服务意识 ·································· 278
- 1.1 服务意识淡薄 / 278
- 1.2 服务态度恶劣 / 279
- 1.3 服务能力不足 / 280

2 服务渠道 ·································· 282
- 2.1 服务渠道不通畅 / 282
- 2.2 渠道服务项目与公示不一致 / 283
- 2.3 屏蔽客户投诉举报渠道 / 284

3 服务质量 ·································· 286
- 3.1 服务形象受损 / 286
- 3.2 "首问负责制"落实不到位 / 287
- 3.3 "一次性告知"制落实不到位 / 288
- 3.4 擅自变更或泄露客户信息 / 289
- 3.5 服务违规收费 / 290
- 3.6 服务风险报备不规范 / 291
- 3.7 服务响应不及时 / 292
- 3.8 验表结果告知不到位 / 293

4 服务事件处置 ·································· 294
- 4.1 负面事件处置不当 / 294
- 4.2 投诉举报处置不当 / 295
- 4.3 处理不当导致服务诉求外溢 / 296
- 4.4 新闻舆论应对不及时 / 297

5 信息公开 ·································· 299
- 5.1 信息公布不到位 / 299
- 5.2 信息推送不到位 / 300

第十部分
营销项目风险

1 项目前期管理 …………………………………………………… 302
1.1 项目提资不准确 / 302　　1.2 可研评审不到位 / 303

2 项目计划与预算执行 …………………………………………… 305
2.1 年度采购和进度计划制订不合理 / 305

3 项目初设 ………………………………………………………… 307
3.1 初步设计不合理 / 307　　3.3 擅自超出项目概算 / 309
3.2 擅自变更初步设计　　　　3.4 项目实施未经审批 / 310
　　（实施方案） / 308

4 项目实施 ………………………………………………………… 312
4.1 采购活动开展不及时 / 312　　4.9 甲供物资擅自转为乙供 / 320
4.2 越权采购 / 313　　4.10 质量/进度考核条款未执行 / 321
4.3 规避招标 / 314　　4.11 工程物资退料管理不规范 / 322
4.4 招标限价组价依据不足 / 315　　4.12 废旧物资管理不规范 / 323
4.5 核心业务整体外包 / 315　　4.13 工程监理制度未严格落实 / 324
4.6 合同签订不及时 / 316　　4.14 工程实施未招标和签订
4.7 合同关键条款约定不明或　　　　合同 / 325
　　不完善 / 317　　4.15 施工过程以包代管 / 326
4.8 合同签订背离招标文件 / 319　　4.16 项目开工手续不完整 / 327

5 项目验收 ………………………………………………………… 328
5.1 隐蔽性工程验收不到位 / 328　　5.4 项目成本未按批复列支 / 331
5.2 全面验收未执行 / 329　　5.5 验收发现问题未落实整改 / 331
5.3 签证要求未落实 / 330

6 项目结算 ………………………………………………………… 333
6.1 结算量/价无支撑依据 / 333　　6.2 重复结算 / 334

6.3　虚列工程量 / 335

6.4　结算和支付未按合同约定内容进行 / 336

6.5　项目结算审价（计）未开展或开展不到位 / 337

6.6　存在项目预结算 / 338

7　项目档案 339

7.1　档案管理流程、职责不明确，执行不到位 / 339

7.2　项目资料未按规定制作 / 340

8　项目评价 342

8.1　项目评价管理不到位 / 342

第一部分

营业业扩风险

1 优化营商环境

1.1 用电报装等信息不公开透明

风险描述

1. 未公开服务标准。
2. 未公开收费项目目录清单。
3. 未及时公布本地区配电网接入能力和容量受限情况。

风险影响

1. 信息不透明造成方案制订自由裁量权过大，易引发廉政风险。
2. 剥夺客户知情权，造成投诉和监管风险。

监督评价要点

1. 检查营业窗口是否按照《国家发展改革委 国家能源局关于全面提升"获得电力"服务水平 持续优化用电营商环境的意见》（发改能源规〔2020〕1479号）的要求公开服务标准、收费项目目录清单、本地区配电网接入能力和容量受限情况。

2. 检查线上渠道是否按照《供电企业信息公开实施办法》（国能发监管规〔2021〕56号）的要求公开：供电企业基本情况；办理用电业务有关信息；电价和收费标准；供电质量情况；停限电有关信息；供电服务所执行的法律法规以及供电企业制定的涉及用户利益的有关管理制度和技术标准；供电企业供电服务承诺以及供电服务热线；"12398"能源监管热线等投诉渠道；用户受电工程市场公平开放相关信息；可开放容量有关信息；等等。

防范措施

1. 定期检查电网资源信息可视化系统应用情况，并加强监控。
2. 定期组织对电网资源可视化公开更新情况和准确性的现场检查。

政策依据

〔外部政策依据〕《国家发展改革委 国家能源局关于全面提升"获得电

力"服务水平 持续优化用电营商环境的意见》（发改能源规〔2020〕1479号）；《供电企业信息公开实施办法》（国能发监管规〔2021〕56号）。

〔内部制度依据〕《国家电网有限公司关于修订供电服务"十项承诺"和打造国际领先电力营商环境三年工作方案的通知》（国家电网办〔2022〕336号）。

典型案例

〔案例描述〕客户在某供电公司申请合计容量5000千伏安的高压新装业务，工作人员现场勘查后告知客户附近开闭所供电能力不足，需要从较远处接电，但未向该客户公开变电站、开闭所空余间隔以及公用线路可开放容量等电网资源信息，客户认为从较远处接电增加了接电成本，对此提出异议，在回访中表示不满意。

〔案例评析〕未按要求公开可开放容量等电网资源信息，信息公开不到位，影响业扩报装透明度和客户知情权，存在回访不满意或投诉风险。

1.2 业扩报装流程体外循环

风险描述

1. 业扩报装相关环节存在压单行为。
2. 未落实业扩报装实时进机要求，后补流程。
3. 业扩报装流程终止重启。
4. 业扩报装流程时限超短。
5. 系统环节时间与现场实际不一致。

风险影响

1. 业扩时长不真实，流程环节脱离监控，存在拖延客户接电导致客户投诉和监管风险。
2. 实际送电时间与营销系统时间不一致，导致少收或多收基本电费、变损电费，造成国有资产流失或客户经济损失。

监督评价要点

检查业务受理环节是否存在业扩"体外循环"的现象：调取客户业扩报装申请资料以及办电过程表卡单据，通过营销系统对比，检查客户申请是否实时进机，是否存在业扩流程终止重启，是否存在业扩报装流程时限超短，是否存在业扩"体外循环"情况。

防范措施

1. 严格按照《国家电网有限公司业扩报装管理规则》《国家电网公司业扩报装工作规范（试行）》要求，所有符合受理条件的客户申请均应在受理当日录入营销系统，确保系统内信息与业扩报装实际进程保持一致，坚决杜绝体外流转。

2. 加强稽查，严格监管业扩流程管理不规范、采用各种手段规避业扩时限考核的行为。

政策依据

〔外部政策依据〕《国家发展改革委 国家能源局关于全面提升"获得电力"服务水平 持续优化用电营商环境的意见》（发改能源规〔2020〕1479号）。

〔内部制度依据〕《国网营销部关于印发全面治理业扩报装"体外循环"问题积极构建长效机制意见的通知》（营销营业〔2022〕2号）；《国家电网有限公司业扩报装管理规则》（国家电网企管〔2019〕431号）第六十八条；《国家电网公司业扩报装工作规范（试行）》第十四条。

典型案例

〔案例描述〕某客户向某供电公司提供的纸质申请资料上的时间为2022年9月5日，营销系统显示此业扩流程进机时间为2022年9月10日，工作人员未在客户申请受理当日将申请录入营销系统，逃避时限管控。

〔案例评析〕客户业扩流程体外流转导致时限失去管控，影响客户办电体验。

1.3 办电环节精简不到位

风险描述

1. 普通业扩项目未取消设计审查、中间检查环节。

2. 私自增加业扩报装环节，如增加预付电费环节作为通电前置条件等。

风险影响

造成客户多跑，影响客户办电体验，存在投诉风险。

监督评价要点

1. 通过档案检查、客户回访等方式检查高压普通电力客户是否存在设计审查、中间检查环节。

2. 通过档案检查、客户回访等方式检查居民用户、实行"三零"服务低压非居民用户是否仍然存在供电方案答复环节。

防范措施

1. 对外公开业扩办电环节，完善外部监督体系。
2. 建立业扩专业内部监督管控机制，严禁私自增加业扩报装通电前置条件。
3. 加大内部稽查力度，及时纠正业扩办电环节压减不到位的情况。

政策依据

〔外部政策依据〕《国家发展改革委 国家能源局关于全面提升"获得电力"服务水平 持续优化用电营商环境的意见》(发改能源规〔2020〕1479号)。

〔内部制度依据〕《国家电网公司关于印发报装接电专项治理行动优化营商环境工作方案的通知》(国家电网办〔2018〕150号)。

典型案例

〔案例描述〕某客户申请高压新装流程，属于普通业扩项目。某公司工作人员要求客户进行设计文件审查和中间检查，增加客户办电环节。

〔案例评析〕工作人员私自增加办电环节，造成客户多跑，影响办电体验。

1.4 业扩报装流程超时限

风险描述

1. 业扩流程供电方案答复、设计文件审核、中间检查、竣工检验、送电等环节存在供电公司责任的业扩超时限情况。
2. 业扩配套工程未在客户受电工程竣工前投运。

风险影响

流程环节脱离管控，影响客户办电体验，对优化营商环境、提升"获得电力"水平产生负面影响，存在拖延客户接电问题和监管风险。

监督评价要点

检查业扩办理是否存在超时限情况：调取营销业务系统中业扩受理、方案答复、设计审查、中间检查、竣工验收、装表接电各环节的工作时间，检查其是否超过国家政策要求和对外承诺时限。

防范措施

1. 建立业扩流程各环节时限线上管控体系，实现各环节时限提前预警、专人管控，确保各环节时限符合文件要求。
2. 业扩流程实行全环节量化、全过程管控、全业务考核。

政策依据

〔外部政策依据〕《供电监管办法》。

〔内部制度依据〕《国家电网有限公司业扩报装管理规则》（国家电网企管〔2019〕431号）；《国家电网有限公司关于修订发布供电服务"十项承诺"和员工服务"十个不准"的通知》（国家电网办〔2020〕16号）。

典型案例

〔案例描述〕某客户申请高压新装流程，竣工报验后5个工作日内，工作人员未联系客户进行竣工验收，超过规定时限。

〔案例评析〕工作人员未在要求时限内完成竣工验收，影响客户办电体验。

1.5 办电资料精简不到位

风险描述

1.要求客户提供"发改能源规〔2020〕1479号"规定以外的资料。

2.要求客户提供法律法规依据要求以外的材料。

3.联办部门推送的材料，要求客户再次提供。

4.与政府部门通过数据共享已获取的材料，要求客户再次提供。

5.客户资料或资质证件尚在有效期内，要求客户再次提供。

风险影响

1.影响客户办电感知体验，造成投诉风险。

2.对优化营商环境、提升"获得电力"水平产生负面影响。

监督评价要点

检查办电过程是否存在未精简办电资料现象：调取客户档案资料，检查是否在业扩受理、设计审查、中间检查、竣工报验环节存在未精简办电资料，超过国家规定范围收取客户资料情况。

防范措施

1.严格按照国家发展改革委、国网公司收资要求执行，不得增设或变相设置用电报装业务办理环节、前置条件，不得增加申请资料。

2.推动政企办电服务信息共享，直接获取客户证照信息。

3.回访已送电客户，询问客户是否存在增加申请资料情况。

📋 政策依据

〔外部政策依据〕《国家发展改革委 国家能源局关于全面提升"获得电力"服务水平 持续优化用电营商环境的意见》（发改能源规〔2020〕1479号）。

〔内部制度依据〕《国家电网有限公司关于印发"阳光业扩"服务工作方案的通知》（国家电网办〔2020〕28号）；《国家电网有限公司关于修订供电服务"十项承诺"和打造国际领先电力营商环境三年工作方案的通知》（国家电网办〔2022〕336号）；《国家电网有限公司关于印发持续优化营商环境 提升供电服务水平两年行动计划的通知》（国家电网办〔2018〕1028号）。

🏛 典型案例

〔案例描述〕客户到某供电公司营业厅办理高压增容业务，客户仅携带个人身份证，并告知业务受理员今年年初刚办理高压新装，相关资料已提交，但受理人员告知客户未携带营业执照原件及复印件等资料不能办理增容手续。客户回访中表示为什么要重复提交相同的受理资料。

〔案例评析〕办电资料精简不到位，影响客户办电感知体验和满意度。

1.6 "最多跑一次"落实不到位

🏛 风险描述

1. 业扩报装未按"一证受理"要求办理，导致客户多次往返。
2. 客户经理未提供主动上门服务，未做到"我跑你不跑"。

⚠ 风险影响

1. 造成客户多次上门，影响客户办电感知体验，造成投诉风险。
2. 对优化营商环境、提升"获得电力"水平产生负面影响。

👍 监督评价要点

检查是否存在"最多跑一次"落实不到位情况：通过客户回访等形式，检查业扩办电过程中是否存在未按"一证受理"要求办理、客户经理未提供主动上门服务等行为，造成客户跑多次。

🛡 防范措施

1. 严格执行国网公司及各省公司出台的简化收资、一证受理、一岗制作业、取消查验等简化办电工作举措，强化规范执行，确保各项要求落实到位。

2.严格落实客户经理责任制和首问负责制，全程主动跟踪，试行电话预约服务，快速响应客户需求，努力做到"我跑你不跑"。

📋 政策依据

〔外部政策依据〕《国家发展改革委 国家能源局关于全面提升"获得电力"服务水平 持续优化用电营商环境的意见》（发改能源规〔2020〕1479号）。

〔内部制度依据〕《国家电网有限公司关于印发"阳光业扩"服务工作方案的通知》（国家电网办〔2020〕28号）：复杂业务客户"最多跑一次"，简单业务"一次都不跑"，全面提升客户服务体验。

🔒 典型案例

〔案例描述〕客户到某供电公司营业厅办理新装业务（跑第一次），之后工作人员将供用电合同文本送至客户单位盖章签订，但该客户盖公章需要走流程，无法当场签订完成，工作人员告知客户盖章后将供用电合同送至供电公司，未告知客户可应用"网上国网"一键下单免费邮寄或预约客户经理上门服务，客户为送合同第二次跑供电公司，客户回访中表示多次跑供电公司。

〔案例评析〕"最多跑一次"落实不到位，造成客户多次上门，影响客户办电感知体验和满意度。

1.7　占掘路等行政审批事项未实现多部门并行审批

📊 风险描述

1.行政审批多头跑、跑多次。

2.审批时限过长影响业扩接电时间。

⚠️ 风险影响

无法满足客户意向接电时间需求，对优化营商环境产生负面影响。

👍 监督评价要点

检查是否存在占掘路等行政审批事项未实现多部门并行审批；检查政府是否明确占掘路等行政审批事项开展多部门并行审批，是否建立审批系统并进行运用。

💡 防范措施

1.推动地方政府简化占掘路等行政审批程序，实现多部门在线并行审批、限时办结。

2.积极跟进政务平台占掘路等线上行政审批流程，及时与政务部门沟通汇报。

3.主动告知客户并行审批政策和并行审批办理窗口。

政策依据

〔内部制度依据〕《国家电网有限公司关于修订供电服务"十项承诺"和打造国际领先电力营商环境三年工作方案的通知》（国家电网办〔2022〕336号）；《国家电网有限公司关于印发"阳光业扩"服务工作方案的通知》（国家电网办〔2020〕28号）。

典型案例

〔案例描述〕某业扩项目供电方案要求客户自行办理电缆通道挖掘审批手续，涉及挖掘道路须经多部门审批，工作人员未告知客户办理占掘路行政审批途径，客户多次跑多个部门才办结，审批耗时长，造成业扩工程实施延期。

〔案例评析〕未实现占掘路等行政审批程序多部门在线并行审批、限时办结，造成客户行政审批多头跑、跑多次，影响业扩接电时间和客户满意度。

1.8 未按规定延伸电网投资界面

风险描述

未按照国家电网有限公司和本省制定的《业扩配套电网工程投资界面标准》执行，导致客户或供电公司多投资。

风险影响

1.增加客户投资成本，漠视群众利益被侵害，造成监管和投诉风险。

2.编制的供电方案自由裁量权过大，容易引发廉政风险。

监督评价要点

检查是否存在未按规定延伸电网投资界面：通过电话回访、现场核查等方式，检查高压客户是否按《业扩配套电网工程投资界面标准》投资到客户红线，检查低压客户是否按规定投资到电能计量箱。

防范措施

1.严格按照《国家电网公司关于简化10千伏及以下业扩配套电网项目管理流程加快工程建设速度的通知》（国家电网办〔2017〕1081号）和本省制定的《业扩配套电网工程投资界面标准》执行。

2.定期组织开展查勘人员的业务技能培训，提升业扩人员业务技能。

📋 政策依据

〔外部政策依据〕《国家发展改革委 国家能源局关于全面提升"获得电力"服务水平 持续优化用电营商环境的意见》（发改能源规〔2020〕1479号）；《国务院办公厅转发国家发展改革委等部门关于清理规范城镇供水供电供气供暖行业收费促进行业高质量发展意见的通知》（国办函〔2020〕129号）。

〔内部制度依据〕《国家电网公司关于简化10千伏及以下业扩配套电网项目管理流程加快工程建设速度的通知》（国家电网办〔2017〕1081号）；《国家电网公司关于经营区域内园区业扩配套电网项目实施"绿色通道"管理的意见》（国家电网营销〔2016〕182号）。

📋 典型案例

〔案例描述〕某客户向当地供电公司申请160千伏安低压非居新装业务，工作人员告知该客户表箱需使用落地式表箱，供电公司无合适的可用表箱，要求客户自行采购，客户出资3500元购置表箱，增加客户投资成本。

〔案例评析〕优化营商环境工作举措落实不到位，由客户出资购买供电公司产权设备，增加客户办电成本。

1.9　未一次性书面答复相关检查意见

📋 风险描述

1.多次先后答复客户设计文件审查意见。

2.多次先后答复客户中间检查意见。

3.多次先后答复客户竣工验收意见。

📋 风险影响

1.影响客户办电感知体验，造成投诉风险。

2.对优化营商环境提升"获得电力"水平产生负面影响。

📋 监督评价要点

检查是否存在未按规定履行一次性书面告知情况：通过电话回访、现场走访等方式，检查高压客户在设计文件审查、中间检查、竣工验收过程中是否存在多次书面答复检查意见情况。

防范措施

1. 在设计文件审查、中间检查、竣工验收时，应一次性书面告知客户审查或检查意见。

2. 回访已送电客户，询问是否存在未一次性告知审查或检查意见的情况。

政策依据

〔内部制度依据〕《国家电网有限公司业扩报装管理规则》（国家电网企管〔2019〕431号）。

典型案例

〔案例描述〕在某公司高压新装竣工验收过程中，供电公司不同人员分批验收，多次提出不同整改意见，造成客户送电时间推迟，客户在回访时表示非常不满意。

〔案例评析〕供电公司未一次性书面告知客户竣工验收意见，导致客户办电感知体验不佳。

1.10 系统账号权限管理混乱

风险描述

1. 同一账号多人共用或一人多账号。
2. 系统环节处理权限集中于某一岗位或某一人员，账号权限过大。
3. 系统审批权限设置与实际岗位职责不一致。

风险影响

1. 存在违规审批、越权办理各类业务等管理风险。
2. 易引发客户信息泄露、公司数据资产流失等信息安全事件。

监督评价要点

检查是否存在系统账号权限管理混乱情况：通过营销系统相关人员账号权限设置情况，检查是否存在系统环节处理权限集中于某一岗位或某一人员；通过账号登录电脑IP情况检查是否存在一人使用多账号情况。

防范措施

1. 按照实际岗位职责配置系统账号权限。
2. 账号密码妥善保管，严禁共用账号。

政策依据

〔内部制度依据〕《国网营销部关于加强营销专业网络与信息安全管理的工作意见》(营销综〔2017〕4号);《营销专业信息系统口令和外部账号管理规范》。

典型案例

〔案例描述〕某客户经理在编制某双电源用户供电方案时,运行方式选择错误,后又登录供电方案审批人员账号,自己将供电方案审批流程发出,导致供电方案未经审核答复,经审计发现少收高可靠性供电费11万元。

〔案例评析〕该客户经理供电方案编制不细致,又违规使用他人账号自行完成审批手续,缺少有效的供电方案审核环节,存在供电方案审批人员账号信息保管不当问题。

2 业务受理

2.1 未提供典型设计方案及工程造价参考手册

风险描述

1. 未按要求编制发布中低压客户工程典型设计方案及工程造价参考手册。
2. 未向客户提供典型设计方案及工程造价咨询服务。

风险影响

客户不了解典型受电工程造价水平,剥夺客户投资知情权,易引发投诉和监管风险。

监督评价要点

检查是否存在未提供典型设计方案及工程造价参考手册情况:通过模拟报装、电话回访等方式,检查业务受理人员是否提供典型设计方案及工程造价参考手册。

防范措施

1. 在营业场所公布中低压客户工程典型设计方案及工程造价参考手册,供客户查阅。
2. 在营业厅受理和现场勘查期间,向客户提供典型设计方案及工程造价咨询服务。
3. 回访已送电客户,询问客户在业扩项目办理期间供电公司是否提供典型设计方案及工程造价咨询服务。
4. 开展对营业厅的明察暗访工作,核查是否给客户提供工程典型设计方案及工程造价参考手册。

政策依据

〔内部制度依据〕《国家电网有限公司关于修订供电服务"十项承诺"和打造国际领先电力营商环境三年工作方案的通知》(国家电网办〔2022〕336号);《国家电网有限公司关于印发"阳光业扩"服务工作方案的通知》(国家

电网办〔2020〕28号）。

> **典型案例**

〔案例描述〕客户到某供电公司营业厅办理高压新装业务，拟新建地面配电室，申请容量为315千伏安。客户询问该项目工程费用的大致金额，受理人员告知客户后期将由工作人员与其联系并予以说明，未答复该容量业扩项目对应的典型工程造价，也未向客户提供受电工程典型设计方案及工程造价手册。

〔案例评析〕未提供典型设计方案及工程造价咨询服务，不能为客户测算投资成本提供参考，影响客户对业扩受电工程投资知情权。

2.2 业务受理相关原则未落实

> **风险描述**

1. 未按要求落实"首问负责制"。
2. 未按要求落实"一次性告知"。
3. 未按要求落实"限时办结制"。
4. 未按要求落实"一站式服务"。
5. 未按要求落实"同城受理"。

> **风险影响**

1. 客户不了解办电流程，造成客户多跑，影响客户办电感知体验，造成投诉风险。
2. 对优化营商环境提升"获得电力"水平产生负面影响。

> **监督评价要点**

检查业务受理环节相关原则落实情况：是否存在未落实"首问负责制"情况、是否存在未落实"一次性告知"情况、是否存在未落实"限时办结制"情况、是否存在未落实"一站式服务"情况、是否存在未落实"同城受理"情况。

> **防范措施**

1. 严格执行国网公司及各省公司出台的简化收资、一证受理、一岗制作业、取消查验等简化办电工作举措，强化规范执行，确保各项要求落实到位。
2. 严格落实客户经理责任制和首问负责制，全程主动跟踪，试行电话预约服务，快速响应客户需求，努力做到"我跑你不跑"。

政策依据

〔内部制度依据〕《国家电网有限公司业扩报装管理规则》（国家电网企管〔2019〕431号）；《供电服务标准》（Q/GDW 10403—2021）。

典型案例

〔案例描述〕客户到某供电公司营业厅办理高压新装业务，营业厅业务人员未一次性告知客户申请所需材料及后续流程，造成客户多次往返。回访中客户表示办电环节过于复杂，部门人员众多，多次更换对接人。

〔案例评析〕未落实"一次性告知""首问负责制"业务受理原则，影响了客户办电感知体验和满意度。

2.3 办电便利化措施落实不到位

风险描述

1. 对居民客户，未落实"刷脸办电"要求。
2. 对企业客户，未落实"一证办电"要求。

风险影响

未实现政企联动办电信息共享平台建设，造成客户多跑，影响客户办电体验，造成投诉风险。

监督评价要点

检查业务受理环节办电便利化措施是否落实：通过模拟报装、电话回访等方式，检查居民客户"刷脸办电"、企业客户"一证办电"要求是否落实。

防范措施

1. 按照国家有关规定，依托政务服务平台，牵头加强电子证照的推广应用，推进办电审批服务信息系统建设，提供数据互认共享服务，实现政企协同办电。

2. 推进工程建设项目审批平台与供电企业用电报装信息管理系统的互联互通，供电企业提前获取用电需求、提前开展配套电网工程规划建设，提高办电效率。

政策依据

〔外部政策依据〕《国家发展改革委 国家能源局关于全面提升"获得电力"服务水平 持续优化用电营商环境的意见》（发改能源规〔2020〕1479号）。

典型案例

〔案例描述〕客户到某供电公司营业厅办理低压新装业务,未携带相关证件,该营业厅未开通刷脸办电功能,以资料不齐为由令客户二次上门申请。

〔案例评析〕未完善政企联动办电信息共享平台建设,造成客户多跑,影响客户办电体验。

2.4 业务受理存在"三指定"行为

风险描述

1.在营业窗口摆放特定的设计、施工、物资供应单位的相关资料。
2.向设计、施工、物资供应单位泄露客户用电申请信息。
3.直接、间接或变相指定客户受电工程的设计、施工、物资供应单位。

风险影响

1.业务受理环节损害客户知情权和自主选择权,违反市场公平竞争原则,造成投诉风险。
2.违反《供电服务监管办法(试行)》、《供电监管办法》或《国家能源局用户受电工程"三指定"行为认定指引》相关规定,造成监管风险。
3.违反《优化营商环境条例》相关规定,造成法律风险。

监督评价要点

检查是否存在业扩"三指定"情况:通过调取客户档案资料与系统对比、开展客户回访、现场检查营业窗口等形式,检查业扩业务受理过程中是否存在业扩"三指定"情况。

防范措施

1.严格按照监管部门有关受电工程服务规范要求,杜绝各种影响客户选择权的违规行为,创造公平、公正的受电工程建设市场秩序,提高客户受电工程服务水平。
2.受理环节主动告知客户"三不指定"相关规定。
3.建立业扩工程回访机制,对违规行为进行查处。

政策依据

〔外部政策依据〕《国家能源局用户受电工程"三指定"行为认定指引》(国能发监管〔2020〕65号);《优化营商环境条例》(中华人民共和国国务院

令第722号）；《供电服务监管办法（试行）》（国家电力监管委员会令第8号）；《供电监管办法》。

〔内部制度依据〕《国家电网有限公司关于修订发布供电服务"十项承诺"和员工服务"十个不准"的通知》（国家电网办〔2020〕16号）；《国家电网有限公司关于印发"阳光业扩"服务工作方案的通知》（国家电网办〔2020〕28号）。

典型案例

〔案例描述〕客户到某供电公司营业厅办理高压新装业务，营业厅工作人员向客户推荐关联企业进行设计、施工及供货。在回访评价中，客户表示不清楚"三指定"相关政策，非自主选择设计、施工及供货单位，由供电公司承包全流程。

〔案例评析〕供电公司未落实"三不指定"要求，存在指定设计单位问题，侵害客户自行选择权利，违反《优化营商环境条例》相关规定。

2.5 限定用电报装线上办理

风险描述

营业厅等线下办电场所要求用户通过"网上国网"App等线上渠道发起用电业务，拒绝线下受理。

风险影响

限定用电报装线上办理，增加特定人群（如老人、残疾人）办电难度，影响客户办电体验，存在客户回访评价不满意的情况。

监督评价要点

1. 检查营业厅、第三方服务网点等营业场所是否对外公示办电渠道：获取当地营业厅等线下对外网点清单，现场核实是否公开办电渠道。

2. 检查是否限定客户用电报装线上办理：获取已送电客户清单，询问客户报装环节是否存在工作人员限定其采用线上办理的情况，通过明察暗访等方式，检查工作人员是否存在拒绝线下受理的情况。

防范措施

1. 营业厅、第三方服务网点等营业场所对外公示办电渠道。

2. 回访已送电客户，询问客户是否存在工作人员限定用电报装采用线上办理的情况。

政策依据

〔外部政策依据〕《国家发展改革委 国家能源局关于全面提升"获得电力"服务水平 持续优化用电营商环境的意见》(发改能源规〔2020〕1479号)。

典型案例

〔案例描述〕某客户前往当地营业厅办理用电业务,工作人员告知须使用手机App发起流程,由于客户年纪较大,认为线上办理过于复杂,不明白流程操作,在回访评价中对此表达不满意。

〔案例评析〕优化营商环境工作举措落实不到位,应为客户提供个性化服务,不仅局限于线上办电,也须考虑特定人群(如老人、残疾人)的办电体验。

2.6 未向客户提供受电工程单位资质查询服务

风险描述

未向客户提供设计、施工、试验等单位资质查询服务。

风险影响

客户不了解受电工程相关信息,存在侵犯客户投资知情权、选择权,易引发投诉和监管风险。

监督评价要点

1.检查营业厅、第三方服务网点等营业场所是否提供受电工程单位资质查询服务:获取当地营业厅等线下对外网点清单,现场核实营业厅对外电脑是否能够正常使用,是否能够通过国家能源局网站、"95598"、"网上国网"App等渠道查询设计、施工、试验等单位资质。

2.检查是否宣传"三不指定"政策:获取已送电客户清单,询问客户是否知情"三不指定"等相关政策;线下办理报装业务时,工作人员是否主动告知设计、施工、试验等单位资质查询方式。

防范措施

1.高压客户至营业场所办理新装增容等业务时,应主动向客户介绍设计、施工、试验单位资质查询方式,保障客户知情权和选择权。

2.回访已送电客户,询问是否存在工作人员不主动告知设计、施工、试验等单位资质查询方式。

政策依据

〔内部制度依据〕《国家电网有限公司关于印发"阳光业扩"服务工作方案的通知》(国家电网办〔2020〕28号)。

典型案例

〔案例描述〕某客户前往当地营业厅办理高压新装用电业务,客户询问工作人员哪里可以查询设计、施工、试验等单位资质,窗口人员未告知可以通过国家能源局网站、"网上国网"App、"95598"等渠道查询。在回访评价中,客户对工作人员未告知查询路径的做法表达不满意。

〔案例评析〕优化营商环境工作举措落实不到位,应为客户提供设计、施工、试验单位资质查询途径。

3 方案答复

3.1 方案答复存在"三指定"行为

风险描述

1. 授意特定的设计、施工、物资供应单位相关人员参与现场勘查。
2. 向设计、施工、物资供应单位泄露客户用电申请信息或供电方案。
3. 直接、间接或变相指定客户受电工程的设计、施工、物资供应单位。
4. 制订不合理、不完整的供电方案，或拖延供电方案答复。
5. 将应由供电企业投资的电网设备转嫁给客户出资。
6. 通过批复不合理的接电点、隐瞒供电能力等手段增加用户投资成本。

风险影响

1. 供电方案环节损害客户知情权和自主选择权，违反市场公平竞争原则，造成投诉风险。
2. 违反《供电服务监管办法（试行）》、《供电监管办法》或《国家能源局用户受电工程"三指定"行为认定指引》相关规定，造成监管风险。
3. 违反《优化营商环境条例》相关规定，造成法律风险。

监督评价要点

1. 检查工作人员是否给予特定受电工程单位便利：现场抽查供电所工作人员电脑邮箱及手机聊天记录，是否授意设计、施工、物资供应单位相关人员参与现场勘查，检查是否向设计、施工、物资供应单位泄露客户用电申请信息或供电方案。

2. 检查工作人员是否在供电方案答复阶段设置障碍：获取已归档高压客户档案，检查现场查勘单及供电方案答复单内容，是否存在答复不完整的供电方案，或拖延供电方案答复的情况。

3. 检查工作人员是否合理答复供电方案：获取已归档高压客户档案，检查现场查勘单、供电方案答复单及设计单位出具图纸内容，是否存在应由供电企业投资的电网设备转嫁给客户出资，通过批复不合理的接电点，隐瞒供电能力等手段增加用户投资成本的情况。

4.检查客户是否知晓"三不指定"政策：获取已送电客户清单，询问客户是否知悉"三不指定"等相关政策；现场查勘环节，是否存在客户未通知，但设计、施工、物资供应单位相关人员参与现场查勘的情况。

防范措施

1.严格按照监管部门有关受电工程服务规范要求，杜绝各种影响客户选择权的违规行为，创造公平、公正的受电工程建设市场秩序，提高客户受电工程服务水平。

2.主动告知客户"三不指定"相关规定，政策宣贯到位。

3.建立业扩工程回访制，对违规行为进行查处。

政策依据

〔外部政策依据〕《优化营商环境条例》（中华人民共和国国务院令第722号）；《国家能源局用户受电工程"三指定"行为认定指引》（国能发监管〔2020〕65号）；《供电服务监管办法（试行）》（国家电力监管委员会令第8号）。

〔内部制度依据〕《国家电网有限公司关于修订发布供电服务"十项承诺"和员工服务"十个不准"的通知》（国家电网办〔2020〕16号）；《国家电网有限公司关于印发"阳光业扩"服务工作方案的通知》（国家电网办〔2020〕28号）。

典型案例

〔案例描述〕某客户办理高压新装业务，现场查勘时，供电公司私下通知关联企业人员联合查勘，并有查勘人员向客户推荐关联企业进行设计、施工及供货。回访中，客户表示不清楚"三不指定"相关政策，非自主选择设计、施工及供货单位，由供电公司承包全流程。

〔案例评析〕供电公司未落实"三不指定"要求，存在指定设计单位问题，侵害客户自行选择权利，违反《优化营商环境条例》相关规定。

3.2　办电材料审核不严

风险描述

1.政府规定限制的用电项目，在未取得政府主管部门审批手续的情况下，供电公司为其办理通电手续。

2. 客户提供的工商注册、法人代表身份证明等相关资料与用电申请主体不一致或不完整。

3. 客户提供的产权证明与实际用电地址不一致。

风险影响

1. 供电公司对客户提交的申请材料审核不严，违反国家产业发展政策，产生政策执行风险。

2. 为违法用地或违章建筑通电，在配合政府部门停电时产生投诉风险。

监督评价要点

1. 检查客户提交的办电材料是否正确：获取客户纸质及电子档案，检查客户提交的申请材料是否完整合规，工商注册、法人代表身份证明等相关资料与用电申请主体是否一致，检查产权证明与实际用电地址是否一致。

2. 检查是否为政府规定限制的用电项目通电：获取政府规定限制的项目清单，检查政府主管部门审批手续是否齐全。

防范措施

1. 严格按照《国家电网有限公司业扩报装管理规则》要求审核客户提交的办电资料。

2. 严格按照国家产业政策和规定，审核客户的项目批准文件。

3. 对于客户项目的批准文件没有按照规定提交的，供电公司不予通电。

政策依据

〔内部制度依据〕《国家电网公司关于印发报装接电专项治理行动优化营商环境工作方案的通知》（国家电网办〔2018〕150号）；《国家电网有限公司业扩报装管理规则》（国家电网企管〔2019〕431号）。

典型案例

〔案例描述〕某煤矿开采企业办理用电新装业务，申请用电容量为2000千伏安。该地供电公司人员在业务受理、竣工验收环节均未要求客户提供开矿许可证和安全生产许可证，导致在客户未取得政府审批许可的情况下为客户通电。

〔案例评析〕工作人员对客户提交的申请材料审核不严，违反国家产业政策通电，造成政府部门监管处罚。

3.3 重要负荷认定不准确

风险描述

1.客户供电方案制定不合理，重要负荷未配置备用电源、自备应急电源，存在重要用电设备停电导致财产损失和人员伤亡的风险。

2.重要电力用户分级不准确导致电源配置不合理，易引发安全风险和财产损失风险。

风险影响

1.重要电力客户供电方案制订不合理，没有配置备用电源。

2.客户重要负荷没有配备自备应急电源和非电性质保安措施。

监督评价要点

1.检查是否按照标准进行负荷分级和重要客户定性判定，现场核实客户用电性质，检查是否存在未按规定进行负荷分级和重要客户定性判定的情况。

2.检查重要电力客户是否配置备用电源：获取重要电力客户用电负荷资料，检查供电方案是否配置备用电源或自备应急电源。

防范措施

1.全面、详细了解客户的生产过程和工艺，掌握客户的负荷特性，包括允许的中断供电时间和中断供电可能造成的后果。

2.严格按照《国家电网有限公司业扩供电方案编制导则》《重要电力用户供电电源及自备应急电源配置技术规范》等规定进行负荷分级和重要客户定性判定，并将重要用户清单报送地方政府主管部门发文确定。

政策依据

〔外部政策依据〕《重要电力用户供电电源及自备应急电源配置技术规范》（GB/T 29328—2018）。

〔内部制度依据〕《国家电网有限公司业扩供电方案编制导则》（Q/GDW 12259—2022）。

典型案例

〔案例描述〕某供电公司在受理某危化用品存储企业的用电申请时，工作人员未能认真了解客户用电情况，将该客户作为普通仓储客户处理，导致该客户在单电源且无自备应急电源的情况下，运行5个月，存在极大安全隐患。

〔案例评析〕办电人员未认真核实客户办电用途，对客户负荷的重要性认定错误，存在用电安全隐患。

3.4 电源方案制订不合理

风险描述

1. 制订的供电方案不能满足客户用电安全、可靠、经济、运行灵活、管理方便的要求，可能影响电能质量和电网供电可靠性。

2. 未对可选的多种供电方案进行技术经济比较确定最佳方案。

3. 未优先使用现有公用线路供电，实行就近就便接入电网。

风险影响

1. 不合理的供电方案将影响电网结构和系统灵活运行，影响公用电网的电能质量，直接影响电网安全稳定运行和用户正常用电，或造成不必要的业扩配套工程投资。

2. 客户受电工程投资成本增加，导致投诉和监管风险。

监督评价要点

1. 检查电网供电可靠性：获取"95598""12398"等停电投诉工单及处理情况，检查是否存在供电方案不合理影响电网供电可靠性和电能质量不高的情况。

2. 检查是否选择合理电源点：获取已送电客户清单，询问客户电源点距离和外线电缆出资金额，是否存在增加客户受电工程投资成本的问题。

防范措施

1. 提高业扩勘查质量，严格审核客户用电需求、负荷特性、负荷重要性、生产特性、用电设备类型等，掌握客户用电规划。

2. 根据客户负荷等级分类，尤其是重要客户，要严格按照《国家电网有限公司业扩供电方案编制导则》和《国家电网有限公司业扩报装管理规则》等相关规定制订供电方案。

3. 要求有非线性负荷的客户委托有资质的机构进行电能质量评估，对于电能质量评估结果不合格的客户，治理方案和措施必须做到"四同步"。

4. 根据客户申请的报装容量，严格按照《国家电网有限公司持续优化营商环境提升供电服务水平两年行动计划》相关要求，合理确定接入电压等级。

5. 建立完善供电方案审查相关制度，规范供电方案的审查工作。

政策依据

〔外部政策依据〕《国家发展改革委 国家能源局关于全面提升"获得电力"服务水平 持续优化用电营商环境的意见》(发改能源规〔2020〕1479号);《供电营业规则》第十八条;《重要电力用户供电电源及自备应急电源配置技术规范》(GB/T 29328—2018)。

〔内部制度依据〕《国家电网有限公司业扩供电方案编制导则》(Q/GDW 12259—2022);《国家电网有限公司关于印发持续优化营商环境提升供电服务水平两年行动计划》(国家电网办〔2018〕1028号);《国家电网有限公司业扩报装管理规则》(国家电网企管〔2019〕431号)。

典型案例

〔案例描述〕某供电公司在为新装用户现场查勘时,未细致核实客户厂区周边电源情况,选择距离客户厂区2千米的环网站作为电源点,后用户测算外线工程费用约100万元,因用户厂区150米处存在架空线路,遂拨打电话投诉,质疑电源方案的合理性。

〔案例评析〕办电人员未认真核实客户电源情况,出具不合理的供电方案,引发投诉风险。

3.5 低压容量开放政策执行不到位

风险描述

未向客户告知低压容量开放政策,导致提高低压接入容量标准的政策未落实。

风险影响

1. 增加客户办电成本,或无法满足客户意向接电时间,对优化营商环境、提升"获得电力"水平产生负面影响。

2. 向客户隐瞒营商环境政策,存在投诉风险。

监督评价要点

1. 检查客户是否知悉低压容量开放政策:获取已送电客户清单,询问客户是否知悉当地低压容量开放政策,目前运行容量是否满足生产需求,工作人员是否告知低压接入容量的最大限度,是否存在让客户自行降低申请容量或提高容量改为高压专变用电的情况。

2.检查高压小容量客户是否申请白名单：获取高压小容量客户清单，通过查询系统白名单或纸质审批单，检查是否存在让小容量客户采用高压接入的情况。

防范措施

1.受理环节主动告知客户"三零"服务相关规定。

2.建立低压业扩工程回访制，查处违规行为。

政策依据

〔外部政策依据〕《国家发展改革委 国家能源局关于全面提升"获得电力"服务水平 持续优化用电营商环境的意见》（发改能源规〔2020〕1479号）。

〔内部制度依据〕《国家电网有限公司关于修订供电服务"十项承诺"和打造国际领先电力营商环境三年工作方案的通知》（国家电网办〔2022〕336号）。

典型案例

〔案例描述〕某公司客户经理在业扩现场查勘时，以公用变压器容量受限为由，告知客户容量160千伏安无法低压接入，让客户自行降低申请容量或提升容量改为高压专变用电。

〔案例评析〕因供电公司原因限制客户低压接入，规避低压接入容量标准，导致客户接电需求无法满足。

3.6 "先接入，后改造"落实不到位

风险描述

1.以变电站、开闭所、环网站空余间隔不足拒绝客户接入。

2.以公用线路负载受限等原因拒绝客户业扩接入。

3.以公用配变容量受限或无法新建公用配变为由限制或拖延客户接入。

风险影响

1.无法满足客户接电需求，对优化营商环境、提升"获得电力"水平产生负面影响。

2.存在客户回访评价不满意和投诉的风险。

监督评价要点

1.检查客户是否收到接入限制：获取报装流程终止的客户清单，询问客户终止原因，是否因变电站、开闭所、环网站空余间隔不足拒绝客户接入，是否以公用线路负载受限等原因拒绝客户接入，是否以公用配变容量受限或

无法新建公用配变为由限制或拖延客户接入。

2.检查营业厅、第三方服务网点等营业场所是否公开当地电网受限清单：现场检查营业厅等线下对外网点，是否公开当地电网受限清单及相关政策文件。

防范措施

1.公开电网受限清单，制订限期整改计划。

2.严格落实业扩"先接入，后改造"原则。

政策依据

〔外部政策依据〕《国家发展改革委 国家能源局关于全面提升"获得电力"服务水平 持续优化用电营商环境的意见》（发改能源规〔2020〕1479号）。

〔内部制度依据〕《国家电网有限公司关于修订供电服务"十项承诺"和打造国际领先电力营商环境三年工作方案的通知》（国家电网办〔2022〕336号）；《国家电网有限公司关于印发持续优化营商环境提升供电服务水平两年行动计划的通知》（国家电网办〔2018〕1028号）。

典型案例

〔案例描述〕某公司客户经理在业扩现场查勘时，以环网站空余间隔不足为由，告知客户业扩无法接入，让客户待电网侧问题解决后再接入。

〔案例评析〕因供电公司原因限制客户接入，导致客户接电需求无法满足。

3.7 违规出现"一址多户"

风险描述

1.现场未核验用户产权与用电地址是否一致。

2.违规出具"一址多户"供电方案。

风险影响

1."一址多户"规避基本电费和高可靠性供电费，存在国有资产流失风险。

2."一址多户"易引发电源混用，造成人身设备安全风险。

监督评价要点

1.检查客户用电地址是否准确：获取不同户号、同一地址的用户清单，核实客户档案内产权证明是否与用电地址一致，现场核实电表及对应地址，是否存在用电地址填写不严谨、资料审核不严的情况。

2.检查是否存在"一址多户"情况：获取不同户号、同一地址的用户清单，现场核实用电情况，检查现场是否有明显隔断，是否为规避基本电费和高可靠性供电费而违规申请"一址多户"用电。

防范措施

1.在营销系统业务受理环节设置系统校验，对相同用电地址的增加"该地址已有用电户，涉嫌一址多户"校验规则。

2.建立完善供电方案审查相关制度，规范供电方案的审查工作。

3.对营销系统同服务区、同地址、同线路、同户名的增设专项稽查查询。

政策依据

〔外部政策依据〕《供电营业规则》。

〔内部制度依据〕《国家电网有限公司业扩供电方案编制导则》（Q/GDW 12259—2022）；《国家电网有限公司业扩报装管理规则》（国家电网企管〔2019〕431号）。

典型案例

〔案例描述〕某客户经理在编制供电方案时，未现场核对客户产权与用电地址是否一致，实际现场情况为乡镇两幢相邻自建房，房屋内部联通，无明确隔断，两处用电均为160千伏安低压接入，涉嫌规避基本电费和高可靠性供电费，造成国有资产流失。

〔案例评析〕客户经理未核实现场情况，违规出具"一址多户"供电方案，造成一定廉政风险。客户有利用乡镇宅基地土地证漏洞规避基本电费的嫌疑，造成国有资产流失。

3.8 高可靠性供电费收取不合规

风险描述

1.未按照物价管理部门规定的收费项目和收费标准计收业务费。

2.对自建本级电压外部供电工程的政策理解存在偏差，高可靠性供电费标准执行错误。

风险影响

1.业务费收费错误，客户少交或多交高可靠性供电费，存在国有资产流失风险或客户资金损失和投诉风险。

2.违反《优化营商环境条例》，存在法律风险。

👍 监督评价要点

检查高可靠性电费是否收取正确：获取两路及以上多回路供电用户清单，通过核对档案内供电方案答复单、图纸及高压供用电合同，检查是否严格按照各省物价局文件规定的收费标准计收高可靠性供电费。

🛡 防范措施

1.严格按照各省物价局文件规定的收费标准计收高可靠性供电费。

2.加强业务人员能力培训，规范供电方案的审查工作。

📋 政策依据

〔外部政策依据〕各省物价局文件规定的高可靠性供电费收费标准；《优化营商环境条例》（中华人民共和国国务院令第722号）第七十条。

📁 典型案例

〔案例描述〕某供电公司客户经理在办理小区物业专变新装业务时，未能认真核对图纸和现场实际接线方式，两台800千伏安物业专变高压未联络，仅低压联络，应收取一台800千伏安变压器的高可靠性费用，实际收取两台800千伏安变压器的高可靠性电费，造成费用多收。

〔案例评析〕客户经理工作差错导致客户多交费。

3.9　供电方案现场答复执行不到位

🏠 风险描述

对报装容量1250千伏安及以下、10（20）千伏供电的单电源客户，供电方案未现场答复。

💡 风险影响

现场查勘后，客户未能当天获得供电方案答复，延长客户办电时间。

👍 监督评价要点

1.检查供电方案答复环节时间：获取1250千伏安及以下、10（20）千伏供电的单电源用户清单，通过供电方案答复单落款日期以及营销系统内供电方案答复环节结束时间，检查是否按照规定当日答复客户。

2.检查客户接收供电方案时间：获取1250千伏安及以下、10（20）千伏供电的单电源用户清单，电话回访客户，询问工作人员是否现场答复供电方案，是否出具供电方案答复单纸质资料或线上答复电子表单。

防范措施

1. 全面推广报装容量1250千伏安及以下、10（20）千伏供电的单电源用户，供电方案现场答复的规定。

2. 建立高压业扩工程回访制，查处违规行为。

政策依据

〔内部制度依据〕《国家电网有限公司关于修订供电服务"十项承诺"和打造国际领先电力营商环境三年工作方案的通知》（国家电网办〔2022〕336号）。

典型案例

〔案例描述〕某客户前往当地营业厅办理单电源800千伏安高压新装业务，客户经理在现场查勘时未携带移动作业终端，不知道周边线路可开发容量，未能当场答复客户供电方案。

〔案例评析〕客户经理工作失误导致未能当场答复800千伏安单电源供电方案。

3.10 电价策略制定不合理

风险描述

1. 未告知执行两部制电价的用户基本电费计费方式可按照容量和需量自行选择。

2. 分时电价执行不正确或未向客户提供是否执行分时电价选择。

3. 功率因数考核标准执行不正确。

风险影响

1. 增加客户电费支出，损害客户自主选择权，引发投诉风险。

2. 未按当地价格主管部门制定的电价政策执行分时电价，导致客户电费增加，引发投诉风险。

防范措施

1. 根据客户负荷特性等实际需求，制定合理的电价策略供客户自行选择。

2. 严格按照物价管理部门制定的电价政策执行。

监督评价要点

检查电价是否执行正确：是否根据客户负荷特性等实际需求，制定合理的电价策略供客户自行选择，是否严格按照物价管理部门制定的电价政策执行。

政策依据

〔外部政策依据〕《关于颁发〈功率因数调整电费办法〉的通知》（水电财字第215号）；本省（市）价格主管部门制定的电价政策。

〔内部制度依据〕《国家电网有限公司业扩报装管理规则》（国家电网企管〔2019〕431号）。

典型案例

〔案例描述〕某供电公司受理某集中式充电站变压器新装业务，当地物价部门对该类用电户执行电价有明确要求，应执行大工业免基本电费电价，且执行大工业电价必须执行分时电价。客户经理制订电价方案时不了解相关政策，根据客户需求确定大工业非分时电价，该工程通电三个月后，上级部门稽查，发现电价执行错误进行整改，客户经理多次与客户沟通，但客户拒绝执行三费率电价，表示受理时客户经理说可执行单费率电价，后强制改电价导致客户拨打能监办电话投诉。

〔案例评析〕客户经理未全面掌握电价政策导致计费差错，后期整改遇到困难引发客户投诉。

3.11　计量方案制订不准确

风险描述

1. 要求用户超出计量规程要求，采用更高准确度等级的互感器。
2. 要求用户配置的互感器变比过大，增加用户投资成本。
3. 要求用户配置的互感器变比偏小，导致出现电流越限、电流超表计限值。

风险影响

1. 选用较高准确度等级或较大变比的互感器，增加用户投资成本。
2. 选用较小变比的互感器，易造成计量失准，引发计量装置故障，同时存在廉政风险。

监督评价要点

1. 检查是否按照计量规程配置互感器：获取归档客户档案，检查供电方案答复单中计量设备信息，是否落实计量规程，选用准确度、变比等参数适中的互感器。

2.检查计量设备信息是否前后一致：获取归档客户档案，检查供电方案答复单、图纸、供用电合同以及营销系统内互感器变比是否一致。

防范措施

1.严格落实计量规程，选用准确度、变比等参数适中的互感器。

2.加强供电方案审核，对涉及增加客户投资、电费收取的敏感点加大审核力度。

政策依据

〔外部政策依据〕《电能计量装置技术管理规程》（DL/T 448—2016）。

〔内部制度依据〕《国家电网有限公司业扩报装管理规则》（国家电网企管〔2019〕431号）。

典型案例

〔案例描述〕某10千伏客户申请用电容量为315千伏安，计量方式为高供低计，客户经理出具的工单方案中电流互感器变比为600/5，准确度等级为0.2s。

〔案例评析〕根据《电能计量装置技术管理规程》（DL/T 448—2016），该用户应配置三类计量装置，即电流互感器准确度等级0.5s级，供电方案要求配置0.2s的电流互感器，属于擅自提高配置要求，增加用户投资成本。

3.12 低压报装用户设备容量核定不到位

风险描述

低压非居民用户现场勘查时，未核定用户现场用电设备额定容量。

风险影响

1.用户现场用电设备额定容量超100千伏安，报装容量少于100千伏安，规避力调电费考核。

2.用户现场用电设备额定容量超160千伏安，仍采用低压380伏接入，存在过度延伸投资情况。

监督评价要点

1.检查低压用户是否超容用电：获取低压归档用户清单，通过核对低压用户超容负荷曲线，判断是否存在超容情况；现场核实客户用电设备额定容量，判断是否存在规避力调电费考核而少报容量的情况。

2.检查是否过度延伸投资：获取低压超容用户清单，检查是否存在现场用电设备额定容量超160千伏安，仍采用低压380伏接入，过度延伸投资的情况。

防范措施

1.严格按照《国家电网有限公司业扩供电方案编制导则》文件要求核查客户用电设备额定容量。

2.定期稽查低压用电超容情况，现场核查超容用户。

政策依据

〔内部制度依据〕《国家电网有限公司业扩供电方案编制导则》（Q/GDW 12259—2022）。

典型案例

〔案例描述〕某用户现场主要用电设备额定容量为240千伏安，台区经理现场勘查时未核定用电设备容量，按照合同容量160千伏安采用低压方式接入，送电半年后，用户超容导致火灾发生。

〔案例评析〕台区经理现场勘查时未核定用电设备容量，未发现现场不具备低压接入条件。

4 设计审查

4.1 设计审查存在"三指定"行为

风险描述

1. 采用不受理、不通过、拖延设计图纸审查，或者不出具设计图纸审查意见等方式，影响客户选择设计单位。
2. 授意特定的设计、施工、物资供应单位相关人员参与设计审核。
3. 自行提高设计单位资质等级、业绩标准，或者自行提高设计图纸审查标准。
4. 自行设置设计准入条件，导致客户只能选择特定设计单位。
5. 设计图纸中指定厂家设备和型号，或者指定电气设备品牌。
6. 直接、间接或变相指定客户受电工程的设计、施工、物资供应单位。

风险影响

1. 违反市场公平竞争原则，限制客户知情权和自主选择权，造成投诉风险。
2. 违反《供电服务监管办法（试行）》《供电监管办法》或《国家能源局用户受电工程"三指定"行为认定指引》的相关规定，造成监管风险。
3. 违反《优化营商环境条例》相关规定，造成法律风险。

监督评价要点

检查是否存在业扩设计审查环节"三指定"等情况：通过调取客户档案资料与系统对比、开展客户回访等形式，检查设计审查环节是否存在"三指定"。

防范措施

1. 严格按照监管部门有关受电工程服务规范要求，杜绝各种影响客户选择权的违规行为，创造公平、公正的受电工程建设市场秩序，提高客户受电工程服务水平。
2. 受理环节主动告知客户"三不指定"相关规定。
3. 建立业扩工程回访制，查处违规行为。

政策依据

〔外部政策依据〕《优化营商环境条例》(中华人民共和国国务院令第722号);《供电服务监管办法(试行)》(国家电力监管委员会令第8号);《国家能源局用户受电工程"三指定"行为认定指引》(国能发监管〔2020〕65号);《供电监管办法》。

〔内部制度依据〕《国家电网有限公司关于修订发布供电服务"十项承诺"和员工服务"十个不准"的通知》(国家电网办〔2020〕16号);《国家电网有限公司关于印发"阳光业扩"服务工作方案的通知》(国家电网办〔2020〕28号)。

典型案例

〔案例描述〕客户在提交图审时,客户经理要求图纸中注明使用某公司生产的断路器,存在指定物资供应单位问题。

〔案例评析〕供电公司未落实"三不指定"要求,侵害客户自行选择权利,违反《优化营商环境条例》的相关规定。

4.2 设计文件审核不到位

风险描述

1. 未认真审核受电工程设计文件是否满足供电方案和国家、行业相关规范要求,有关资料是否完整。

2. 未认真审核设计单位资质是否符合要求。

3. 重要电力用户自备应急电源及非电性质保安措施的配置未与受电工程同步建设、同步投运,或自备应急电源不满足保安负荷正常启动和带载运行的要求。

4. 谐波负序治理的措施未与受电工程同步设计。

风险影响

1. 影响客户工程后期订货、施工环节,造成客户业务办理时间过长,存在客户投诉风险。

2. 可能造成客户工程存在安全隐患,引发客户投诉或法律纠纷风险。

监督评价要点

检查是否存在设计文件审核不到位的情况:通过调取客户档案资料核查客户经理是否按照规范查验设计单位资质;核查工程设计单位是否与资质等

级要求相符；核查工程设计单位资质是否在有效期内；设计配置是否符合重要用户规范要求。

防范措施

1. 审核客户受电工程设计文件和有关资料的完整性、准确性。
2. 审核设计单位是否具备承接相应电压等级项目的电气设计资质。
3. 建立完善设计资料审核的相关制度，规范设计资料的审核工作。
4. 加强审核人员的业务能力培训。

政策依据

〔内部制度依据〕《国家电网有限公司业扩报装管理规则》（国家电网企管〔2019〕431号）；《国家电网有限公司业扩供电方案编制导则》（Q/GDW 12259—2022）。

典型案例

〔案例描述〕某供电公司一客户业扩报装项目被认定为重要用户，设计文件送审资料中无设计单位资质证书，设计图纸中自备应急电源容量不满足保安负荷容量要求，客户经理出具的设计文件审核意见未包含自备应急电源容量不满足保安负荷的缺陷整改意见，造成竣工验收时发现该项目实际配置的发电机容量无法满足保安负荷要求，要求客户变更设计并重新采购设备，导致接电时间延长。

〔案例评析〕客户经理对设计单位资质审核不到位，设计图纸审核错漏，造成客户接电时间延长。

5 中间检查

5.1 中间检查存在"三指定"行为

风险描述

1. 拖延中间检查或中间检查中标准不统一、擅自提高标准。
2. 授意特定的施工、物资供应单位相关人员参与中间检查。
3. 直接、间接或变相指定客户受电工程的施工、物资供应单位。
4. 自行提高施工单位资质等级标准、业绩标准，影响客户选择施工单位。
5. 自行设置施工准入条件，导致客户只能选择特定施工单位。
6. 通过指定设计、施工单位，以工程总承包等形式，指定设备材料供应单位。

风险影响

1. 违反市场公平竞争原则，限制客户知情权和自主选择权，造成投诉风险。
2. 违反《供电服务监管办法（试行）》《供电监管办法》《国家能源局用户受电工程"三指定"行为认定指引》相关规定，造成监管风险。
3. 违反《优化营商环境条例》相关规定，造成法律风险。

监督评价要点

检查是否存在业扩中间检查"三指定"等情况：通过调取客户档案资料与系统对比、开展客户回访等形式，检查中间检查环节是否存在"三指定"。

防范措施

1. 严格按照监管部门有关受电工程服务规范要求，杜绝各种影响客户选择权的违规行为，创造公平、公正的受电工程建设市场秩序，提高客户受电工程服务水平。
2. 受理环节主动告知客户"三不指定"相关规定。
3. 建立业扩工程回访制，查处违规行为。

📋 政策依据

〔外部政策依据〕《优化营商环境条例》(中华人民共和国国务院令第722号);《供电服务监管办法(试行)》(国家电力监管委员会令第8号);《国家能源局用户受电工程"三指定"行为认定指引》(国能发监管〔2020〕65号);《供电监管办法》。

〔内部制度依据〕《国家电网有限公司关于修订发布供电服务"十项承诺"和员工服务"十个不准"的通知》(国家电网办〔2020〕16号);《国家电网有限公司关于印发"阳光业扩"服务工作方案的通知》(国家电网办〔2020〕28号)。

📋 典型案例

〔案例描述〕客户在某供电公司办理高压新装业务,中间检查环节,客户经理邀请产业单位施工人员一起参与,向客户推荐产业施工单位,并承诺只要选择产业施工单位,受电工程完工后立刻安排验收送电,此举存在指定施工单位问题。

〔案例评析〕供电公司未落实"三不指定"要求,侵害客户自行选择权利,违反《优化营商环境条例》的相关规定。

5.2 隐蔽工程检查不到位

📋 风险描述

1.未对重要用户接地、防雷、电缆沟等隐蔽工程进行中间检查。

2.未对照经审核同意的用户受电工程设计文件,对与电气安装质量相关的电缆管沟(井)、接地防雷装置、土建预留开孔、槽钢埋设、通风设施、安全距离和高度、隐蔽工程的施工工艺及材料选用等情况进行检查。

3.未仔细核查接地电阻等隐蔽工程资料。

📋 风险影响

未从源头有效遏制客户受电装置安全隐患,导致受电设施带安全隐患接入电网,影响客户用电安全及电网安全运行。

📋 监督评价要点

1.检查隐蔽工程的中间检查是否正常开展:针对隐蔽工程的中间检查环节开始时间、结束时间,在系统内与现场、纸质资料三个场景对照记录时间是否一致。

2.检查隐蔽工程的中间检查是否规范开展：通过调取客户档案资料，检查客户隐蔽工程中间检查及施工质量检查意见单是否加盖用电检查专用章及被客户签收；检查客户受电工程的施工与供电方案是否保持一致；客户的隐蔽工程及设施是否符合相关规定。

防范措施

对重要和特殊用户隐蔽工程部分，必须提出中间检查，且中间检查合格后才能进行后续工程施工。整改不到位的，供电公司拒绝受理竣工检验。

政策依据

〔内部制度依据〕《国家电网有限公司业扩报装管理规则》（国家电网企管〔2019〕431号）第八十三条。

典型案例

〔案例描述〕某供电公司一客户业扩报装项目，客户经理现场未认真核实接地电阻阻值，通电后半年，客户因接地电阻不合格，发生电气设备烧毁情况。

〔案例评析〕客户经理未仔细核实接地电阻合格情况，导致受电设施带安全隐患接入电网，影响客户用电安全及电网安全运行。

6 竣工检验

6.1 竣工检验存在"三指定"行为

风险描述

1. 拖延竣工检验或在竣工检验中标准不统一、擅自提高标准、未履行一次性告知义务。
2. 授意特定的施工、物资供应单位相关人员参与竣工检验。
3. 要求客户委托产业施工单位代建或指定特定单位代建用户受电工程。
4. 要求客户或者施工单位对设备材料额外进行试验检测，影响客户或施工单位选择设备材料供应单位。
5. 要求客户自主选择的施工单位与特定施工单位签订分包合同（协议）。

风险影响

1. 违反市场公平竞争原则，限制客户知情权和自主选择权，造成投诉风险。
2. 违反《供电服务监管办法（试行）》《供电监管办法》《国家能源局用户受电工程"三指定"行为认定指引》相关规定，造成监管风险。
3. 违反《优化营商环境条例》相关规定，造成法律风险。

监督评价要点

检查是否存在业扩竣工验收环节"三指定"等情况：通过调取客户档案资料与系统对比、开展客户回访等形式，检查竣工验收环节是否存在"三指定"。

防范措施

1. 严格按照监管部门有关受电工程服务规范要求，杜绝各种影响客户选择权的违规行为，创造公平、公正的受电工程建设市场秩序，提高客户受电工程服务水平。
2. 受理环节主动告知客户"三不指定"相关规定。
3. 建立业扩工程回访制，查处违规行为。

政策依据

〔外部政策依据〕《优化营商环境条例》(中华人民共和国国务院令第722号);《供电服务监管办法(试行)》(国家电力监管委员会令第8号);《国家能源局用户受电工程"三指定"行为认定指引》(国能发监管〔2020〕65号);《供电监管办法》。

〔内部制度依据〕《国家电网有限公司关于修订发布供电服务"十项承诺"和员工服务"十个不准"的通知》(国家电网办〔2020〕16号);《国家电网有限公司关于印发"阳光业扩"服务工作方案的通知》(国家电网办〔2020〕28号)。

典型案例

〔案例描述〕客户在某供电公司办理高压新装业务,用户自主选择设计单位、施工单位和设备材料供应单位,供电企业在业务受理、供电方案答复、设计图纸审查、中间检查、竣工检验和装表接电等环节采用不同标准、设置障碍,导致客户体验感不佳,在半年后的增容过程中,客户被迫选择供电公司关联企业。

〔案例评析〕供电公司未落实"三不指定"要求,侵害客户自行选择权利,违反《优化营商环境条例》的相关规定。

6.2 竣工检验不到位

风险描述

1. 未认真检查可能影响电网安全运行的接网设备和涉网保护装置。

2. 未认真审核施工单位资质是否符合国家有关规定要求。

3. 未认真审核客户竣工资料是否与现场相符。

4. 电源接入方式、受电容量、电气主接线、运行方式、无功补偿、自备电源、计量配置、保护配置等不符合供电方案。

5. 使用国家明令禁止的电气产品,或者变压器型号不满足属地政府出具的能评批复文件要求。

6. 冲击负荷、非对称负荷及谐波源设备治理措施未与受电工程同步验收。

7. 双(多)路电源闭锁装置不可靠;自备电源未单独接地,或自备电源投切装置不符合要求;保安电源容量、切换时间不满足保安负荷用电需求,非电保安措施不到位。

风险影响

未从源头有效遏制客户受电装置安全隐患,导致受电设施带安全隐患接入电网,影响客户用电安全及电网安全运行。

监督评价要点

1. 检查竣工检验是否正常开展:针对竣工检验环节开始时间、结束时间,在系统内与现场、纸质资料三个场景对照记录时间是否一致。

2. 检查竣工检验开展是否规范:通过调取客户档案资料,检查竣工检验意见单是否加盖专用章及被客户签收;检查客户受电工程的竣工资料与供电方案是否保持一致;客户电气设备是否符合相关规定。

防范措施

加强培训客户经理业务能力。

政策依据

〔内部制度依据〕《国家电网有限公司业扩报装管理规则》(国家电网企管〔2019〕431号)第八十三条。

典型案例

〔案例描述〕某重要化工电力用户,采用双电源供电,保安负荷容量为500千伏安,允许停电时间为5s,用户自备柴油发电机容量为400千伏安。送电后,因大电网发生故障,供电电源失电,自备柴油发电机无法满足保安负荷要求,有毒液体泄漏,造成当地环境污染。

〔案例评析〕保安电源容量、切换时间应满足保安负荷用电需求。

6.3 验收接入环节收费不合规

风险描述

1. 在用电报装工程验收接入环节,违规收取计量装置赔偿费、环境监测费、高压电缆介损试验费、高压电缆震荡波试验费、低压电缆试验费、低压计量检测费、互感器试验费、保护定值整定费、网络自动化费、配电室试验费、开闭站集资费、调试费等名目费用。

2. 向客户收取业扩搭接费用。

3. 主业人员代关联产业单位向客户收取工程费。

风险影响

1.用户办电过程中违规收取费用，涉嫌漠视、侵害群众利益，存在投诉风险。

2.违规确定、收取费用，相关人员存在廉政风险。

3.额外收取客户搭火费用增加客户投资，漠视、侵害群众利益引发监管和投诉风险。

4.代关联产业单位收取工程费，存在职责不清和"三指定"问题，易使客户对办电成本构成产生误解，存在客户投诉和监管风险。

监督评价要点

检查验收接入环节是否有不合规收费：通过调取客户档案资料与系统对比、开展客户回访等形式，检查是否存在"乱收费"、代产业单位"搭便车收费"等不合规情况。

防范措施

1.严格按照各省物价局文件规定的收费标准收费。

2.加强业务人员能力培训，规范费用收取工作。

政策依据

〔外部政策依据〕《国务院办公厅转发国家发展改革委等部门关于清理规范城镇供水供电供气供暖行业收费 促进行业高质量发展意见的通知》（国办函〔2020〕129号）。

〔内部制度依据〕《国家电网有限公司关于贯彻落实国家深化供水供电供气供暖行业市场化改革部署 进一步清理规范供电环节收费的通知》（国家电网办〔2021〕86号）；《国家电网公司关于简化10千伏及以下业扩配套电网项目管理流程加快工程建设速度的通知》（国家电网办〔2017〕1081号）。

典型案例

〔案例描述〕某供电公司在为新装用户送电时，收取2万元业扩搭接费用，增加客户投资成本。回访过程中，客户将情况反映给"95598"业务人员。

〔案例评析〕客户经理违规收费导致客户多交费。

6.4 擅自扩大验收范围

风险描述

1.验收客户内部非涉网设备施工质量，并提出送电前必须完成整改。

2.验收客户配电室运行规章制度、安全措施等。

风险影响

1.影响客户办电感知体验，引发投诉风险。

2.增加客户投资成本。

3.对优化营商环境提升"获得电力"水平产生负面影响。

监督评价要点

检查验收接入环节是否擅自扩大验收范围：通过调取客户档案资料与系统对比、开展客户回访等形式，检查是否存在对客户内部非涉网设备施工质量、客户配电室运行规章制度、安全措施等扩大验收的情况。

防范措施

建立业扩工程回访制，查处违规行为。

政策依据

〔内部制度依据〕《国家电网公司关于印发进一步精简业扩手续、提高办电效率的工作意见的通知》（国家电网营销〔2015〕70号）；《国家电网有限公司业扩报装管理规则》（国家电网企管〔2019〕431号）。

典型案例

〔案例描述〕某高压新装客户验收过程中，客户经理要求客户配电室运行规章制度必须上墙，客户花费3000元购置相关上墙制度的印刷资料。

〔案例评析〕客户经理的扩大验收行为，导致客户投资成本增加。

7 装表接电

7.1 业扩搭接安排管控不合理

风险描述
1. 有不停电作业条件的未采用不停电作业。
2. 带电作业计划安排不合理或作业计划因天气等取消后未及时重新安排计划，导致客户用电需求无法满足。

风险影响
1. 影响供电公司供电可靠性和客户正常生产。
2. 未能满足客户意向接电时间，引发客户投诉和流程超期监管风险。

监督评价要点
检查业扩搭接安排管控是否合理：通过调取客户档案资料与系统对比、开展客户回访等形式，检查是否未安排不停电作业，是否存在计划安排不合理或者计划取消后未及时重新安排的情况。

防范措施
1. 合理安排停送电计划，满足客户用电需求。
2. 加强带电作业计划滚动管理，保证客户接电时序。

政策依据
〔内部制度依据〕《国家电网公司关于简化10千伏及以下业扩配套电网项目管理流程加快工程建设速度的通知》(国家电网办〔2017〕1081号)。

典型案例
〔案例描述〕某高压新装客户急需4月30日前用电，4月18日客户向某供电公司申请搭接用电，供电公司以带电作业必须提前两周排定计划为由，将搭接作业安排在5月5日，5月5日当天因为下雨取消带电作业，重新安排带电作业时间为5月19日，严重影响客户用电需求，客户拨打"95598"投诉。

〔案例评析〕带电作业计划安排不合理导致客户未按期投产。

7.2 供用电合同签订不规范

风险描述

1. 供用电合同未使用最新版本。
2. 供用电合同内相关信息与营销系统、现场情况不一致。
3. 合同签署页未由供电公司授权代表、用户法人或授权代表签字盖章。
4. 合同授权委托书有效时间超期。
5. 合同文本未盖骑缝章。

风险影响

供用电合同签订不规范易造成合同效力受损或失效，引发后续合规风险。

监督评价要点

1. 检查合同类型和模板是否正确：调取用户合同，检查合同类型与用户类别是否一致，合同模板是否正确。
2. 检查合同内容是否规范：调取用户合同与营销系统、现场情况进行核实，检查是否存在不一致的情况。
3. 检查合同是否有效：通过调取用户合同，检查合同签署页签字盖章、合同授权委托期限和合同文本骑缝章是否齐全、有效。

防范措施

1. 落实供用电合同审核，对产权分界点等关键信息核对确认。
2. 定期组织档案检查，重点核对签字盖章等信息。

政策依据

〔内部制度依据〕《国家电网有限公司业扩报装管理规则》（国家电网企管〔2019〕431号）。

典型案例

〔案例描述〕某客户申请10千伏高压新装业务，但在客户经理与用户签订的供用电合同中，缺少用户的签字盖章。后续因用户超容需进行违约用电处理时，用户拒绝接受合同中违约用电条款内容。

〔案例评析〕规范签订供用电合同，有利于后续电力业务开展，降低企业合规风险。

7.3　送电条件不满足情况下通电

风险描述

1.竣工检验发现的安全隐患未整改即通电。

2.客户自备应急电源及非电性质保安措施的配置、谐波负序治理的措施未与受电工程同步投运即通电。

3.供用电合同未签订即通电。

风险影响

1.缺陷未消缺通电，可能造成安全隐患。

2.重要电力用户自备应急电源配置不到位，可能产生较大政治影响、重大经济损失、环境严重污染等情况。

3.谐波未治理将造成公网电能质量不达标。

4.合同未签订即送电，可能存在法律风险。

5.收资未收齐即送电，可能产生政策执行风险。

监督评价要点

检查是否存在不满送电条件即通电情况：通过调取客户档案资料与系统对比、开展客户回访等形式，检查是否存在安全隐患未整改即通电的情况；通过调取用户合同，检查合同签署时间与营销系统送电时间对比，检查是否存在合同未签订即通电的情况；通过调取客户档案资料与系统对比、开展客户回访等形式，检查客户应急电源、非电保安措施以及谐波治理措施是否存在未配置即通电的情况。

防范措施

1.加强业扩档案审查。

2.加强客户经理的业务能力培训。

政策依据

〔外部政策依据〕《电力供应与使用条例》。

〔内部制度依据〕《国家电网有限公司业扩报装管理规则》（国家电网企管〔2019〕431号）；《国家电网有限公司业扩供电方案编制导则》（Q/GDW 12259—2022）。

典型案例

〔案例描述〕某低压非居用户亟须送电，公章在异地，合同已寄出，客户经理在未收到已签章的供用电合同情况下，提前送电。送电后客户内部线路短路发生火灾事故，造成较大损失，客户将火灾发生归咎供电公司。

〔案例评析〕合同未签订就通电会带来较大法律风险。

7.4 客户档案资料管理不规范

风险描述

1. 档案资料未使用有效的国网统一标准表单。
2. 缺失业扩报装中主要环节的纸质资料或资料填写不规范，缺失必要的签章。

风险影响

1. 档案资料缺失或损坏引发供电公司经营风险。
2. 档案填写日期颠倒、涂改等会被监管部门认定流程体外流转、弄虚作假等，引发监管风险。

监督评价要点

检查是否存在不规范使用表单资料的情况：通过调取客户档案资料与系统对比、开展客户回访等形式，检查表单是否统一有效；表单资料是否存在弄虚作假的情况；所收集资料是否规范上传营销系统。

防范措施

1. 严格按照《国家电网公司电力客户档案管理规定》《国家电网有限公司业扩报装管理规则》等文件要求规范客户档案资料管理。
2. 定期对已归档客户档案资料完整性和准确性进行检查，对发现的问题及时修正。

政策依据

〔内部制度依据〕《国家电网有限公司业扩报装管理规则》（国家电网企管〔2019〕431号）第一百零七条；《国家电网公司电力客户档案管理规定》（国网营销/3382—2014）。

典型案例

〔案例描述〕某供电公司业务受理员受理业务时，受理资料填写不规范，部分内容少填漏填，缺失必要的签章，业务后续出现纠纷时，客户对申请资料不认可。

〔案例评析〕客户档案缺失引发供电企业经营风险。

8 变更用电

8.1 变更用电流程未及时归档

风险描述

1. 用户用电属性发生变化，办理改类流程修改电价，流程未及时归档，造成电费计收差错。

2. 两部制电价用户办理暂停（暂停恢复）、减容（减容恢复）和销户流程，流程未及时归档，造成基本电费（变、线损）计收错误。

3. 用户办理过户流程时，未及时处理相关流程，导致新用户产生的电费由老用户代扣。

风险影响

1. 流程未及时归档产生电费计收差错。

2. 存在客户回访评价不满意或投诉风险。

监督评价要点

检查是否存在变更用电流程未及时归档情况：主要检查营销系统中各类改类流程归档时限是否满足相关文件要求。

防范措施

1. 严格按照《国家电网公司变更用电及低压居民新装（增容）业务工作规范（试行）》要求，变更用电各个环节时限应符合工作规范要求。

2. 加强稽查，严格考核因流程归档不及时造成的电费计收差错。

政策依据

〔内部制度依据〕《国网营销部关于印发变更用电及低压居民新装（增容）业务工作规范（试行）的通知》（营销营业〔2017〕40号）。

典型案例

〔案例描述〕某供电公司工作人员为用户办理过户业务，流程长期在途未处理，导致新用户的电费由原用户代扣，造成原用户投诉。

〔案例评析〕办理过户流程时，流程未及时处理。

8.2 暂停（减容）、暂停（减容）恢复未重新核定电价执行标准

风险描述
1.暂停（减容）后的容量达不到实施两部制电价规定容量标准的用户未重新核定电价，造成电价执行差错。

2.暂停（减容）恢复后的容量达到实施两部制电价规定容量标准的用户未重新核定电价，造成电价执行差错。

风险影响
1.未根据用电情况更改相应执行电价，造成计费差错。

2.存在客户回访评价不满意或投诉风险。

监督评价要点
检查是否存在暂停（减容）、暂停（减容）恢复未重新核定电价执行标准情况：主要检查暂停（减容）、暂停（减容）恢复后合同容量、运行容量与执行电价是否匹配。

防范措施
1.严格按照《国家电网公司变更用电及低压居民新装（增容）业务工作规范（试行）》要求，核对暂停、减容后的容量，确定改为相应用电类别电价计费，并执行相应的分类电价标准。

2.加强稽查，对暂停（减容）、暂停（减容）恢复流程涉及电价修改的进行定期稽查。

政策依据
〔外部政策依据〕《关于完善两部制电价用户基本电价执行方式的通知》（发改办价格〔2016〕1583号）。

〔内部制度依据〕《国家电网公司变更用电及低压居民新装（增容）业务工作规范（试行）》（营销营业〔2017〕40号）第二十五条。

典型案例
〔案例描述〕2022年投产的某两部制用户在2023年7月申请暂停，暂停后容量为200千伏安（用户申请执行单一制），工作人员未根据用户选择修改电价为单一制电价。

〔案例评析〕根据第三监管周期输配电价执行要求，原两部制电价用户，因暂停（减容）后容量达不到相应标准执行或选择执行对应用电类别单一制电价的，不受单一制两部制电价选择周期限制，暂停（减容）恢复后，应继续执行两部制电价。截至2023年6月1日，在途未停（送）电的用户，均按上述原则选择。

8.3 暂停（减容）未现场封停变压器

风险描述

1. 暂停、减容设备现场未停用。
2. 停用设备未规范加封。
3. 复电时未检查封印是否完整。

风险影响

未现场封停设备，可能造成未停或误停设备，导致出现电费计收出错、违约用电等情况。

监督评价要点

检查是否存在暂停（减容）未现场封停变压器情况：通过采集系统检查暂停（减容）用户，在暂停（减容）期间用电负荷是否对应降低；或者现场检查暂停（减容）用户停用设备封印是否完整。

防范措施

1. 用电检查人员严格按照用户申请的停用（恢复）时间与容量实施设备封停（启封）工作，并同步录入营销业务系统，并由用户在纸质电能计量装接单或者移动作业终端上签字（电子签名方式）确认表计底度。

2. 复电时应现场检查封印完整性，对客户自行拆除封印用电的，进行违约用电处理。

政策依据

〔外部政策依据〕《供电营业规则》第二十三条；《关于完善两部制电价用户基本电价执行方式的通知》（发改办价格〔2016〕1583号）。

〔内部制度依据〕《国家电网公司变更用电及低压居民新装（增容）业务工作规范（试行）》（营销营业〔2017〕40号）第四十二条。

🔖 **典型案例**

〔案例描述〕某客户申请暂停，暂停当日，工作人员未到现场对停用设备加封印，仅电话通知客户停用。客户因生产需要，在申请暂停日的 5 天后才将设备停用。

〔案例评析〕未按确定的停用时间停用设备，未现场加封，导致用户实际暂停时间短于系统时间，基本电费少计。

8.4　暂停（减容）设备启停时间与实际不符

🔖 **风险描述**

营销业务系统中停用、启用时间与实际不符，早于或晚于现场实际时间。

🔖 **风险影响**

1. 设备停用、启用时间不准，导致电费计收差错。
2. 存在客户回访评价不满意或投诉风险。

🔖 **监督评价要点**

通过采集系统检查变压器停用（启用）时间与表计示数变化是否一致。

🔖 **防范措施**

1. 用电检查人员严格按照用户申请的停用（恢复）时间与容量实施封停（启封）工作，并同步录入营销业务系统，并由用户在纸质电能计量装接单或者移动作业终端上签字（电子签名方式）确认表计底度。

2. 复电时应现场检查封印的完整性，对客户自行拆除封印用电的，进行违约用电处理。

🔖 **政策依据**

〔外部政策依据〕《供电营业规则》第二十三条、第二十四条。

〔内部制度依据〕《国家电网公司变更用电及低压居民新装（增容）业务工作规范（试行）》（营销营业〔2017〕40 号）第四十二条。

🔖 **典型案例**

〔案例描述〕某客户申请暂停，暂停当日，工作人员现场对停用设备加封印，营销系统设备封停环节录入时间晚于现场封停时间。

〔案例评析〕营销系统设备封停环节录入设备停用时间晚于现场实际时间，导致系统暂停时间短于用户实际暂停时间，基本电费少计。

8.5 暂停（减容）特抄电量失准

风险描述
营销业务系统中设备封停、启用环节录入特抄电量大于或小于现场表计示数。

风险影响
1. 系统录入特抄电量不准，导致电费计收差错。
2. 存在客户回访评价不满意或投诉风险。

监督评价要点
通过采集系统检查变压器停用（启用）时间与表计示数变化是否一致。

防范措施
用电检查人员严格按照与用户约定的时间，组织到现场实施封停（启用）操作，并由用户在纸质电能计量装接单或移动作业终端上签字（电子签名方式）确认表计底度，并且录入营销系统。

政策依据
〔外部政策依据〕《供电营业规则》第二十三条、第二十四条。

〔内部制度依据〕《国家电网公司变更用电及低压居民新装（增容）业务工作规范（试行）》（营销营业〔2017〕40号）第四十二条。

典型案例
〔案例描述〕某客户申请暂停，暂停当日，工作人员现场对停用设备加封印，设备封停环节录入特抄电量小于现场表计示数。

〔案例评析〕设备封停环节录入特抄电量小于现场表计示数，导致系统当月电费计收差错。

8.6 改类流程随意由高电价修改为低电价

风险描述
1. 工作人员未认真核对用户信息，客户联系人未签字确认。
2. 核实电价执行错误，执行电价与现场情况不符。

风险影响
1. 电价执行与用户用电属性不符，导致电费计收差错。
2. 存在廉政风险。

👍 监督评价要点

1. 检查变更为居民电价的流程是否规范。
2. 现场检查用户用电性质，核实主要用电设备。
3. 检查用户提交的申请资料，如营业执照等是否变更。

🔲 防范措施

用电检查人员在改类变更电价时，务必现场勘查，确定计量、计费方案，并填写现场勘查单，或在移动作业终端录入相关信息。

📋 政策依据

〔外部政策依据〕《供电营业规则》第三十五条。

〔内部制度依据〕《国网营销部关于印发变更用电及低压居民新装（增容）业务工作规范（试行）的通知》（营销营业〔2017〕40号）第一百二十六条。

📁 典型案例

〔案例描述〕某用户申请改类，用电属性由商业用电改为居民用电。工作人员未现场勘查核对用户用电情况，直接在营销系统修改用户电价为居民合表电价。

〔案例评析〕系统执行电价与实际情况不符合，导致电费计收差错。

8.7　优惠电价流程变更把关不严

🏠 风险描述

1. 营业受理人员未认真核对客户提交的证明材料。
2. 电价执行错误，执行电价与现场情况不符。

⚠ 风险影响

1. 优惠电价执行与用户实际用电情况不符，导致电费计收差错。
2. 存在廉政风险。
3. 存在客户回访评价不满意或投诉风险。

👍 监督评价要点

1. 检查优惠行业分类下对应电价是否为优惠电价。
2. 检查执行优惠电价的用户，其行业分类是否匹配。

🔲 防范措施

营业受理人员应严格按照相关规定核实用户提供的享受优惠电价的证明

材料。

📋 政策依据

〔外部政策依据〕《供电营业规则》第八十二条。

〔内部制度依据〕《国家电网有限公司业扩供电方案编制导则》（Q/GDW 12259—2022）。

🔒 典型案例

〔案例描述〕某客户申请办理享受"一户多人口"电价，营业受理人员未核实户籍证明，在营销系统中直接办理。

〔案例评析〕系统执行电价与实际情况不符合，导致电费计收差错。

8.8 改类流程基本电费设置错误

📋 风险描述

1. 改类流程未按用户需求区分选择"合约最大需量""实际最大需量""容量"，混淆三种基本电费计费方式。

2. 合约最大需量值填写错误。

风险影响

基本电费计费方式每三个月允许修改一次，设置错误易造成电费纠纷，引发投诉风险。

👍 监督评价要点

1. 检查电价与基本电费计费方式是否一致。

2. 检查改类基本电费计费方式变更后预期生效时间是否正常生效。

防范措施

工作人员应根据用户现场情况和近期规划核实用户基本电费计费方式，做好政策解读与业务告知。

📋 政策依据

〔外部政策依据〕《供电营业规则》第三十五条。

〔内部制度依据〕《国家电网公司变更用电及低压居民新装（增容）业务工作规范（试行）》（营销营业〔2017〕40号）第一百二十六条。

🔒 典型案例

〔案例描述〕某工业用户原采用容量计收基本电费，因公司负荷降低，申请变更基本电费计费方式，工作人员知悉后协助变更为"合约最大需量"计费，合约值为变压器容量的40%，后了解用户负荷不足变压器容量的20%，基本电费在电费中占比较高，增加用户生产成本。

〔案例评析〕工作人员现场信息核实不准确，造成基本电费计费方式变更失准，增加用户电费支出。

8.9 改类流程定量、定比电量与实际不符

风险描述
1. 定量、定比值核定不准确。
2. 定量、定比值未定期核定，参数设置与现场实际情况不符。

风险影响
用户电费不准确，引发电费回收及国有资产流失风险。

监督评价要点
1. 检查定量、定比值是否超1年未核定。
2. 现场检查定量、定比值是否准确。

防范措施
工作人员应核实用户执行定量、定比的必要性，按现场情况核实计算参数，履行审批手续，并定期复核。

政策依据
〔外部政策依据〕《供电营业规则》第七十一条。

典型案例
〔案例描述〕某普通工业用户有宿舍楼申请居民定比电量，工作人员现场核实定比为40%的居民生活电量，后发现宿舍楼一层屋内及院中有部分生产设备，定比核定值不准确。

〔案例评析〕现场工作人员现场信息核实不准确，将生产设备按居民生活用电设置定比，导致电费差错。

8.10 改类流程线损、变损电量设置错误

风险描述
1. 线损、变损核定不准确。

2.线损、变损核定错误，参数设置与实际情况不符。

风险影响

用户电费不准确，引发电费回收及国有资产流失风险。

监督评价要点

1.检查计量点设置在变电所侧是否计算线损。

2.检查计量点设置在变压器低压侧是否计算变损，变损参数是否与变压器容量及型号匹配。

防范措施

工作人员应核实用户执行线损、变损的必要性，按实际情况核实计算参数，履行审批手续，并定期复核。

政策依据

〔外部政策依据〕《供电营业规则》第七十四条。

典型案例

〔案例描述〕某普通工业用户专线供电，计量点设置在用户变压器侧，工作人员未每年开展线损核定，经查，用户电源点已变更至相邻变电所，线损核定值有误。

〔案例评析〕工作人员现场信息核实不准确，线损核定值有误，导致电费差错。

8.11 过户、更名流程受理不规范

风险描述

过户、更名流程未核实用户户号、户名、产权归属等资料，误将第三方户号过户、更名或资料不全违规完成过户、更名流程。

风险影响

过户、更名流程信息错误，不能满足用户诉求或影响其他用户正常用电，引发投诉风险。

监督评价要点

1.检查"95598""12398"等工单是否存在误过户等问题。

2.检查过户、更名档案是否规范。

防范措施

工作人员应核对过户、更名流程中用户提交的资料，重点核实产权证明、用电人有效身份证明的一致性。

政策依据

〔外部政策依据〕《供电营业规则》第二十九条。

〔内部制度依据〕《国网营销部关于印发变更用电及低压居民新装（增容）业务工作规范（试行）的通知》（营销营业〔2017〕40号）第八十九条。

典型案例

〔案例描述〕某普通工业用户通过"网上国网"办理更名手续，但实际用户法人代表发生变更，按要求应办理过户手续。工作人员未审核用户主体，仍按用户申请的更名业务办理，导致过户前后电费未交割，合同未及时签订。

〔案例评析〕工作人员未核对用户信息，未核对用户更名、过户主体，业务类别选择错误，导致供电公司利益受损。

8.12 销户流程预收电费清退不到位

风险描述

销户未结清电费，或预收费未及时清退，且未及时告知用户。

风险影响

1. 用户预收电费转营业收入引发供电公司合规运行风险。

2. 客户电费损失，引发投诉风险。

监督评价要点

检查是否存在用户已销户但电费未清退的情况。

防范措施

工作人员与销户用户终止供用电合同，缴清结算电费，确认预收电费清退金额并启动退费流程后方可完成销户手续。

政策依据

〔外部政策依据〕《供电营业规则》第三十二条。

〔内部制度依据〕《国网营销部关于印发变更用电及低压居民新装（增容）业务工作规范（试行）的通知》（营销营业〔2017〕40号）第一百一十五条。

典型案例

〔案例描述〕某供电公司工作人员在为用户办理销户流程时，未告知用户需办理余额退费业务，导致用户销户后电费账户仍有余额。

〔案例评析〕用户销户后，销户电费、预收费未及时清退。

8.13 销户流程受理不规范

风险描述

销户流程未经用户允许或未取得政府、法律文件的许可，擅自发起销户流程。

风险影响

妨碍用户正常用电秩序，漠视、侵害群众利益，易引发投诉，存在供电服务风险。

监督评价要点

检查"95598""12398"等工单是否存在误销户等问题。

防范措施

工作人员应事先熟悉销户用户基本情况，现场查勘时核对申请资料、用户档案一致性，在约定时间内完成停电、拆表等工作。

政策依据

〔外部政策依据〕《供电营业规则》第三十二条。

〔内部制度依据〕《国网营销部关于印发变更用电及低压居民新装（增容）业务工作规范（试行）的通知》（营销营业〔2017〕40号）第一百一十五条。

典型案例

〔案例描述〕某拆迁地块，工作人员因现场房子久未住人且拨打电话无人接听，擅自发起销户流程将该用户销户，后用户前往供电公司了解供电情况时，得知已被销户。

〔案例评析〕工作人员未规范履行销户手续，引发供电服务风险。

8.14 分户（并户）流程电气连接未分割清楚

风险描述

1. 分户受电设施产权未清楚划分，依旧存在电气连接点。
2. 并户后仍保留原有用户与电网的电气连接。

风险影响

分户用户受电设备未切割清晰、并户用户未落实防倒送电措施，存在私自转供电、倒送电等风险。

监督评价要点

现场检查分户、并户电气连接是否拆除。

防范措施

1.用电检查人员应事先熟悉分户、并户用户的基本情况，在约定的时间内到用户处现场勘查，确定用户的受电容量、供电电源接入方案、用户的产权分界点、计量点数量、计量方案、计费方式、计费方案。

2.用电检查人员应仔细核对切割、合并用户的受电设施、用电负荷，分户确保受电设施无电气连接，并户合理调整供电线路，落实防倒送电措施。

政策依据

〔外部政策依据〕《供电营业规则》第三十条、三十一条。

典型案例

〔案例描述〕低压用户申请三户并户为一户，现场工作人员未核实清楚，误以为只有两户并户并依次操作，导致剩余一家用户的供电电源和表计未拆除。

〔案例评析〕用电检查人员勘查时未仔细核对分户、并户用户信息，导致供电电源和表计未拆除，引起电费错误及倒送电风险。

第二部分
电价电费风险

1 抄表管理

1.1 抄表包参数设置有误

风险描述

1. 随意变更或删除抄表包属性参数，如抄表周期、抄表例日等参数；随意注销抄表包。

2. 存在共用变压器的电力客户、转供电关系的电力客户以及发用电关联的电力客户未设在同一抄表包。

3. 抄表包参数设置与用户供用电合同不一致。

风险影响

1. 抄表包参数频繁变更易导致抄表差错、电量电费错误，引发投诉风险。

2. 抄表包参数设置与合同内容不一致易产生客户投诉，存在法律风险。

监督评价要点

1. 检查抄表包参数与合同相关参数是否一致，如抄表周期、抄表例日等。

2. 检查必须设置在同一个抄表包的用户是否设置在同一个抄表包，如光伏发电户与关联用电户之间，转供户与被转供户之间。

防范措施

加强抄表包管理工作，新建、调整、注销抄表包，按照相关规定履行审批手续。

政策依据

〔内部制度依据〕《国家电网有限公司电费抄核收管理办法》（国网〔营销/3〕273—2019）第二十三条：抄表段设置应遵循抄表效率最高的原则，综合考虑电力客户类型、抄表周期、抄表例日、地理分布、便于线损管理等因素。

（一）抄表段一经设置，应相对固定。调整抄表段应不影响相关电力客户正常的电费计算。新建、调整、注销抄表段，须履行审批手续。

（二）存在共用变压器的电力客户、存在转供电关系的电力客户以及发用电关联的电力客户应设在同一抄表段。

（三）新装电力客户应在归档当月编入抄表段；注销电力客户应在下一抄表计划发起前撤出抄表段。

典型案例

〔案例描述〕某年5月，抄表人员对某抄表包发起抄表包维护流程，误将该抄表包"抄表事件"为"正常"的字段和"抄表例日"记录等关键字段删除，6月、7月，系统自动发起抄表准备，因缺少关键字段，无法发起抄表流程。

〔案例评析〕错误删除关键字段，导致抄表包内所有用户错误应收月份电费未发行，存在电费回收风险；多月电量合并发行，用户电费突增，增加用户投诉风险。

1.2 未按规定进行现场作业终端（或抄表机）管理

风险描述

1. 未妥善保管现场作业终端（或抄表机），导致现场作业终端（或抄表机）损坏、遗失。

2. 现场作业终端（或抄表机）档案维护不符合一人一机的规定，造成现场作业终端（或抄表机）管理混乱，出现一机多人、一人多机的情况。

风险影响

1. 多人一机、相互借用现场作业终端（或抄表机）容易引起现场作业终端（或抄表机）数据下装失败、抄回数据被错误覆盖等系列风险，影响抄表及时性和抄表数据的准确性。

2. 现场作业终端（或抄表机）遗失导致用户信息泄露，引发信息安全事故。

监督评价要点

检查现场作用终端（或抄表机）档案情况与实际使用人是否为同一个人。

防范措施

1. 现场作业终端（或抄表机）"一人一机"，定点定位妥善保管。

2. 故障现场作业终端（或抄表机）更新时，及时收回原抄表机。

3. 现场作业终端（或抄表机）实物变更时，同时变更系统信息。

4. 定期清查核对抄表机资产，确保档案信息与实物一致。

政策依据

〔内部制度依据〕《国家电网公司计量现场手持设备管理办法》（国网〔营销/4〕389—2014）第二十条：计量现场手持设备保管和使用。

（一）计量现场手持设备应定点定位妥善保管，采取必要的防盗措施，并严格按照《国家电网公司用电信息密钥管理办法》有关规定，防范泄密风险。

（二）保管人应妥善保管持有的计量现场手持设备，当调离岗位时应及时归还给本单位计量现场手持设备发放人员。

（三）使用人员在使用前应检查计量现场手持设备（包括操作员卡、业务卡）是否完好无缺，计量现场手持设备的电池电量是否充足、系统时间与标准时间是否一致，并按照本管理办法要求规范使用；如果多人共用一台计量现场手持设备，使用前，插入当前使用人的操作员卡，使用完毕应取回操作员卡。

（四）不得将操作员卡、业务卡插入其他非指定的设备及载体中。

（五）计量现场手持设备不得转借或互借、不得复制或伪造，也不得利用计量现场手持设备进行违法违纪的操作。

（六）不得将计量现场手持设备私自带离工作和办公场所，使用完成必须归还保管人定点保管。

（七）在计量现场手持设备使用过程中出现异常时应暂停使用，并及时将异常信息上报计量现场手持设备的发放单位和管理单位。

（八）计量现场手持设备（包括操作员卡、业务卡）出现遗失时，应立即逐级上报至省公司营销部，采取必要的防范措施。

典型案例

〔案例描述〕某抄表员在抄表过程中借用其他抄表员的现场作业终端（或抄表机），因营销系统内现场作业终端（或抄表机）领用人与实际使用人不符，现场作业终端（或抄表机）中仍保留原抄表数据，导致数据下装失败，无法完成现场红外抄表。

〔案例评析〕抄表员未按照"一人一机"的规定使用现场作业终端（或抄表机），出现多人混用的情况，导致抄表数据无法下装，影响现场抄表质量。

1.3 未按规定设置抄表例日

风险描述
1. 未按《国家电网有限公司电费抄核收管理办法》规定设置抄表例日。
2. 供用电合同签订的抄表例日与系统设定的抄表例日不符。
3. 抄表例日变更未严格履行审批手续。

风险影响
易引发电费差错，给用户或供电公司造成经济损失，易引发投诉风险和法律风险。

监督评价要点
检查抄表例日与合同签订规定抄表例日是否为同一天。

防范措施
严格按照《国家电网有限公司电费抄核收管理办法》要求，进行抄表例日管理。

政策依据
〔内部制度依据〕《国家电网有限公司电费抄核收管理办法》（国网〔营销/3〕273—2019）第二十条：严格按规定的抄表周期和抄表例日对电力客户进行抄表……严禁违章抄表作业，不得估抄、漏抄、代抄；《国家电网有限公司电费抄核收管理办法》（国网〔营销/3〕273—2019）第二十二条：抄表例日管理执行以下规定：……（四）抄表例日不得随意变更。确需变更的，应履行审批手续并告知相关电力客户和线损管理部门。因抄表例日变更对基本电费、阶梯电费计算等带来影响的，应按相关要求处理。

典型案例
〔案例描述〕某企业与供电公司签订的供用电合同中约定每月分三次结算电费，固定抄表日期为10日、20日、月末。2020年2月，供电公司未经用户同意，未履行审批手续，擅自将电费结算次数改为每月两次，固定抄表日期改为15日、月末。

〔案例评析〕供电公司擅自改变结算次数与抄表日期，未考虑用户内部资金管理相关要求，增加电费回收难度，易引起法律纠纷。

1.4 未按规定抄表例日抄表

风险描述

1. 抄表当月未按抄表例日抄表，造成抄表当月电费未发行。
2. 抄表当月抄表日与抄表例日不一致，导致抄表不准时。
3. 未按抄表例日抄表，引发线损异常波动。

风险影响

抄表时间变更，引发电量电费不正常波动，给用户、供电公司造成经济损失，或引发投诉风险和法律风险。

监督评价要点

检查抄表当日与系统设置的抄表例日是否为同一天。

防范措施

1. 强化抄表质量管控，严格按照抄表周期和抄表例日抄表。
2. 对自动抄表数据失败、数据异常的，应立即进行补抄和异常处理，特殊原因当天来不及现场补抄的，应在第二天完成补抄。

政策依据

〔内部制度依据〕《国家电网有限公司电费抄核收管理办法》（国网〔营销/3〕273—2019）第二十条：严格按规定的抄表周期和抄表例日对电力客户进行抄表……严禁违章抄表作业，不得估抄、漏抄、代抄。确因特殊情况不能按期抄表的，应及时采取补抄措施；《国家电网有限公司电费抄核收管理办法》（国网〔营销/3〕273—2019）第二十二条。

典型案例

〔案例描述〕某公司于2019年12月调整29个抄表段抄表计划，抄表例日由25日人为调整为28日。

〔案例评析〕当月售电电量与实际不符，影响公司当月应收电费收入，导致当月及年度线损值失真。

1.5 现场抄表作业不规范

风险描述

1. 存在估抄、漏抄、错抄。
2. 已具备红外抄表条件的，未使用红外抄表机抄表。

风险影响

造成结算月电量电费差错，给用户和供电公司造成经济损失，易引发投诉风险。

监督评价要点

1. 检查抄表示数异常用户，查看是否存在估抄、漏抄等现象。
2. 查看抄表数据的方式是否为红外抄表等方式。特别查看手工抄表数据。

防范措施

1. 强化抄表质量管控，加大抄表示数复核力度，及时处理抄表示数异常。
2. 加强对现场计量装置、采集装置的运行维护，及时处理故障或异常。

政策依据

〔内部制度依据〕《国家电网有限公司电费抄核收管理办法》（国网〔营销/3〕273—2019）第二十条：……应严格通过远程自动化抄录用电计量装置记录的数据，严禁违章抄表作业，不得估抄、漏抄、错抄。具备条件的省公司可以分步建立所有电力客户或部分重要电力客户的全省抄表集中模式，不断提升公司的集约化、精益化管理水平。

典型案例

〔案例描述〕某用户因采集异常，抄表当日无法获取表计数据，抄表员未到现场红外抄表，直接对用户当月抄表数据人为估抄，作为当月电费结算依据。

〔案例评析〕抄表员未按照工作规范规定抄表，对用户抄表数据估抄，易引起用户不满，引发恶意欠费和投诉风险。

1.6 当月电费应出未出

风险描述

新装电力客户在接电后归档当月第一个抄表周期未进行首次抄表。

风险影响

造成新装户当月电费未发行，存在电费结算差错和电费回收风险。

监督评价要点

查看新装电力客户是否在当月第一个抄表周期内有电费账单。

防范措施

强化抄表周期管理，及时将新装用户纳入规定抄表包，确保新装电力客户通电当月电费应出尽出。

政策依据

〔内部制度依据〕《国家电网有限公司电费抄核收管理办法》（国网〔营销/3〕273—2019）第二十一条：……（三）对高压新装电力客户应在接电后的当月完成采集建设调试并在客户归档后第一个抄表周期进行首次远程自动化抄表。对在新装接电归档后当月抄表确有困难的其他电力客户，应在下一个抄表周期内完成采集建设调试并进行首次远程自动化抄表。

典型案例

〔案例描述〕某用户25日完成接电，并于当天在营销业务系统中完成资料归档工作，因抄表员工作疏忽未将该用户纳入抄表段，导致当月抄表未抄。

〔案例评析〕抄表员未按规定规范工作，未将新装用户及时纳入抄表段，导致新装当月电费应出未出，造成企业电费损失。

1.7 长期手工抄表

风险描述

连续3个月及以上抄表周期采用手工方式抄见电量，造成用户实际用电与结算不符，如下所述。

1. 实际用户在用电，因采集故障、人为估抄等存在结算电量长期与实际不一致。

2. 实际用户在用电，因电费支付困难等，抄表员人为修改抄表示数，长期零电量出账。

风险影响

1. 易引发电费差错，给用户或供电公司造成经济损失，引发投诉风险和法律风险。

2. 抄表人员故意采用手工抄表方式，修改用户抄表数据，存在廉政风险。

监督评价要点

查看连续3个月采用手工抄表方式的用户，特别是采集系统数据与出账数据不一致的用户。

防范措施

1. 采集失败，现场无法通过红外抄表机进行抄录（门闭及表计红外通信不成功等原因）应严格按照工作规范执行抄表作业，及时联系客户，安排现场补抄，因用户原因未能如期抄表时，应与用户约定补抄日期。

2. 现场停电状态，无法抄录表计示数，应及时查询营销业务系统内变压器状态，核对客户暂停、暂拆、减容等业务办理情况。

3. 新装或换表后未在营销系统内完成相关流程，系统表计逻辑地址与现场不一致导致采集失败，应做好现场记录并通知相关责任班组处理。

4. 针对历史错抄，通过电量电费退补方式对错抄表计示数进行修正。

政策依据

〔内部制度依据〕《国家电网有限公司电费抄核收管理办法》（国网〔营销/3〕273—2019）第二十条：严格按规定的抄表周期和抄表例日对电力客户进行抄表。抄表数据原则上必须是抄表例日当日0时用电计量装置冻结数据。应严格通过远程自动化抄录用电计量装置记录的数据，严禁违章抄表作业，不得估抄、漏抄、错抄。具备条件的省公司可以分步建立所有电力客户或部分重要电力客户的全省抄表集中模式，不断提升公司的集约化、精益化管理水平。

典型案例

〔案例描述〕某用户自新装起连续6个月手工抄表，且每月发行电量为0，后因台区线损异常，稽查人员现场核实，发现该用户实际表计示数与系统记录严重不符，导致大额电费未及时发行。

〔案例评析〕长期手工抄表，使公司对用户表底结算数据准确性失去控制，易滋长小微权力寻租空间，对公司依法合规经营造成负面影响。

1.8 需量用户表计最大需量冻结日与抄表例日不一致

风险描述

按需量计费的两部制用户，结算抄表例日与计量装置最大需量冻结日不一致。

风险影响

基本电费计算错误，给用户或供电公司造成经济损失，存在投诉风险和法律风险。

监督评价要点

查看表计最大需量冻结日与抄表结算例日是否一致。

防范措施

1. 严格按照《国家电网有限公司电费抄核收管理办法》（国网〔营销/3〕273—2019）要求，正确配置计量装置参数与抄表例日。

2. 定期开展需量用户计量装置数据冻结日与抄表例日一致性核查。

政策依据

〔内部制度依据〕《国家电网有限公司电费抄核收管理办法》（国网〔营销/3〕273—2019）第二十二条。

典型案例

〔案例描述〕某客户按需量计收基本电费，表计冻结日为每月25日，抄表例日为每月30日，需量表计冻结日与抄表例日不一致。

〔案例评析〕需量表计冻结日与抄表例日不一致，造成当月结算最大需量值与实际最大存在偏差，影响电费计收的准确性。

1.9 抄表翻度未处理

风险描述

抄表止度小于起度，在复核环节未正确处理，导致电量突变。

风险影响

电量电费多计，存在漠视、侵害群众利益的嫌疑，易引发电费回收风险和投诉风险。

监督评价要点

1. 查看因表计翻转引起差错用户。

2. 查看是否已做整改，并已退补到位。

防范措施

1. 强化抄表质量管控，加大抄表示数复核力度，及时处理抄表示数异常。

2. 加强对现场计量装置、采集装置的运行维护，及时处理故障或异常。

政策依据

〔内部制度依据〕《国家电网有限公司电费抄核收管理办法》（国网〔营销/3

273—2019）第二十七条：抄表示数上传后 24 小时内，应按抄表数据审核规则，完成全部审核工作，对自动抄表数据失败、数据异常的应立即发起补抄和异常处理，特殊原因当天来不及到现场补抄的，应在第二天完成补抄，抄表数据核对无误后，在规定时限内将流程传递至下一环节。

典型案例

〔案例描述〕某客户当月抄表止度小于上期止度，导致表计翻转，抄表人员在抄表示数复核环节未根据营销业务系统异常提示对客户表计异常数据进行处理，直接发送抄表数据至电费核算环节。

〔案例评析〕未对表计翻转进行正确处理，造成当月电量电费严重偏离实际值，用户拒付电费，引发舆情风险，对公司正常经营造成影响。

1.10 总峰谷示数异常

风险描述

表计各时段示数值总和与总时段示数值不一致。

风险影响

1. 易引发电费差错，给用户或供电公司造成经济损失，引发投诉风险。
2. 用户质疑供电公司电费结算的准确性，拒付电费，易引发电费回收风险。

监督评价要点

1. 查看各时段示数值总和与总时段示数值不一致的用户。
2. 查看是否已整改，并已退补到位。

防范措施

1. 强化抄表质量管控，加大抄表示数复核力度，及时处理抄表示数异常。
2. 加强对现场计量装置、采集装置的运行维护，及时处理故障或异常。

政策依据

〔内部制度依据〕《国家电网有限公司电费抄核收管理办法》（国网〔营销/3〕273—2019）第二十七条：抄表示数上传后 24 小时内，应按抄表数据审核规则，完成全部审核工作，对自动抄表数据失败、数据异常的应立即发起补抄和异常处理，特殊原因当天来不及到现场补抄的，应在第二天完成补抄，抄表数据核对无误后，在规定时限内将流程传递至下一环节。

典型案例

〔案例描述〕营销业务系统在抄表示数复核环节提示某用户峰谷不平，"总≠尖+平+峰+谷"，抄表员未仔细分析原因，直接做无异常处理。

〔案例评析〕表计总时段示数值不等于各分时段示数值总和，导致用户分时段电费计算错误。

1.11 无功考核异常

风险描述

执行力调考核的用户存在两种异常情况：有功抄见电量为零但无功抄见电量不为零，无功抄见电量为零但有功抄见电量不为零。

风险影响

1. 易引发电费差错，给用户或供电公司造成经济损失，引发投诉风险。
2. 用户对供电公司电费结算准确性产生怀疑，拒付电费，易引发电费回收风险。

监督评价要点

1. 查看因无功考核引起的电费异常清单，结合有功抄见和无功抄见判定是否异常。
2. 查看是否已整改，并已退补到位。

防范措施

1. 强化抄表质量管控，加大抄表示数复核力度，及时处理抄表示数异常。
2. 加强对现场计量装置、采集装置的运行维护，及时处理故障或异常。

政策依据

〔内部制度依据〕《国家电网有限公司电费抄核收管理办法》（国网〔营销/3〕273—2019）第二十七条：抄表示数上传后24小时内，应按抄表数据审核规则，完成全部审核工作，对自动抄表数据失败、数据异常的应立即发起补抄和异常处理，特殊原因当天来不及到现场补抄的，应在第二天完成补抄，抄表数据核对无误后，在规定时限内将流程传递至下一环节。

典型案例

〔案例描述〕某客户执行力率考核，换表前每月无功电量为0，实际功率因数为1，换表后无功抄见电量大于0，实际功率因数为0.9，长期无功示数错误，换表前后实际功率因数差异较大，导致换表前功率因数考核电费计收错误。

〔案例评析〕无功电量异常，导致力率调整电费计算错误，影响电费准确计收。

1.12　分布式光伏用户电量异常

风险描述

因上网侧与发电侧表计抄表不同步或抄表差错，导致上网电量大于发电量。

风险影响

1.抄表差错导致上网电量大于发电量，造成电费差错，给用户、供电公司或国家带来经济损失，引发投诉风险。

2.上网侧与发电侧表计抄表不同步，上网电量结算滞后于发电量结算，导致客户未及时结算上网电费，存在漠视、侵害群众利益的嫌疑，易引发投诉风险。

监督评价要点

查看上网电量大于发电量的用户。判别其是否为异常用户，若是异常用户，后期核查是否做整改并已退补到位。

防范措施

1.强化抄表质量管控，加大抄表示数复核力度，及时处理抄表示数异常。

2.加强对现场计量装置、采集装置的运行维护，及时处理故障或异常。

政策依据

〔内部制度依据〕《国家电网有限公司电费抄核收管理办法》（国网〔营销/3〕273—2019）第二十七条：抄表示数上传后24小时内，应按抄表数据审核规则，完成全部审核工作，对自动抄表数据失败、数据异常的应立即发起补抄和异常处理，特殊原因当天来不及到现场补抄的，应在第二天完成补抄，抄表数据核对无误后，在规定时限内将流程传递至下一环节。

典型案例

〔案例描述〕某用户8月电费结算时，因上网表计示数未抄见，以零电量方式发行8月上网电费，发电量按实结算。9月抄表时，8月上网电量与本月上网电量电费合并发行，营销业务系统在抄表示数复核环节提示某发电用户上网电量大于发电量。

〔案例评析〕抄表示数错误，引起上网电费滞后结算，导致用户未及时结算上网电费，存在漠视、侵害群众利益的嫌疑。

1.13 发电上网电量抄表异常

风险描述

1.为完成线损管控指标，人为调整抄表时间或人为修改发电电量。

2.发电企业通过发、用电互抵方式结算月度电费。

风险影响

1.为调节线损率，人为调节购电电量，造成当月及年度线损值失真。

2.上网电价与售电电价不同，发电企业通过发、用电互抵方式结算月度电费，致使公司利益严重受损。

监督评价要点

查看发电上网电量是否波动异常，判别是否为人为调整引起的异常。检查是否存在以发、用电互抵方式计算电费的情况。

防范措施

1.强化抄表质量管控，加大抄表示数复核力度，及时处理抄表示数异常。

2.加强对现场计量装置、采集装置的运行维护，及时处理故障或异常。

3.加强购电费用结算管理，严格区分购电费用与售电费用。

政策依据

〔内部制度依据〕《国家电网有限公司电费抄核收管理办法》（国网〔营销/3〕273—2019）第二十七条：抄表示数上传后24小时内，应按抄表数据审核规则，完成全部审核工作，对自动抄表数据失败、数据异常的应立即发起补抄和异常处理，特殊原因当天来不及到现场补抄的，应在第二天完成补抄，抄表数据核对无误后，在规定时限内将流程传递至下一环节。

典型案例

〔案例描述〕某供电公司线损管理人员为完成线损管控指标，擅自为发电企业以发、用互抵方式结算月度电费。

〔案例评析〕违规以发、用电互抵方式计算电费，导致公司经营利益受损。

1.14 抄表数据与采集不一致

风险描述

1. 抄表人员估抄、漏抄数据。
2. 采集故障未开展现场补抄，直接以采集错误示数作为结算依据。
3. 为完成当月和年度线损指标，人为修改表计示数。

风险影响

1. 易造成电量电费计收错误，给用户或供电公司造成经济损失，引发服务风险。
2. 抄表人员长期采用手工抄表方式抄录数据，存在与用户勾结少抄电量获利的廉政风险。
3. 当月售电量与实际不符，影响公司当月应收电费，导致当月及年度线损值失真。

监督评价要点

查看抄表数据与采集数据不一致的清单，结合抄表方式，特别检查长期手工抄表的用户，判别具体情况。

防范措施

采用现场作业终端（或抄表机）抄表的，应在现场完成数据核对工作。当抄见数据与现场电能表显示的示数不一致时，应暂以现场电能表显示的示数完成抄表，并及时报备相关部门。

政策依据

〔内部制度依据〕《国家电网有限公司电费抄核收管理办法》（国网〔营销/3〕273—2019）第二十七条：抄表示数上传后24小时内，应按抄表数据审核规则，完成全部审核工作，对自动抄表数据失败、数据异常的应立即发起补抄和异常处理，特殊原因当天来不及到现场补抄的，应在第二天完成补抄，抄表数据核对无误后，在规定时限内将流程传递至下一环节；《国家电网有限公司电费抄核收管理办法》（国网〔营销/3〕273—2019）第二十八条：补抄应通过现场作业终端（或抄表机）进行。当抄表例日无法正确抄录数据时，可使用抄表例日前一日采集冻结数据或当前数据用于电费结算。不允许手工录入，特殊情况下需要手工录入的，应上传翔实佐证材料，佐证材料包括现场表计示数照片等。

典型案例

〔案例描述〕某用户采集异常致使抄表结算当月电量高于历月电量值，营销业务系统在抄表示数环节提示电量波动异常，抄表员未赴现场核对表计示数，直接按照无异常处理。

〔案例评析〕结算电量与实际使用电量不符，易造成用户投诉、恶意欠费等服务风险。

1.15 长期零电量

风险描述

连续6个月及以上抄表周期抄见电量为零：实际用户在用电，因采集故障、计量故障、人为估抄等原因导致营销系统长期零电量；实际用户在用电，因电费支付困难等，抄表员人为修改抄表示数。

风险影响

1. 计量故障或人为原因导致电费少计，给供电公司造成经济损失。
2. 造成用户多月电费一次性发行，电费金额过大，存在电费回收风险。
3. 抄表人员故意修改抄表示数，长期零电量，存在廉政风险。

监督评价要点

查看长期零电量但采集系统有数据，抄表方式为手工抄表的用户，判别异常情况。

防范措施

1. 强化抄表质量管控，加大抄表示数复核力度，及时处理抄表示数异常。
2. 加强对现场计量装置、采集装置的运行维护，及时处理故障或异常。

政策依据

〔外部政策依据〕《供电营业规则》第三十三条：用户连续六个月不用电，也不申请办理暂停用电手续者，供电企业须以销户终止其用电。

〔内部制度依据〕《国家电网有限公司电费抄核收管理办法》（国网〔营销/3〕273—2019）第三十一条 定期开展抄表质量检查：……（二）应重点针对连续三个抄表周期的零度表通过远程召测分析，对于分析异常的应及时消缺处理，无法确认的异常应到现场核实后处理。

典型案例

〔案例描述〕某用户，用电设备遍布范围广，采用参考表计量方式计收电费，参考表（考核表）计量设备故障，未及时发现，导致用户长期零电量发行。

〔案例评析〕参考表零电量，致使用户正常使用设备长期未计收电费，影响公司营业收入。

1.16 拆表冲突

风险描述

暂停（暂停恢复）、增容（减容）等业扩流程安装信息录入后信息归档时间晚于抄表时间，电费流程与业扩流程冲突，导致业扩变更部分电量未参与本月电费结算，造成本月电费计收错误。

风险影响

易造成电量电费计收错误，给用户或供电公司带来经济损失，引发投诉风险。

监督评价要点

1. 查看抄表电费流程与业扩流程冲突的用户，检查部分电量在当月是否正确计量。

2. 若有错误，是否已整改，并已退补到位。

防范措施

1. 加强流程环节管控，在抄表流程发起前，对已完成安装信息录入的业扩流程及时完成流程归档，避免流程冲突，影响电费结算。

2. 加强对电费复核人员的培训，加大电费复核工作力度，确保电费正确发行。

政策依据

〔外部政策依据〕《供电营业规则》增容与变更用电相关内容。

典型案例

〔案例描述〕某用户计量装置故障，供电公司于当月25日发起计量装置故障流程更换负控终端，月末抄表前完成安装信息录入，月末抄表例日后完成信息归档。信息归档时间晚于抄表例日，抄表当月提示抄表冲突，且抄表结算起度与上期抄表结算止度不一致。

〔案例评析〕抄表结算起度与上期抄表结算止度不一致，导致本期电量电费少计，影响公司当月应收电费准确计收。

1.17 电动汽车充电桩用电量偏离理论值

风险描述

居民充电桩违规对外经营。

风险影响

高价低接，存在违约用电嫌疑，致使供电公司电费流失。

监督评价要点

查看充电桩电量超理论值的异常清单，查看是否存在违规用电情况。

防范措施

加强对居民充电桩电量的监测，对居民充电桩大电量用户定期现场核实用电情况。

政策依据

〔外部政策依据〕《国家发展改革委关于电动汽车用电价格政策有关问题的通知》（发改价格〔2014〕1668号）第一条 对电动汽车充换电设施用电实行扶持性电价政策：……（二）其他充电设施按其所在场所执行分类目录电价。其中，居民家庭住宅、居民住宅小区、执行居民电价的非居民用户中设置的充电设施用电，执行居民用电价格中的合表用户电价；党政机关、企事业单位和社会公共停车场中设置的充电设施用电执行"一般工商业及其他"类用电价格……；第二条 对电动汽车充换电服务费实行政府指导价管理。

典型案例

〔案例描述〕某地居民个人充电桩每月月均电量过万，采集系统的数据分析显示基本全天24小时均有用电，这不符合居民个人充电桩用电习惯，现场核实，发现该居民将充电桩对外经营赢利。

〔案例评析〕用户私自改变用电性质，导致电价执行错误。

1.18 核算包参数设置有误

风险描述

1.随意变更或删除核算包属性参数，如抄表周期、抄表例日等参数；随意注销核算包。

2.存在共用变压器的电力客户、存在转供电关系的电力客户以及发用电关联的电力客户未设在同一个核算包。

3.核算包参数设置与用户供用电合同不一致。

风险影响

1.核算包参数频繁变更易导致抄表差错，进而造成电费差错，或引发投诉风险。

2.核算包参数设置与合同内容不一致易引发客户投诉，存在法律风险。

监督评价要点

查看用户核算包属性与用户签订的合同内容是否一致。

防范措施

加强核算包管理工作，新建、调整、注销核算包，必须履行审批手续。

政策依据

〔内部制度依据〕《国家电网有限公司电费抄核收管理办法》（国网〔营销/3〕273—2019）第三章抄表管理第二十三条：抄表段设置应遵循抄表效率最高的原则，综合考虑电力客户类型、抄表周期、抄表例日、地理分布、便于线损管理等因素。

（一）抄表段一经设置，应相对固定。调整抄表段应不影响相关电力客户正常的电费计算。新建、调整、注销抄表段，须履行审批手续。

（二）存在共用变压器的电力客户、存在转供电关系的电力客户以及发用电关联的电力客户应设在同一抄表段。

（三）新装电力客户应在归档当月编入抄表段；注销电力客户应在下一抄表计划发起前撤出抄表段。

典型案例

〔案例描述〕某地核算员未将转供户与被转供户分到同一个核算包，导致月末结算的电量电费计收差错。

〔案例评析〕未将存在转供关系用户分到同一核算包，导致电费差错。

1.19 业扩变更示数录入异常

风险描述

暂停（暂停恢复）、增容（减容）等业扩变更流程设备封停（设备启封）、计量设备装拆（设备封停）环节，抄表人员估抄、漏抄、错抄数据或直接以错误采集数据作为本次抄表示数录入。

风险影响

造成结算月电量电费差错，给用户和供电公司造成经济损失，易引发投诉风险。

监督评价要点

1. 查看业扩变更示数录入与采集系统数据是否一致。
2. 若有异常，是否已整改，且已退补到位。

防范措施

强化抄表质量管控，加大抄表示数复核力度，及时处理抄表示数异常，避免抄表示数错误影响电费结算。

政策依据

〔内部制度依据〕《国家电网有限公司电费抄核收管理办法》（国网〔营销/3〕273—2019）第二十条：……应严格通过远程自动化抄录用电计量装置记录的数据，严禁违章抄表作业，不得估抄、漏抄、错抄。

典型案例

〔案例描述〕某需量用户月中暂停恢复流程，设备启封环节录入最大需量时，工作人员输入上月抄表示数，大于当月实际最大需量，导致本月最大需量值异常。

〔案例评析〕当月最大需量与实际最大需量不一致，导致本期需量基本电费计算错误，影响公司当月应收电费准确计收。

2 核算管理

2.1 供电公司执行不合规电价政策文件

风险描述

供电公司执行地方违规出台的电价政策。

风险影响

1. 电价错误执行,漠视、侵害群众利益,易引发投诉,存在供电服务风险。
2. 易造成国有资产流失。

监督评价要点

检查供电公司执行电价是否存在不合规电价政策文件的情况。

防范措施

加强电价政策的执行管控工作。

政策依据

〔外部政策依据〕《国家发展改革委、国家电监会、国家能源局关于清理优惠电价有关问题的通知》第一条:坚决取消各地自行出台的优惠电价措施;国家、省发展改革委合规出台的现行电价政策。

典型案例

〔案例描述〕某地政府为招商引资,违规出台优惠电价政策,要求供电公司给特定企业执行特定优惠电价。

〔案例评析〕供电公司在明知政府违规发文的情况下,依然执行错误电价政策,导致某些用户错误享受电价优惠政策,影响企业经营收入。

2.2 阶段性优惠电价政策执行错误

风险描述

1. 政策规定的优惠电价执行时间到期后,未及时恢复用户电价。
2. 政策规定的优惠电价执行时间滞后,且未及时追退差价。

3.超过政策文件规定范围，执行优惠电价。

4.按照文件规定，某些用户应享受优惠电价政策，但未对其执行优惠电价。

风险影响

1.优惠电价到期未恢复或超范围执行优惠电价，减少公司经营收入，损害公司利益。

2.优惠电价应执行但未执行或执行时间滞后，存在漠视、侵害群众利益的嫌疑，易引发投诉，存在电费回收及服务风险。

监督评价要点

1.检查优惠电价执行时间是否准确：获取优惠电价执行政策文件和优惠电价执行清单，检查优惠电价执行时间是否严格按照政策执行，是否存在执行超时或滞后的情况。

2.检查优惠电价执行范围是否准确：获取优惠电价执行政策文件和优惠电价执行清单，检查优惠电价执行范围是否严格按照政策执行，是否存在应执行未执行或超范围执行的情况。

防范措施

1.开展业务人员电价政策业务知识的培训，要求其熟悉有关电价的政策，提高其判断异常问题的能力。

2.加强优惠电价政策执行的监督检查，定期组织开展阶段性优惠电价专项稽查，确保电价执行正确。

政策依据

〔外部政策依据〕国家发展改革委、省发展改革委合规出台的阶段性优惠电价政策文件。

典型案例

〔案例描述〕某用户，按合同约定最大需量计费。每月需量核定值为400千瓦·时。2020年新冠疫情防控需要，扩大产能。2020年4月合约最大需量值为700千瓦·时，当月计算最大需量值为960千瓦，对超过合同约定最大需量105%部分基本电费加倍收取。

〔案例评析〕核算人员在对新冠疫情期间优惠政策执行范围内的用户电费审核时，未发现应执行优惠电价政策的用户未执行的异常情况，影响用户电费正确计收，引发用户投诉。

2.3 居商电价混用

风险描述
营销业务系统中执行居民电价的用户现场实际为除居民用电外的其他用电。

风险影响
1. 高价低接,存在违约用电嫌疑,导致公司经营损失。
2. 人为错误定价,存在廉政风险。

监督评价要点
检查居民大电量情况:获取执行居民电价的用户但用电量明显超过正常居民用电水平的清单,检查是否存在居商电价混用情况。

防范措施
1. 开展业务人员电价政策业务知识的培训,要求业务人员熟悉有关电价的政策,提高其判断异常问题的能力。
2. 加强电价政策执行的监督检查,定期组织开展专项稽查,确保电价执行正确。

政策依据
〔外部政策依据〕《国家发展改革委关于调整销售电价分类结构有关问题的通知》(发改价格〔2013〕973号)关于居民电价执行范围相关规定。

典型案例
〔案例描述〕某居民用户2020年至今月均用电量达到5000千瓦·时,且峰谷比例严重失衡,不符合居民生活用电习惯,现场核实发现该用户实际为沿街商铺。

〔案例评析〕业扩新装现场查勘环节行业类别认定错误,造成电价选择错误,或周期检查环节未发现用电性质变化,电费核算过程未对电量异常用户下发异常工单并现场核实,导致该用户电费长期计收错误,影响企业经营收入。

2.4 两部制电价执行错误

风险描述
1. 变压器启停业务不规范,造成新装、暂停、暂停恢复以及增减容等业务流程中现场变压器启停时间与营销业务系统不一致，导致基本电费计收错误。

2.减容或暂停后，对容量低于100千伏安的未按规定调整为单一制电价，对容量低于315千伏安的未按用户意愿正确执行相应电价。

3.执行两部制电价用户，电费计算结果中有用电量但无基本电费（免收基本电费的除外）。

4.用户暂停超期漏收基本电费（除特殊规定省份外）。

5.按需量计收基本电费的用户，无需量计度器或有抄见电量但需量抄见值为零。

6.长期临时用电现场实际已转为大工业生产用电，未及时转正式用电，未按规定计收基本电费。

风险影响

1.造成多收基本电费，增加用户电费支出，漠视、侵害群众利益，存在用户投诉风险，影响电费回收。

2.错收、漏收基本电费或人为规避基本电费计收，造成公司营业收入减少，存在廉政风险。

监督评价要点

1.检查变压器启停、减容等业务用户电价执行的准确性：获取变压器启停、减容用户清单，尤其是减容或暂停后容量达不到相应两部制标准的，检查电价执行是否准确，是否存在暂停超期漏收基本电费的情况，现场变压器运行状态与营销系统内状态是否一致。

2.检查两部制电价用户基本电费计收的准确性：是否存在电费计算结果中有用电量但无基本电费（免收基本电费的除外），按需量计收基本电费的用户，无需量计度器或有抄见电量但需量抄见值为零等情况。

防范措施

1.开展业务人员电价政策业务知识的培训，要求业务人员熟悉两部制有关电价政策，提高其判断异常问题的能力。

2.办理新装、增（减）容、暂停（暂停恢复）等业务时，应确保现场变压器运行状态与营销系统内状态一致。

3.加强两部制电价监督检查，定期组织开展两部制电价专项稽查，确保电价执行正确、基本电费计收无误。

政策依据

〔外部政策依据〕《国家发展改革委办公厅关于完善两部制电价用户基本电价执行方式的通知》(发改价格〔2016〕1583号)第二条关于放宽减容(暂停)期限限制的相关要求;《国家发展改革委关于第三监管周期省级电网输配电价及有关事项的通知》(发改价格〔2023〕526号)的相关要求;《供电营业规则》第十二条:对基建工地、农田水利、市政建设等非永久性用电,可供给临时电源。临时用电期限除经供电企业准许外,一般不得超过六个月,逾期不办理延期或永久性正式用电手续的,供电企业应终止供电。使用临时电源的用户不得向外转供电,也不得转让给其他用户,供电企业也不受理其变更用电事宜。如需改为正式用电,应按新装用电办理。因抢险救灾需要紧急供电时,供电企业应迅速组织力量,架设临时电源供电。架设临时电源所需的工程费用和应付的电费,由地方人民政府有关部门负责从救灾经费中拨付。

典型案例

〔案例描述〕某供电公司在对超长时间临时用电户进行专项稽查的过程中,发现某用户的合同容量为630千伏安,立户日期为2017年4月24日,行业分类为建筑陶瓷制品制造,用电类别为非工业,用户行业分类与临时用电性质不符,且用户临时用电的期限已超过3年。

〔案例评析〕周期检查环节未发现电价执行错误或用户私改类行为,核算环节审核临时用电用户时,未发现用户用电电量异常,造成少计收基本电费,影响企业经营收入。

2.5 差别电价执行错误

风险描述

1. 应执行差别电价的用户未及时执行差别电价。
2. 应停止执行差别电价的用户未及时取消差别电价的执行。

风险影响

1. 超范围征收差别电费,漠视、侵害群众利益,易引发投诉,存在电费回收风险。
2. 未按文件要求征收差别电费,减少国家财政收入,损害国家利益。

👍 监督评价要点

1. 检查政策是否执行到位：获取政府发文低效企业清单，检查是否已按照要求执行差别电价。

2. 检查差别电价是否超范围执行：核查已执行差别电价的用户是否符合政府发文要求，对退出低效企业的用户及时取消差别电价执行。

🛡 防范措施

1. 对业务人员开展电价政策业务知识培训，使其熟悉有关电价政策，提高其判断异常问题的能力。

2. 加强差别电价监督检查，定期组织开展差别电价专项稽查，确保电价执行正确。

📋 政策依据

〔外部政策依据〕国家发展改革委、省发展改革委、地方政府合规出台的差别电价执行政策文件。

📌 典型案例

〔案例描述〕某高耗能企业，2016年按照政府发文属于低效企业，执行大工业限制类电价，2017年政府发文将该用户移出低效企业名单，供电公司未及时修改用户电价。

〔案例评析〕未及时根据文件改类，核算环节审核差别电价用户时，未严格按照政策清单内名单审核相关用户电价，导致多计收用户电费，引发客户投诉。

2.6 分布式光伏电价执行错误

🏠 风险描述

1. 分布式光伏用户电价执行与电价政策不匹配。

2. 特殊项目发电补贴设置错误。

⚠ 风险影响

1. 电价执行错误，漠视、侵害群众利益，易引发投诉，存在供电服务风险，造成国家利益受损。

2. 为了让用户享受更高政府补贴的光伏电价，业务人员在不具备验收合格的情况下，提前在营销业务系统内为客户办理并网手续，使国家利益受损，存在廉政风险。

👍 监督评价要点

1.检查分布式光伏用户电价执行情况：获取有关电价政策的文件，检查补贴执行范围与政策文件是否一致。

2.检查分布式光伏系统档案与现场的一致性：是否存在为了光伏补贴修改系统档案数据的情况。

🛡 防范措施

1.开展业务人员电价政策业务知识培训，使其熟悉有关电价政策，提高其判断分布式电源电价异常问题的能力。

2.严格按电价政策文件中关于分布式电源电价的执行范围在系统中正确维护。

3.加强分布式光伏电价监督检查，定期组织开展专项稽查，确保电价执行正确。

📋 政策依据

〔外部政策依据〕《国家发展改革委关于完善光伏发电上网电价机制有关问题的通知》（发改价格〔2019〕761号）完善集中式光伏发电上网电价形成机制，适当降低新增分布式光伏发电补贴标准；国家发展改革委、省发展改革委合规出台的关于光伏电价的相关政策文件。

📌 典型案例

〔案例描述〕某光伏新装用户，发电量消纳方式为"自发自用，余电上网"。恰逢政府调整光伏电价，为了让用户享受更高政府补贴的光伏电价，业务人员提前将新装流程结束。系统的立项时间与现场实际不一致。

〔案例评析〕业务人员在分布式光伏用户新装环节，人为修改营销系统档案内立项以及竣工验收时间，让用户错误享受补贴电价，存在廉政问题，影响企业形象。

2.7 发电上网电价执行错误

📋 风险描述

1.上网电价未经批准。

2.上网电价执行不正确。

3.对新建机组错误执行调试电价。

风险影响
发电上网电价执行错误,导致发电客户上网电费结算错误,引起电费结算纠纷。

监督评价要点
检查发电上网电价执行的准确性:是否存在未经批准、上网电价执行错误等情况。

防范措施
1.严格按文件执行发电电价,重点检查发电电价版本、价格等重要参数,确保发电电价维护正确。

2.做好发电电价调整客户的电费核算,通知收费责任部门做好发电电价调整客户的电费通知。

政策依据
〔外部政策依据〕《关于规范电能交易价格管理等有关问题的通知》(发改价格〔2009〕2474号)发电机组进入商业运营后,除跨省、跨区域电能交易及国家另有规定的以外,其上网电量一律执行政府价格主管部门制定的上网电价。

典型案例
〔案例描述〕某省2018年6月针对发电厂出台新的上网结算电价,但某市的业务人员对政策理解错误,未对满足条件的电厂用户电价进行修改,导致发电用户上网电费结算有误。

〔案例评析〕业务人员在发电用户的电费审核中,由于政策理解不到位,导致用户上网电费结算有误,引起用户投诉。

2.8 企业自用电电价执行错误

风险描述
未按国家电网有限公司出台的企业自用电相关电价文件规定范围执行。

风险影响
1.错误执行企业自用电,存在社会媒体曝光风险,损害企业形象。

2.国有资产流失。

👍 监督评价要点

检查企业自用电执行范围是否准确：获取执行企业自用电清单，检查执行范围是否符合要求。

🛡 防范措施

1. 严格按文件执行供电企业自用电电价，加强企业自用电申请认定管控。

2. 严格甄别供电公司自用电和集体企业用电的范围，对集体企业用电进行装表计量。

3. 加强供电企业自用电电价监督检查，定期组织开展企业自用电专项稽查，确保电价执行正确。

📋 政策依据

〔内部制度依据〕《国网发展部关于进一步规范电量统计的通知》（国网发展统计〔2013〕383号）。

📱 典型案例

〔案例描述〕某供电公司对企业自用电开展内部自查，发现某供电公司将大楼的四楼、五楼出租给集体企业办公，但执行电价未合理设置定量定比。

〔案例评析〕业务人员核定企业自用电用户的电价过程中，未按照政策文件正确选择执行电价，导致非生产经营性企业自用电部分电量少计收。

2.9 农业电价执行错误

📖 风险描述

1. 农村餐饮、娱乐、住宿等一般工商业用电，错误执行农业生产电价。

2. 根据部分省份优惠电价特殊性，农业排灌电价、贫困县农业生产电价等错误执行农业生产电价，未享受优惠政策。

3. 根据部分省份优惠电价特殊性，农产品初加工等用户应执行未执行农业生产电价。

🛡 风险影响

1. 农排电价、农业生产电价低于一般工商业电价，存在高价低接、经营受损的风险。

2. 存在人为错误选择较低电价的廉政风险。

监督评价要点

1. 检查是否存在超范围执行农业电价情况；是否存在高价低接情况。

2. 检查是否存在应执行未执行农业电价情况；检查农产品初加工等用户清单，是否存在应执行未执行农业生产电价的情况。

防范措施

1. 开展业务人员电价政策业务知识的培训，使其熟悉有关电价政策，提高其判断异常问题的能力。

2. 加强农业电价政策执行的监管。

3. 加强农业电价监督检查，定期组织开展农业电价专项稽查，确保电价执行正确。

政策依据

〔外部政策依据〕《国家发展改革委关于调整销售电价分类结构有关问题的通知》（发改价格〔2013〕973号）农业用电：是指各种农作物的种植活动用电。包括谷物、豆类、薯类、棉花、油料、糖料、麻类、烟草、蔬菜、食用菌、园艺作物、水果、坚果、含油果、饮料和香料作物、中药材及其他农作物种植用电。

农业灌溉用电：指为农业生产服务的灌溉及排涝用电。

农产品初加工用电：是指对各种农产品（包括天然橡胶、纺织纤维原料）进行脱水、凝固、去籽、净化、分类、晒干、剥皮、初烤、沤软或大批包装以提供初级市场的用电。

典型案例

〔案例描述〕某农业排灌用户2019年1月至12月连续12个月均存在用电量，且月均用电量1000千瓦·时，不符合农业排灌用电特性，现场核实发现用户为食品加工用电。

〔案例评析〕新装现场查勘环节行业类别认定错误，造成电价选择错误，周期检查环节未发现电价执行错误，电费核算过程未对电量突变用户下发异常工单并现场核实，导致该用户电费长期计收错误，影响企业经营收入。

2.10 学校教学和学生生活电价执行错误

风险描述

不属于经国家有关部门批准，由政府及其有关部门、社会组织和公民个人举办的公办、民办学校错误执行居民电价。

风险影响

1. 超范围执行学校电价，减少公司经营收入，损害公司利益。
2. 人为高价低接，存在廉政风险。

监督评价要点

检查超范围执行学校电价情况：获取执行学校电价用户清单，检查是否存在不符合执行要求的经营性培训机构等用户。

防范措施

1. 开展业务人员电价政策业务知识的培训，使其熟悉有关电价政策，提高其判断异常问题的能力。
2. 加强学校电价政策执行的监管。
3. 加强学校电价监督检查，定期组织开展学校电价专项稽查，确保学校电价执行正确。

政策依据

〔外部政策依据〕《国家发展改革委关于调整销售电价分类结构有关问题的通知》（发改价格〔2013〕973号）执行居民用电价格的学校，是指经国家有关部门批准，由政府及其有关部门、社会组织和公民个人举办的公办、民办学校，包括：（1）普通高等学校（包括大学、独立设置的学院和高等专科学校）；（2）普通高中、成人高中和中等职业学校（包括普通中专、成人中专、职业高中、技工学校）；（3）普通初中、职业初中、成人初中；（4）普通小学、成人小学；（5）幼儿园（托儿所）；（6）特殊教育学校（对残障儿童、少年实施义务教育的机构）。不含各类经营性培训机构，如驾校、烹饪、美容美发、语言、电脑培训等。

典型案例

〔案例描述〕某学校2019年7月起至2020年8月，每月用电量达到15000千瓦·时左右，且1—2月、7—8月电量未明显下降，而呈上升趋势，不符合学校用电特点，现场核实发现用户实际为商业性质培训学校。

〔案例评析〕新装现场勘查环节行业类别认定错误，造成电价选择错误，周期检查环节未发现电价执行错误，电费核算过程未对电量突变用户下发异常工单并现场核实，导致用户电费计收错误，影响企业经营收入。

2.11 居民电采暖电价执行错误

风险描述

1. 应执行电采暖电价的客户未执行。
2. 存在清洁供暖用户在非供暖期仍执行电采暖电价。
3. 非电采暖用户超范围享受电采暖电价。

风险影响

1. 超范围或超时限执行电采暖电价，减少公司经营收入，损害公司利益。
2. 电采暖电价应执行未执行或执行时间滞后，存在漠视、侵害群众利益的嫌疑，易引发投诉，存在电费回收及服务风险。

监督评价要点

1. 检查超范围、超时限执行电采暖电价情况：是否存在非电采暖用户执行电采暖电价或电采暖用户在非供暖期享受电采暖电价的情况。
2. 检查应执行未执行电采暖电价情况：检查是否存在电采暖用户未享受电采暖电价政策的情况。

防范措施

1. 严格按照文件执行居民电采暖电价。
2. 加强居民电采暖电价监督检查，定期组织开展居民清洁电采暖电价专项稽查，确保电价执行正确。

政策依据

〔外部政策依据〕《国家发展改革委、建设部关于印发〈城市供热价格管理暂行办法〉的通知》（发改价格〔2007〕1195号）；国家发展改革委、省发展改革委合规出台的居民清洁电采暖电价政策文件。

典型案例

〔案例描述〕某小区居民电采暖供热设备，在非采暖期用电量偏大，现场核实并发现用户的电采暖线路上私接了隔壁饭店的食品保鲜柜等用电设备。

〔案例评析〕周期检查环节未发现电价执行错误，电费核算过程未对电量突变用户下发异常工单并现场核实，导致现场发生的私改类行为未被查处，超范围执行电采暖电价，电费计收错误，影响企业经营收入。

2.12 分时电价执行错误

风险描述
1. 属于执行分时用电范围的用户未执行分时电价。
2. 执行分时电价的计量点下电能表未勾选分时计度器。

风险影响
1. 电价执行错误，漠视、侵害群众利益，易引发投诉，存在供电服务风险。
2. 影响供电公司经营收入。

监督评价要点
1. 检查分时电价执行范围的准确性：是否存在应执行未执行分时电价或不属于执行分时电价范围用户执行分时电价的情况。
2. 检查计度器勾选的准确性：检查执行分时电价的计量点是否按照要求勾选分时计度器。

防范措施
1. 开展营销人员电价政策业务知识的培训，使其熟悉有关电价政策，提高其判断分时电价异常问题的能力。
2. 加强新装、增容、变更业务的电价审核。
3. 严格按电价政策文件中对分时电价执行范围的规定，在系统中正确维护分时电价。
4. 加强分时电价执行管控。

政策依据
〔外部政策依据〕国家发展改革委、省发展改革委合规出台的分时电价政策文件。

典型案例
〔案例描述〕某供电公司在对某容量在315千伏安及以上的工业企业的电费核算中发现，该企业错误执行大工业单费率电价。

〔案例评析〕新装现场查勘环节行业类别认定错误，造成电价选择错误，周期检查环节未发现电价执行错误，电费核算过程未对电量突变用户下发异常工单并现场核实，导致用户电费计收错误，影响企业经营收入。

2.13 充电设施电价执行错误

风险描述
1. 电动汽车电价未按文件规定时间起执行。
2. 电动汽车用电价格未按规定分类执行。

风险影响
1. 超范围、超时限执行，减少公司经营收入，损害公司利益。
2. 电动汽车充电设施电价应执行未执行或执行时间滞后，存在漠视、侵害群众利益的嫌疑，易引发投诉，存在电费回收及服务风险。

监督评价要点
1. 检查电动汽车电价政策执行时间的准确性：是否按照文件规定时间起执行。
2. 检查充电设施电价选择的准确性：是否按照规定执行充电设施电价。

防范措施
1. 开展业务人员电价政策业务知识的培训，使其熟悉有关电价政策，提高其判断异常问题的能力。
2. 加强充电设施电价监督检查，定期组织开展充电设施电价专项稽查，确保电价执行正确。

政策依据
〔外部政策依据〕《国家发展改革委关于电动汽车用电价格政策有关问题的通知》(发改价格〔2014〕1668号)相关规定：一、对电动汽车充换电设施用电实行扶持性电价政策；二、对电动汽车充换电服务费实行政府指导价管理；三、将电动汽车充换电设施配套电网改造成本纳入电网企业输配电价；《国家发展改革委关于创新和完善促进绿色发展价格机制的意见》(发改价格规〔2018〕943号)相关规定：完善部分环保行业用电支持政策。2025年底前，对实行两部制电价的污水处理企业用电、电动汽车集中式充换电设施用电、港口岸电运营商用电、海水淡化用电，免收需量（容量）电费。

典型案例
〔案例描述〕某供电公司在对电动汽车用户的内部检查中，发现某居民用户车位安装充电桩，错误执行居民一户一表电价。

〔案例评析〕新装现场查勘环节行业类别认定错误，造成电价选择错误，周期检查环节未发现电价执行错误，电费核算过程未对电量突变用户下发异常工单并现场核实，导致用户电费计收错误，影响企业经营收入。

2.14 各省特有电价政策执行错误

风险描述

1. 政策规定的各省特有电价执行时间到期后，未及时修改用户电价。
2. 超过政策文件规定范围，执行各省特有电价的情况。
3. 按照文件规定应执行地方特有电价政策的用户未执行各省特有电价。

风险影响

特有电价政策应执行未执行或超范围、超时限执行，易导致客户或公司利益受损，存在电费回收风险。

监督评价要点

1. 检查超范围、超时限执行各省特有电价情况：是否存在各省特有电价执行时间到期未及时取消或超过政策规定范围执行的情况。
2. 检查应执行未执行各省特有电价情况：检查是否存在各省特有电价未执行到位的情况。

防范措施

1. 开展业务人员电价政策业务知识的培训，使其熟悉有关电价政策，提高其判断异常问题的能力。
2. 加强特殊电价监督检查，定期组织开展特殊电价专项稽查，确保电价执行正确。

政策依据

〔外部政策依据〕各省发展改革委合规出台的特殊电价执行政策文件。

典型案例

〔案例描述〕某供电公司的某高压用户，合同容量800千伏安，行业分类为精制茶加工，用电类别为大工业用电，执行电价为"大工业：1千伏至10千伏；三费率：按容量"，但根据该省出台的《关于农产品加工型农业龙头企业等用电价格的通知》，该用户应执行"农业生产（农业龙头优待）：1千伏至10千伏；三费率：按容量"电价。

〔案例评析〕周期检查环节未发现电价执行错误，电费核算人员对政策理解不够，在对执行本省特有电价的用户电费审核中，未发现执行电价错误，导致用户电费计收错误，引发用户投诉。

2.15 定量定比设置不合理

风险描述

1. 未按规定周期开展定量定比参数核定。
2. 未根据现场实际情况设置定量定比参数。
3. 一级计量点错误设置为定量定比。

风险影响

1. 计费参数设置错误，漠视、侵害群众利益，易引发投诉，存在供电服务风险。
2. 存在电费回收风险。

监督评价要点

1. 检查定量定比执行与现场情况一致性：是否严格按照现场实际情况设定定量定比情况，是否按照规定周期开展核定工作，及时更新用户定量定比情况。
2. 检查定量定比参数设置准确性：是否存在一级计量点错误设置为定量定比情况。

防范措施

1. 严格按照《国家电网有限公司电费抄核收管理办法》相关要求，按规定周期定期组织现场复核。
2. 严格按照现场实际情况设置用户定量定比参数。

政策依据

〔内部制度依据〕《国家电网有限公司电费抄核收管理办法》（国网〔营销/3〕273—2019）第三十一条：……（七）对于协议定量户，要与定量设备产权方在供用电合同中明确定量设备数量、设备容量、定量电量、收费方式等内容；每年至少对定量设备现场核定一次，原供用电合同中相关内容发生变化的，应立即进行调整，确保电量电费及时准确发行。

典型案例

〔案例描述〕某居民用户2017年10月设置定比定量,定量商业用电200千瓦·时,此后3年没有重新核定过,同时该用户自2019年后每月主电价用电量均未达到定量值200千瓦·时。

〔案例评析〕周期检查环节未发现定量定比执行偏差,电费核算过程未对电量异常用户下发异常工单并现场核实,导致该用户电费长期计收错误,引起用户投诉。

2.16 功率因数考核标准错误

风险描述

1.按照《功率因数调整电费办法》规定,应执行力率考核而未执行。

2.未按照《功率因数调整电费办法》规定,功率因数考核标准执行错误。

3.表计故障、表计勾选错误或营销业务系统内参数设置错误,导致功率因数电费计收错误。

风险影响

1.因工作人员工作差错,应执行功率因数考核用户未执行功率因数考核。

2.工作人员将用户功率因数考核方式或功率因数执行标准设置错误,导致用户力调电费计收错误。

3.工作人员人为修改抄表力调考核标准,降低用户力调电费,损害公司经营利益。

监督评价要点

1.检查功率因数考核标准执行准确性:检查是否按照政策要求执行功率因数考核。

2.检查力调电费计收准确性:是否存在人为参数设置错误或表计故障等导致力调电费计收错误的情况。

防范措施

1.开展营销人员电价政策业务知识的培训,使其熟悉有关电价政策,提高其判断力率电价异常问题的能力。

2.严格按电价政策文件中关于功率因数调整电费的执行范围在系统中正确维护功率因数相关参数。

3.加强功率因数电价执行的检查、监督。

📋 政策依据

〔外部政策依据〕《供电营业规则》第四十一条：无功电力应就地平衡。用户应在提高用电自然功率因数的基础上，按有关标准设计和安装无功补偿设备，并做到随其负荷和电压变动及时投入或切除，防止无功电力倒送。除电网有特殊要求的用户外，用户在当地供电企业规定的电网高峰负荷时的功率因数，应达到下列规定：①100千伏安及以上高压供电的用户功率因数为0.90以上。②其他电力用户和大、中型电力排灌站、趸购转售电企业，功率因数为0.85以上。③农业用电，功率因数为0.80。④凡功率因数不能达到上述规定的新用户，供电企业可拒绝接电。对已送电的用户，供电企业应督促和帮助用户采取措施，提高功率因数。对在规定期限内仍未采取措施达到上述要求的用户，供电企业可中止或限制供电。功率因数调整电费办法按国家规定执行。《功率因数调整电费办法》规定：功率因数标准0.90，适用于160千伏安以上的高压供电工业用户（包括社队工业用户）、装有带负荷调整电压装置的高压供电电力用户和3200千伏安及以上的高压电力排灌站；功率因数标准0.85，适用于100千伏安（千瓦）及以上的其他工业用户（包括社队工业用户）、100千伏安（千瓦）及以上的非工业用户和100千伏安（千瓦）及以上的电力排灌站；功率因数标准0.80，适用于100千伏安（千瓦）及以上的农业用户和趸售用户，但大工业用户未划由电业直接管理的趸售用户功率因数标准应为0.85。

📖 典型案例

〔案例描述〕某新装用户，变压器容量为160千伏安，用电类别为非工业，系统功率因数考核标准错误执行0.9。

〔案例评析〕新装现场查勘环节行业类别认定错误，周期检查环节未发现功率因数执行错误，导致该用户力率电费计收错误，影响企业收入。

2.17 综合倍率异常

📋 风险描述

用户现场安装的互感器计费参数与营销业务系统填写的互感器计费参数不一致。

风险影响

1.综合倍率设置错误，导致用户电量电费计算错误。

2.引起线损异常波动。

3.易引起用户投诉，存在电费回收风险。

监督评价要点

检查综合倍率设置准确性：检查用户现场安装设备与营销业务系统填写互感器是否一致，确保综合倍率设置正确。

防范措施

1.计量人员加强对电流互感器、电压互感器的管理，确保用户现场安装设备与系统出入库设备一致。

2.业扩人员落实现场核查责任，确保客户现场安装设备与营销业务系统填写互感器计费参数一致。

3.开展营销人员业务知识培训，强化核算人员综合倍率计算能力。

政策依据

〔外部政策依据〕《供电营业规则》第八十一条：用电计量装置接线错误、保险熔断、倍率不符等原因，使电能计量或计算出现差错时，供电公司应按规定退补相应电量的电费。

典型案例

〔案例描述〕某10千伏专线用户，某月用户反映当月电量远大于实际用电量，现场核实发现该用户现场实际电流互感器变比为600/5，营销业务系统内电流互感器变比为800/5，不匹配。

〔案例评析〕新装环节业扩、计量工作人员未认真核实现场，核算人员在电费审核过程中未对电量突变用户下发异常工单并现场核实，导致该用户电费计收错误，影响企业经营收入。

2.18　两路及以上进线用户需量基本电费计收错误

风险描述

1.多路电源常供且互为备用用户的电源，未对各路进行分别计算最大需量，需量基本电费计算未累加，导致基本电费少收。

2.多路电源，存在闭锁关系的用户，对各路进线分别计算最大需量累加计收基本电费，导致基本电费多收。

风险影响

造成基本电费差错，存在漠视、侵害群众利益的嫌疑，造成客户或公司利益受损。

监督评价要点

检查多路电源系统设置情况和供用电合同以及现场实际情况是否一致。

防范措施

加强对双电源用户电源档案的监督检查，定期组织开展专项稽查，确保档案准确，电费计收准确。

政策依据

〔外部政策依据〕《国家发展改革委办公厅关于完善两部制电价用户基本电价执行方式的通知》（发改办价格〔2016〕1583号），对按最大需量计费的两路及以上进线用户，各路进线分别计算最大需量，累加计收基本电费。

典型案例

〔案例描述〕某用户为双电源需量用户，系统中电源运行方式为一主用一备用，只按其中最大需量值较大的一路计收基本电费。但该用户自立户以来，两条线路均显示持续有电量，现场核实发现该用户实际两台电源均为主用电源，应累加计收基本电费，造成少计收用户电费约152万元。

〔案例评析〕新装现场查勘环节电源运行方式选择错误，周期检查环节未发现现场电源运行方式与系统不符，电费核算过程未对异常用户下发异常工单并现场核实，导致用户基本电费计收错误。

2.19 变损参数设置错误

风险描述

1.用户变压器对应的损耗代码跟营销业务系统内损耗标准表的变压器型号不一致。

2.用户变压器容量、电压等级与营销业务系统内损耗标准表的变压器容量、电压等级不一致。

3.一级计量点是高供低计，营销业务系统内用电客户档案变损计算标志为"不计算"，政策规定免征变损用户除外。

风险影响

变损参数设置错误，导致用户电费计算错误，存在漠视、侵害群众利益的嫌疑，造成客户或公司利益受损。

监督评价要点

1. 检查营销系统内设置的损耗代码与用户现场实际的变压器型号是否一致。

2. 检查营销系统内的变压器容量、电压等级与现场实际情况是否一致。

3. 检查营销系统内涉及变压器的参数内容与现场实际情况以及合同约定等内容是否一致。

防范措施

加强对变损用户的监督检查，定期组织开展变损专项稽查，确保档案准确，电费计收准确。

政策依据

〔外部政策依据〕《供电营业规则》第七十四条：用电计量装置原则上应装在供电设施的产权分界处……当用电计量装置不安装在产权分界处时，线路与变压器损耗的有功与无功电量均须由产权所有者负担。

典型案例

〔案例描述〕某高压新装用户，变压器试验报告中变压器型号为S13-M，营销系统变压器型号为S11-M，两种变压器型号的变损参数不一致。

〔案例评析〕新装环节变压器型号选择错误，周期检查环节未发现错误，核算人员在审核变损用户的电费时，未发现用户变损参数存在问题并下发异常工单核实，导致用户电费计收错误，影响企业收入。

2.20 专线用户线损率设置错误

风险描述

1. 专线用户未按规定周期核准线损值。

2. 专线用户线损应计未计。

3. 用户错误计收线损。

4. 营销业务系统线损值与签订供用电合同线损值不一致。

5. 营销业务系统内线损参数设置错误。

风险影响

1. 线损参数设置错误，导致用户电费计算错误，引发客户投诉，存在电费回收风险。

2. 营销业务系统线损值与合同中的线损值不一致，易产生法律风险。

3. 业务人员人为故意少收、补收专线用户线损电量，存在廉政风险。

监督评价要点

1. 查看用户专线线损的计算单，是否按照周期规定时间重新核实。

2. 查看专线用户合同的签订值与营销系统内的设定值是否一致。

3. 参数如产权分界点等设置，现场实际情况与合同以及营销系统内的设置是否一致。

防范措施

1. 将计量点原则上设置在产权分界处。

2. 确实无法设置在产权分界处的，应根据用电负荷合理确定线损率或按公式计算，并在供用电合同中明确线损计收方式，对于采取线损率计收的应定期核查。

3. 定期对专线用户进行专项稽查，确保用户现场实际情况与营销业务系统内档案一致，确保用户电费计收正确。

政策依据

〔外部政策依据〕《供电营业规则》第七十四条：用电计量装置原则上应装在供电设施的产权分界处……当用电计量装置不安装在产权分界处时，线路与变压器损耗的有功与无功电量均须由产权所有者负担。

〔内部制度依据〕《国家电网公司线损管理办法》第四十四条：负荷实测及理论线损计算工作原则上每年不得少于一次。若电源布局、电网结构发生重大变化时，应及时进行计算；《国家电网公司供用电合同管理细则》（国网〔营销/4〕393—2014）第二十七条：供用电合同生效后应依法履行合同，不得无故中止履行。

典型案例

〔案例描述〕某专线用户产权分界点与计量点不一致，未按规定向用户计收线损电量。

〔案例评析〕新装环节计量点设定错误，周期检查环节未发现线损未收，在对专线用户的电费审核中，未发现用户线损参数存在问题并下发异常工单核实，导致用户电费计收错误，影响企业收入。

2.21 用电类别、行业类别不一致

风险描述
1. 营销业务系统内行业类别与主计量点电价行业分类不一致。
2. 现场行业类别与执行电价不一致。

风险影响
1. 行业分类选择错误易造成用户电价执行错误，导致用户电费计算错误，引起用户投诉，影响企业形象。
2. 档案行业分类与主计量点电价行业分类不一致，若按行业分类认定优惠电价，易混淆认定条件，导致优惠政策未落到实处。

监督评价要点
查看营销系统内的行业分类、电价行业分类与现场实际情况以及合同签订情况是否一致。

防范措施
规范基础档案管理，提高信息完整性、准确性，明确行业分类，确保执行准确。充分结合日常用电检查和营业普查，健全稽查监控体系，强化对客户档案的源头管控和闭环管理。

政策依据
〔外部政策依据〕《国家发展改革委关于调整销售电价分类结构有关问题的通知》（发改价格〔2013〕973号）；《国民经济行业分类标准》。

典型案例
〔案例描述〕按照防疫优惠政策，2020年2月1日至2020年12月31日电费可享受95折优惠。某用户基础档案信息中行业类别为"水泥制造业"（高耗能行业），电价行业分类为"其他未列明的制作业"（非高耗能行业），两个行业类别不一致。在优惠电价认定过程中，业务人员以电价中行业分类为准，将用户认定为非高耗能企业，电费享受95折优惠，后现场核实，认定该用户水泥制造为高耗能企业，优惠政策超范围执行。

〔案例评析〕业扩环节未按照用户实际电力用途在营销业务系统内选择正确的行业分类，导致优惠电价超范围执行，影响企业收入。

2.22 电费退补处理不规范

风险描述

1. 退补依据不足，缺乏关键支撑材料。
2. 退补方案不合理，导致退补金额不正确。
3. 未按文件规定执行逐级审批制度。
4. 纸质审批单内容与营销业务系统内容不一致。
5. 存在流程倒置，即先发起流程再提交退补申请。

风险影响

1. 未严格执行非政策性退补审批机制，缺乏复核、审核、审批过程。
2. 非政策性退补计算不规范，影响追补电量电费的真实性，造成公司经营受损。
3. 非政策性退补佐证资料不完善，影响追补电量电费的真实性，易形成内外部检查重点，存在审计风险。

监督评价要点

1. 查看营销系统内退补申请单所述内容与纸质审批单内容、权限等是否一致，退补时间是否真实合理。
2. 查看退补内容是否合理合规，计算逻辑是否正确。
3. 退补流程佐证资料是否完善、真实且有效。

防范措施

1. 严格按照《供电营业规则》《国家电网有限公司电费抄核收管理办法》以及有关技术规程，固定证据材料，精确计算退补电费。
2. 加强退补审批管理，完善营销业务系统逐级审批制度。

政策依据

〔内部制度依据〕《国家电网有限公司电费抄核收管理办法》（国网〔营销/3〕273—2019）第三十五条：加强电量电费差错管理，规范退补流程，因抄表差错、计费参数错误、计量装置故障、违约用电、窃电等原因需要退补电量电费时，应由责任部门在营销业务应用系统内发起电量电费退补流程，写明退补原因、计算过程并上传相关资料，营销业务应用系统应设置电费退补审批环节，经逐级审批后由核算中心（班组）完成退补审核、发行。

📌 **典型案例**

〔案例描述〕某高压用户5月30日起A相计量电压失压，须对故障期间的电量电费进行退补。该用户纸质审批单退补金额与系统内出账退补电费金额不符，同时纸质审批单上人员签名与系统人员不一致。

〔案例评析〕核算人员在电量电费退补审核过程中，责任心缺失造成纸质退补审批单与系统内容不一致，影响退补真实性，用户利益受损。

2.23 电费发行不及时

📊 **风险描述**

电费未按规定时间发行。

📈 **风险影响**

扰乱客户正常交费习惯，易造成电费回收风险。

👍 **监督评价要点**

检查电费发行的时间与系统设置的时间是否一致。

🛡 **防范措施**

1. 严格按照抄表例日，准确抄表。
2. 核算人员及时处理核算异常，确保按时发行电费。

📋 **政策依据**

〔内部制度依据〕《国家电网有限公司电费抄核收管理办法》（国网〔营销/3〕273—2019）第二章职责分工。

📌 **典型案例**

〔案例描述〕某省规定高压用户电费须在每月5日前发行完毕，每月22日起计收用户电费违约金。恰逢十一节假日，某市核算员，10月9日上班后才完成全部高压用户电费发行工作，造成部分高压用户由于交费期限短，产生电费违约金。

〔案例评析〕核算人员在电费发行过程中，缺失责任心，造成用户电费未按规定时间发行，用户利益受损，引发客户投诉。

2.24 系统权限设置不合规

📊 **风险描述**

营销系统内存在一人多岗现象，如存在同一人拥有收费员权限和账务权限，或同一人拥有电量电费退补申请权限和审批权限，或同一人拥有抄核收全流程权限。

风险影响
造成电费业务失去监督，降低电费业务工作质量，影响电费及时回收，导致公司经营受损。

监督评价要点
1. 营销系统内的个人工作职责权限是否合理合规。
2. 是否存在不相容岗位权限设置情况。

防范措施
1. 严格按照抄、核、收工作职责分工，合理配置电费抄、核、收岗位权限，坚决执行不相容岗位管理规定。
2. 定期开展抄核收岗位配置、系统权限的工作检查与考核。

政策依据
〔内部制度依据〕《国家电网有限公司电费抄核收管理办法》（国网〔营销/3〕273—2019）第二章职责分工。

典型案例
〔案例描述〕某供电公司为缩短电费退补流程在途时间，存在某业务人员同时拥有电费退补发起权限及审批发行权限。

〔案例评析〕未按规定严格执行不相容岗位规定，存在一人多岗现象，造成电费退补业务失去监督，用户或公司利益无法得到切实保障。

2.25 基本电费计费方式变更不及时

风险描述
基本电费计费方式变更流程归档不及时，导致基本电费计费方式变更跨月生效。

风险影响
1. 增加客户电费支出，漠视、侵害群众利益，易引发投诉，存在供电服务风险。
2. 存在电费回收风险。
3. 易损害公司形象。

👍 监督评价要点

用户申请的基本电费计费方式变更是否按照规定及时生效。

💡 防范措施

1.加强对基本电费计费方式变更流程时限管控，做到及时归档。

2.加强对基层员工的业务培训，提高其业务能力，确保计费方式变更按时生效。

📋 政策依据

〔外部政策依据〕《国家发展改革委办公厅关于完善两部制电价用户基本电价执行方式的通知》（发改办价格〔2016〕1583号）第一条放宽基本电价计费方式变更周期限制：（一）基本电价按变压器容量或按最大需量计费，由用户选择。基本电价计费方式变更周期从现行按年调整为按季变更，电力用户可提前15个工作日向电网企业申请变更下一季度的基本电价计费方式。

📁 典型案例

〔案例描述〕某用户于3月15日申请基本电费计费方式变更，由按容量计收基本电费变更为按实际最大需量计费，要求在4月电费结算时生效。由于工作人员操作不及时导致流程次月归档，基本电费计算方式延迟一个月生效，不满足客户要求。

〔案例评析〕员工工作不到位，计费方式变更生效不及时，导致用户电费支出增加。

2.26　通过过户、销户规避差别电价

📊 风险描述

企业通过虚假销户、过户流程改头换面等手段，规避差别电价政策执行。

⚠️ 风险影响

1.未按文件要求征收差别电费，减少国家财政收入，损害国家利益。

2.公司面临较大的政策执行风险和外部检查风险，变相造成电网企业社会责任履行不到位，影响企业社会形象。

3.存在员工人为帮助企业规避差别电价的廉政风险。

👍 监督评价要点

1.查看执行差别电价销户过户清单。

2.根据地址、用户类别等关键词搜索是否存在重新申请新装用户。

防范措施

加强差别电价执行管理，严格执行物价局、经信委文件要求，加强现场核查，杜绝外界因素干扰，切实将差别电价政策落实到位。

政策依据

〔外部政策依据〕《关于进一步加强业扩报装管理的通知》（国家电网营销〔2010〕987号）第七部分：深化营销业务系统对业扩报装的全过程管理，严格业扩报装资料、业务办理等信息的录入管理，确保系统内信息与业扩报装实际进程一致，严禁客户业扩报装流程在营销业务系统外流转，或擅自修改营销信息系统内业扩报装各环节完成时间；国务院、省政府合规出台的差别电价执行政策文件。

典型案例

〔案例描述〕某高耗能企业按要求需执行淘汰类电价，该企业于当年6月办理销户，在同一时间同一地点新增用户，新用户容量与旧用户容量相同，新增用户电价类别与原用户电价类别一致，不执行差别电价，用户现场无新建建筑，原机器设备仍正常生产加工。

〔案例评析〕该企业实际为规避差别电价改头换面，导致差别电价执行不到位。

2.27 光伏用户结算异常

风险描述

1.上网电量大于发电量。
2.消纳方式为全部上网，月度有发电量但上网电量为零。
3.消纳方式为全部自用，月度上网电量不为零。

风险影响

1.易引发电费差错，给用户和供电企业造成经济损失，或引发投诉风险。
2.用户对供电企业电费结算准确性产生怀疑，易引发电费回收风险。

监督评价要点

1.查看光伏用户的异常清单，如上网电量大于发电量、全额上网的用户有发电量没有上网电量或有上网电量没有发电量、全部自用的用户月度上网电量不为零。

2.营销系统内光伏用户的消纳方式及参数等设置是否与合同约定及现场实际情况一致。

防范措施

1.强化抄表质量管控，加大抄表示数复核力度，及时处理抄表示数异常。

2.加强对现场计量装置、采集装置的运行维护，及时处理故障或异常。

政策依据

〔内部制度依据〕《国家电网有限公司电费抄核收管理办法》（国网〔营销/3〕273—2019）第二十七条：抄表示数上传后24小时内，应按抄表数据审核规则，完成全部审核工作，对自动抄表数据失败、数据异常的应立即发起补抄和异常处理，特殊原因当天来不及到现场补抄的，应在第二天完成补抄，抄表数据核对无误后，在规定时限内将流程传递至下一环节；《国家电网公司关于做好分布式电源并网服务工作的意见（修订版）》第7部分：分布式电源发电量可以全部自用或自发自用剩余电量上网，由用户自行选择，用户不足电量由电网提供；上、下网电量分开结算，电价执行国家相关政策；公司免费提供关口计量表和发电量计量用电能表。

典型案例

〔案例描述〕某分布式光伏用户电量消纳方式为"自发自用，余电上网"，某月上网关口表计抄表示数错误，导致上网电量结算错误，上网电量大于发电量。

〔案例评析〕抄表示数错误，使上网电量大于发电量，虚增公司购电费用。

2.28 执行电价与电能表计度器不匹配

风险描述

1.执行多费率电价的计量点未配置多费率计度器。

2.执行两部制需量电价的计量点未配置最大需量计度器。

3.执行冰蓄冷电价的计量点未配置谷计度器，或同时配置峰和谷计度器。

4.执行功率因数考核的计量点未配置无功计度器。

5.发电用户上网关口计量点未配置反向有功计度器。

风险影响

执行电价与电能表计度器不匹配，分时电量、最大需量、无功电量及上网电量等电量计量错误，导致分时电费、基本电费、冰蓄冷优惠电费、力调电费、上网电费等计收错误，对供电公司和用户造成经济损失。

👍 监督评价要点

1. 检查系统内电能表计量点设置与电费电价要求的配置是否一致。
2. 检查现场的电能表与营销系统内设置的参数是否一致。

🖥 防范措施

严格按照电价特点配置计度器，执行两费率电价的计量点需配置两费率计度器；执行三费率电价的计量点需配置三费率计度器；执行冰蓄冷电价的计量点仅需配置总、谷计度器，不得配置峰计度器；执行功率因数考核的计量点需配置无功计度器；发电户执行上网电价的计量点需配置反向有功计度器。

📋 政策依据

〔外部政策依据〕《电能计量装置技术管理规程》（DL/T 448—2016）6.4 n）执行功率因数调整电费的电力用户，应配置计量有功电量、感性和容性无功电量的电能表；按最大需量计收基本电费的电力用户，应配置具有最大需量计量功能的电能表；实行分时电价的电力用户，应配置具有多费率计量功能的电能表；具有正、反向送电的计量点应配置计量正向和反向有功电量以及四象限无功电量的电能表。

📌 典型案例

〔案例描述〕某大工业用户，按实际最大需量计收基本电费，在新装时，装表接电人员在配表环节未勾选需量计度器，抄表结算时无当月最大需量值，导致该客户的基本电费未计收。

〔案例评析〕电能表计度器未根据电价特点配置，导致最大需量值未抄录，基本电费未计收，给供电公司造成经济损失。

2.29　电价时段与电能表时段不一致

🏷 风险描述

1. 执行四费率电价的计量点未配四费率时段的电能表。
2. 执行三费率电价的计量点未配三费率时段的电能表。
3. 执行两费率电价的计量点错配四费率或三费率时段的电能表。

风险影响

电能表时段与分时电价时段不一致导致分时电量与分时电价对应关系错误，分时电费结算错误。

监督评价要点

检查电能表时段与分时电价的时段是否一致。

防范措施

严格按照电价分时时段配表，执行四费率电价的计量点需配置四费率时段的电能表，执行三费率电价的计量点需配置三费率时段的电能表，执行居民两费率电价的计量点需配置居民电能表。

政策依据

〔外部政策依据〕《电能计量装置技术管理规程》（DL/T 448—2016）6.4 n）执行功率因数调整电费的电力用户，应配置计量有功电量、感性和容性无功电量的电能表；按最大需量计收基本电费的电力用户，应配置具有最大需量计量功能的电能表；实行分时电价的电力用户，应配置具有多费率计量功能的电能表；具有正、反向送电的计量点应配置计量正向和反向有功电量以及四象限无功电量的电能表。

典型案例

〔案例描述〕某单电源供电的大工业用户执行大工业三费率电价，装表接电人员在表计轮换时错配工商业表计，因为一般工商业电价和大工业电价的时段不一致，用户尖峰电量少计，高峰电量多计，导致用户分时电费计收错误。

〔案例评析〕大工业电价用户错误配置工商业表计，导致大工业用户分时电量按照一般工商业时段统计，用户电费计收错误。

3 收费管理

3.1 电费催费管理不规范

风险描述

1. 客户联系信息不正确，发生电费催缴通知单错贴、电费通知短信错发、停电错通知等问题。
2. 未按规定程序催费。

风险影响

1. 客户联系信息不正确，导致客户错交电费，影响电费回收，易引发投诉风险。
2. 未按规定程序发放电费催费提醒通知单、电费停电催收通知书，违规采取停电措施，引发客户投诉和索赔的服务风险。

监督评价要点

1. 重点查看过户用户基础联系信息是否更改。
2. 检查催费通知单、停电通知单等是否按照规范发送。

防范措施

1. 完善客户档案基础信息，提高催费准确性。
2. 规范电费催收流程，严格执行电费催收管理规定。

政策依据

〔内部制度依据〕《国家电网有限公司电费抄核收管理办法》（国网〔营销/3〕273—2019）第五十六条：对欠费电力客户应有明细档案，按规定的程序催交电费。

（一）电费催交通知书、停电通知书应由专人审核、专档管理。电费催交通知书内容应包括催交电费年月、欠费金额及违约金、交费时限、交费方式及地点等。停电通知书内容应包括催交电费日期、欠费金额及违约金、停电原因、停电时间等。鼓励采用电话、短信、微信等电子化催交方式，现场发放停电通知书应通过现场作业终端等设备拍照上传，做好取证留存工作。

（二）加强欠费停电管理，严格按照国家规定的程序对欠费电力客户实施欠费停电措施。对未签订智能交费协议的电力客户，停电通知书须按规定履行审批程序，在停电前三至七天内送达电力客户，可采取电力客户签收或公证等多种有效方式送达，并在电力客户用电现场显著位置张贴，拍照留存上传至营销业务应用系统。对重要电力客户的停电，应将停电通知书报送同级电力管理部门，在停电前通过录音电话等方式再通知电力客户，方可在通知规定时间实施停电。

典型案例

〔案例描述〕营销业务系统中，B用户联系号码为A用户，因B用户交费不及时，系统将欠费信息错误发送至A用户，引起A用户不满，同时B用户未及时获取欠费信息，导致欠费停电。

〔案例评析〕欠费信息发送错误，不利于电费催缴，影响电费回收，更易引发投诉风险。

3.2 电费违约金损失

风险描述

电费违约金损失的风险是指没有按照违约金管理要求开展工作，造成电费违约金损失、企业形象受损的风险。

1. 电费违约金制度或相关职责不明。
2. 未严格、准确计算电费违约金。
3. 随意收取或减免客户的电费违约金。
4. 挪用或截留电费违约金。
5. 因营销系统内起算日设置异常，导致用户违约金收取异常。

风险影响

1. 客户电费违约金被多收、少收、挪用、侵吞，影响供用电合同严肃性，情节严重的可认定为受贿、索贿。
2. 因未按照规定执行电费违约金管理要求，易引发舆情风险。

监督评价要点

1. 检查系统违约金设置时间。
2. 检查违约金减免流程规范性。

防范措施

1. 严格执行《供电营业规则》《国家电网有限公司电费抄核收管理办法》，依法依规对违约客户收取电费违约金。

2. 在供用电合同中明确约定电费和违约金抵扣缴费顺序、违约金缴纳比例，以保证电费违约金制度落到实处。

3. 通过营销业务系统对电费违约金进行管理，统一标准，统一出票，统一入账。

4. 定期开展违约金收取情况及账务情况的检查与考核。

5. 严格执行违约金暂缓减免相关规定，实行分级审批，重点审核暂缓减免理由是否充分。

政策依据

〔外部政策依据〕《供电营业规则》第九十八条：用户在供电企业规定的期限内未交清电费时，应承担电费滞纳的违约责任。

〔内部制度依据〕《国家电网有限公司电费抄核收管理办法》（国网〔营销/3〕273—2019）第五十八条：严格按供用电合同的约定执行电费违约金制度，不得随意减免电费违约金，不得用电费违约金冲抵电费实收，违约金计收金额最高不得超过本金的30%。由下列原因引起的电费违约金，可经审批同意后实施电费违约金免收：

（一）供电营业人员抄表差错或电费计算出现错误影响电力客户按时交纳电费。

（二）非电力客户原因导致银行代扣电费出现错误或超时影响电力客户按时交纳电费。

（三）因营销业务应用系统电力客户档案资料不完整或错误，影响电力客户按时交纳电费。

（四）因供电公司账务人员未能及时对银行进账款项确认造成电力客户欠费产生违约金。

（五）营销业务应用系统或网络发生故障时影响电力客户按时交纳电费。

（六）不可抗力、自然灾害等原因导致电力客户无法按时交纳电费。

（七）其他供电公司原因产生的电费违约金。

典型案例

〔案例描述〕某用户交费时间晚于交费截止日，用户以资金短缺为由，拒付电费违约金，相关工作人员以虚假理由，申请减免用户电费违约金。

〔案例评析〕工作人员未遵守规定，随意减免电费违约金，造成供电公司利益受损。

3.3 电费走收不规范

风险描述

1. 催费过程中，直接收取用户现金后未及时通过手持终端销账。
2. 收费过程中，未认真核对客户信息，造成错收电费。
3. 携款到银行途中安保措施不当，可能造成人身伤害和电费资金损失。

风险影响

1. 电费回收难度大，存在资金流失风险。
2. 存在电费资金挪用的风险。
3. 收费人员存在人身安全风险。
4. 电费错收易引发客户投诉。

监督评价要点

1. 检查现金收费每日入账及销账情况。
2. 检查员工个人银行账户向公司电费户转账情况。

防范措施

1. 完善走收制度，实现走收电费资金的定时定点缴存。
2. 加强收费人员的业务与技能培训和安全教育。
3. 不断升级走收人员装备，必要时两人同行，确保资金和人身安全。
4. 积极引导客户采用线上缴费渠道，逐步取消走收行为。
5. 收费时收费人员应认真仔细核对客户交费信息。

政策依据

〔内部制度依据〕《国家电网有限公司电费抄核收管理办法》（国网〔营销/3〕273—2019）第五十二条：应逐步取消走收。确因地区偏远等造成电力客户交费困难的，可使用手持终端上门收费。现场收费时，收费人员应执行现场服务规范，出示工作证件，注意做好人身及资金安全工作，必要时两人前往。收取电力客户电费时，应注意核对电力客户信息，避免错收电费，收费后立即通过手持终端销账并打印票据给电力客户。

典型案例

〔案例描述〕某工作人员于2020年5月13日上门收取电费15300元，2020年5月16日系统内完成收费解款，存入银行。

〔案例评析〕电费资金收取后未在当天完成系统收费工作，电费资金安全隐患较大，存在投诉和舆情风险。

3.4 营业厅电费现金管理不规范

风险描述

1. 现金盘点工作开展不到位，未做到日清日结，按日编制现金盘点表。
2. 当日解款现金未及时解交至银行。
3. 电费资金和个人钱款混用不清，存在截留、挪用、套现、非法划转风险。

风险影响

1. 现金未及时解存银行，存在资金安全管理风险。
2. 现金找付不清，可能引发客户现金纠纷。

监督评价要点

1. 检查营业厅现金盘点表。
2. 检查系统销账金额与银行入账金额是否一致。
3. 检查员工个人银行账户向公司电费户转账情况。

防范措施

严格执行《国家电网公司资金管理办法》《国家电网有限公司电费抄核收管理办法》，切实加强现金管理，每日必须进行现金盘点，做到日清日结，按日编制现金盘点表，加强现金及保险柜资金安全管理。

政策依据

〔内部制度依据〕《国家电网有限公司电费抄核收管理办法》（国网〔营销/3〕273—2019）第五十三条：电费收取应做到日清日结，收费人员每日将现金交款单、银行进账单、当日实收电费汇总表传递至电费账务人员。

（一）每日必须进行现金盘点，做到日清日结，按日编制现金盘点表。每日收取的现金及支票应当日解交银行，由专人负责每日解款工作并落实保安措施，确保解款安全。当日解款后收取的现金及支票应做好台账记录，统一封包存入专用保险柜，于下一工作日解缴银行。如遇双休日、节假日，则顺延至下一个工作日。

（二）收取现金时，应当面点清并验明真伪。收取支票时，应仔细检查票面金额、日期及印鉴等是否清晰正确。

（三）电力客户实交电费金额大于电力客户应交电费金额时，征得电力客户同意后可作预收电费处理。

（四）供电营业厅（所）负责人每月应对窗口现金监盘一次，并在盘点表上签字备查。

（五）严格区分电费资金和个人钱款，严禁截留、挪用、侵吞、非法划转、混用电费资金，严禁工作人员利用信用卡还款周期滞留电费资金或套取现金。收费网点应安装监控和报警系统，将收费作业全过程纳入监控范围。

典型案例

〔案例描述〕某营业厅营业结束后，盘点当日现金613.80元，营销业务系统显示当日收费353.60元，差异260.20元。

〔案例评析〕营业厅现金管理不规范，导致当日盘点现金与系统收费金额不一致，现金找付不清，存在收费差错风险，易引发客户投诉。

3.5 收费、解款业务处理不合规

风险描述

1. 电费收费、解款核销不规范，导致跨考核周期冲正，虚假销账。
2. 电费收费不规范，导致工作人员通过信用卡套现。
3. 解款不及时。
4. 每天工作结束后未做日清日结。

风险影响

1. 电费收费不规范，延长电费在途时间，影响电费销账。
2. 客户实际未交电费，收费人员进行虚假收费操作，造成国有资产流失；
3. 客户实际已现金缴纳电费，收费人员收费后不解款，存在廉政风险和舆情风险。

监督评价要点

1. 检查电费跨考核周期冲正情况。
2. 检查营业厅现金盘点表。
3. 检查系统销账金额与银行入账金额是否一致。
4. 检查员工个人银行账户向公司电费户转账情况。

防范措施

1. 严格按照日清日结要求，开展柜台日终结账工作，确保系统解款金额与所收现金、票据核对一致。

2. 每日收取的现金及支票应当日解交银行，当日解款后收取的现金及支票应做好台账记录，统一封包存入专用保险柜，并于下一工作日解缴银行。

3. 柜台负责人员每天开展解款监督，每日日终及时提醒未解款作业人员。

4. 加强解款核定监督，严格审核解款日期和银行进账日期不一致的记录。

5. 配备必要的安保人员，落实安保措施，确保人身、资金安全。

政策依据

〔内部制度依据〕《国家电网有限公司电费抄核收管理办法》（国网〔营销/3〕273—2019）第五十三条：电费收取应做到日清日结，收费人员每日将现金交款单、银行进账单、当日实收电费汇总表传递至电费账务人员。

（一）每日必须进行现金盘点，做到日清日结，按日编制现金盘点表。每日收取的现金及支票应当日解交银行，由专人负责每日解款工作并落实保安措施，确保解款安全。当日解款后收取的现金及支票应做好台账记录，统一封包存入专用保险柜，于下一工作日解缴银行。如遇双休日、节假日，则顺延至下一个工作日。

（二）收取现金时，应当面点清并验明真伪。收取支票时，应仔细检查票面金额、日期及印鉴等是否清晰正确。

（三）电力客户实交电费金额大于电力客户应交电费金额时，征得电力客户同意后可作预收电费处理。

（四）供电营业厅（所）负责人每月应对窗口现金监盘一次，并在盘点表上签字备查。

（五）严格区分电费资金和个人钱款，严禁截留、挪用、侵吞、非法划转、混用电费资金，严禁工作人员利用信用卡还款周期滞留电费资金或套取现金。收费网点应安装监控和报警系统，将收费作业全过程纳入监控范围。

典型案例

〔案例描述〕某营业厅收费人员当日收费后未解款，现金未存入保险柜，于次日完成电费解款。

〔案例评析〕收费解款不及时，电费资金安全隐患较大，存在投诉风险和舆情风险。

3.6 销户用户余额未清

风险描述

1. 工作人员责任心不强，办理销户业务告知不到位，客户未能获知预收余额信息。

2. 客户主动放弃销户余额，供电公司未留存有效证明资料。

3. 供电公司对销户用户的电费余额管理不规范，对销户电费余额退费未实现闭环管理。

风险影响

1. 已销户用户未获知预收余额信息，未发起退费，存在漠视、侵害群众利益的嫌疑和审计风险。

2. 销户退费不及时，易引发舆情风险。

监督评价要点

检查销户用户超30天余额未清退情况。

防范措施

1. 应及时联系用户办理退费手续，清退所有的销户预收费。明确相关业务规定，在用户来营业厅申请销户时，办理退费申请，留下退费必需的客户资料。

2. 根据属地专业管理制度要求，对长期未能清退的用户，可登报公告，定期按要求转营业外收入。

政策依据

〔内部制度依据〕《国家电网有限公司电费抄核收管理办法》（国网〔营销/3〕273—2019）第六十条：营销业务应用系统设置冲正和退费流程，严格履行审批手续，并上传相关资料。退费应准确、及时，避免产生纠纷。

典型案例

〔案例描述〕某工作人员受理用户销户时，未告知用户销户后如何办理预收电费退费，导致用户销户后未能及时办理退费。

〔案例评析〕销户用户余额未清，存在侵害群众利益的嫌疑，不利于公司合法合规经营。

3.7 电费预收互转管理不合规

风险描述

1. 预收互转业务资料填写不规范、收资不完整，导致预收互转缺少关键资料。

2. 抄催人员将预收电费转至供电公司内部人员户号。

3. 在转出户不知情的情况下，抄催人员将预收电费转至他人户号。

风险影响

1. 预收互转资料不齐全，存在审计风险和投诉风险。

2. 抄催人员将预收电费转至供电公司内部人员户号，存在内部人员侵犯客户利益的风险。

3. 在转出户不知情的情况下，抄催人员将预收电费转至他人户号，存在用户电费损失风险。

监督评价要点

1. 检查预收互转资料规范性。

2. 检查转入户与转出户关系。

3. 检查转入户是否为供电公司员工。

防范措施

1. 加强电费账务管理，建立专业管控台账，完善电费预收互转操作审批流程。

2. 建立预付电费台账，做到营财数据一致。

政策依据

〔内部制度依据〕《国家电网有限公司电费抄核收管理办法》（国网〔营销/3〕273—2019）第五十九条：严格执行电费账务管理制度。按照财务制度规定设置电费科目，建立电力客户电费明细账……做到电费应收、实收、预收、未收电费电子台账及银行电费对账电子台账（辅助账）等电费账目完整清晰、准确无误，确保营销业务应用系统电费业务数据、账务数据与财务账目一致；《国家电网有限公司电费抄核收管理办法》（国网〔营销/3〕273—2019）第六十三条：

严格管控营销业务应用系统涉及应收、预收科目的手工凭证处理。完善关联户（集团户）流程，非关联户间的"预收互转"应以相关方签订协议为前提，并执行审批制度，坚决杜绝利用预收电费违规进行非关联户冲抵等操作。

典型案例

〔案例描述〕电费回收考核期临近，某公司员工为完成电费收费指标，私自将A公司电费预收金额转至有欠费的B公司，完成B公司电费收缴。

〔案例评析〕违规互转预收电费，漠视、侵害群众利益；易造成电费账目混乱，引发客户投诉，存在舆情风险。

3.8 电费虚假实收

风险描述

客户实际未交电费，收费人员进行虚假收费操作。

风险影响

客户实际未交电费，收费人员进行虚假收费操作，造成公司经营损失。

监督评价要点

1. 检查系统销账时间、金额与银行入账时间、金额一致性。
2. 检查营业厅现金盘点表。

防范措施

1. 严格按照日结日清要求，开展柜台日终结账工作，确保系统解款与所收现金、票据核对一致。
2. 加强解款核定监督，严格审核解款日期和银行进账日期不一致的记录。

政策依据

〔内部制度依据〕《国家电网有限公司电费抄核收管理办法》（国网〔营销/3〕273—2019）第五十九条：严格执行电费账务管理制度。按照财务制度规定设置电费科目，建立电力客户电费明细账……做到电费应收、实收、预收、未收电费电子台账及银行电费对账电子台账（辅助账）等电费账目完整清晰、准确无误，确保营销业务应用系统电费业务数据、财务数据与财务账目一致；《国家电网有限公司电费抄核收管理办法》（国网〔营销/3〕273—2019）第六十条：电费账务应准确清晰。按财务制度编制实收电费日报表、日累计报表、月报表，严格审核，稽查到位。（一）每日应审查各类日报表，确保实收电费明细与银行进账单数据一致、实收电费与财务账目一致。不得将未收到或预计收到的电费计入实收。

典型案例

〔案例描述〕电费回收考核期临近，某公司员工为完成电费回收任务，在用户未交费的情况下，虚假进行电费收费操作。

〔案例评析〕电费虚假销账，电费资金应收未收，使公司经营效益受损。

3.9 跨考核周期冲正

风险描述

1. 为完成电费回收指标，在未收到客户电费的情况下，收费员在营销业务系统进行电费虚假实收操作，考核日后进行收费冲销。

2. 使用信用卡交费后，通过退费手续，将信用卡刷卡金额退费至储蓄卡，为自己或他人信用卡套现提供便利。

风险影响

1. 收费人员进行虚假收费操作，存在经营风险；

2. 信用卡违规套现，涉嫌诈骗行为。

监督评价要点

1. 检查电费冲正规范性。

2. 检查营销系统销账时间与银行入账时间一致性。

3. 检查预收账户余额退费规范性。

防范措施

1. 加强到账及时率的监控。

2. 应对当事责任人、责任单位严肃追责和考核，并要求限期整改，如果触犯相应法律法规的，需承担法律责任。

政策依据

〔内部制度依据〕《国家电网有限公司电费抄核收管理办法》（国网〔营销/3〕273—2019）第五十九条：严格执行电费账务管理制度。按照财务制度规定设置电费科目，建立电力客户电费明细账……做到电费应收、实收、预收、未收电费电子台账及银行电费对账电子台账（辅助账）等电费账目完整清晰、准确无误，确保营销业务应用系统电费业务数据、账务数据与财务账目一致。

典型案例

〔案例描述〕电费回收考核期临近，某公司员工为完成电费回收指标，在用户未交电费情况下完成电费收费工作，待电费回收考核期结束后冲正该用户电费。

〔案例评析〕电费跨周期冲正，不利于电费资金管理，造成经营数据失真。

3.10 电费虚拟户

风险描述

1. 将其他客户资金转移到虚拟电费账户或长期未用电、关口计量的客户上。
2. 将虚拟电费账户资金转移到其他客户上，存在将资金人为转移为其他客户冲抵电费。

风险影响

1. 对电费抄核收管理要求执行不到位，电费收费、账务处理、账务审核等岗位未履职尽责。
2. 资金安全管理混乱，私自挪用电费，存在较大电费资金风险。

监督评价要点

检查电费预收互转规范性；检查销户用户余额退费或互转规范性和及时性。

防范措施

1. 杜绝电费虚拟户。
2. 加强对电费预收互转审批流程的管控。
3. 强化作业人员职业道德教育和业务知识培训。

政策依据

〔内部制度依据〕《国家电网有限公司电费抄核收管理办法》（国网〔营销/3〕273—2019）第五十九条：严格执行电费账务管理制度。按照财务制度规定设置电费科目，建立电力客户电费明细账……做到电费应收、实收、预收、未收电费电子台账及银行电费对账电子台账（辅助账）等电费账目完整清晰、准确无误，确保营销业务应用系统电费业务数据、财务数据与财务账目一致。

典型案例

〔案例描述〕某公司私设电费虚拟户，随意将销户用户预收电费转入该虚拟户号。

〔案例评析〕将用户预收电费转入电费虚拟户，严重侵害用户利益，造成公司社会公信力下降。

3.11 电费催收不及时

风险描述

1. 对欠费风险用户未及时采取有效防范措施，导致电费无法及时回收。
2. 客户对电费欠费情况不知情，未及时缴纳电费。
3. 由于银、电联网系统故障，第三方收费平台异常，用户无法正常缴费，未及时引导客户采用其他方式交费，影响电费及时回收。

风险影响

1. 对欠费风险客户，未采取"一户一策"管理，导致电费无法足额按时回收。
2. 催费通知不到位导致用户未及时缴纳电费，影响电费无法及时回收。
3. 客户缴费难，引发客户对供电公司的服务的不满意进而投诉。

监督评价要点

1. 检查陈欠电费，产生电费违约金用户电费的催缴记录。
2. 检查用户工单中反馈第三方收费平台异常后供电公司的答复。

防范措施

1. 采取电话、短信、App 站内信、张贴告知单等形式，及时告知客户欠费信息，对大额欠费用户，落实责任人，限期催收。
2. 做好银电沟通工作，明确交费渠道承担的服务责任，确保各类交费渠道稳定畅通。
3. 加强"一户一策"管理、优化电费催收手段，分级落实电费回收包保责任人，借助法律诉讼等手段，确保电费足额收取。

政策依据

〔内部制度依据〕《国家电网有限公司电费抄核收管理办法》（国网〔营销/3〕273—2019）第八十二条：全面落实电费回收工作责任制，采用"日实时监控、月跟踪分析、季监督通报、年考核兑现"等方式，对电费回收率、应收电费余额等指标及电费回收真实性进行评价与考核，确保电费按时全额回收。各省公司应结合实际情况，编制电费回收工作质量评价与考核制度。

典型案例

〔案例描述〕某企业连续多月欠费,且欠费金额高达上千万元,供电公司相关人员未采取有效催收措施,该企业破产后,大额电费欠款无法收回。

〔案例评析〕未建立"一户一策"风险防范措施,造成公司经营受损。

3.12 发票管理混乱

风险描述

1.电费发票无台账管理记录,电费票据的领取、核对、作废及保管无完备的登记和签收手续。

2.使用过期的电费发票。

风险影响

违反财务票据管理制度,票据管理混乱等,造成票据丢失,形成票据管理风险,引发法律纠纷。

监督评价要点

检查电费票据管理台账。

防范措施

1.电费票据管理建立台账,发票领用、作废、票据管理和使用人员变更时,应办理票据交接登记手续。

2.每月对票据使用情况进行盘点核对。

政策依据

〔内部制度依据〕《国家电网有限公司电费抄核收管理办法》(国网〔营销/3〕273—2019)第六十七条:电费票据应严格管理。各单位向当地税务部门申领增值税专用发票、增值税普通电子发票。电费票据的领取、核对、作废及保管应有完备的登记和签收手续。未经税务机关批准,电费发票不得超越范围使用。严禁转借、转让、代开或重复开具电费票据。票据管理和使用人员变更时,应办理票据交接登记手续。

典型案例

〔案例描述〕某供电公司营业厅,随意将盖有发票专用章但未开具的增值税发票摆放于营业柜台处,被客户带走。

〔案例评析〕票据管理混乱,增值税发票丢失,违反财务票据管理制度,造成国家利益损失。

3.13 增值税发票虚开

风险描述

1.增值税发票管理不规范，营销业务系统和税务管控专用系统中的发票信息不一致。

2.增值税户名异常，营销系统户名与增值税发票户名不一致。

3.采用手工开票且发票金额与应收金额不一致。

风险影响

容易引发客户投诉等服务事件和法律纠纷，可能发生违规违纪行为，造成国家税收损失。

监督评价要点

1.检查营销系统开票信息与税务系统发票信息一致性。

2.检查营销系统户名与增值税发票户名一致性。

防范措施

1.增值税专用发票应通过营销系统或税务管控专用系统开具，并在系统中如实登记开票时间、开票人、票据类型和票据编号等信息。

2.严禁手工填写开具电费发票。

3.开具增值税专用发票前应认真核实户名信息。

政策依据

〔内部制度依据〕《国家电网有限公司电费抄核收管理办法》（国网〔营销/3〕273—2019）第六十七条：电费票据应严格管理。各单位向当地税务部门申领增值税专用发票、增值税普通电子发票。电费票据的领取、核对、作废及保管应有完备的登记和签收手续。未经税务机关批准，电费发票不得超越范围使用。严禁转借、转让、代开或重复开具电费票据。票据管理和使用人员变更时，应办理票据交接登记手续……（三）增值税专用发票、增值税普通电子发票应通过营销业务应用系统或税务管控专用系统开具，并在系统中如实登记开票时间、开票人、票据类型和票据编号等信息。严禁手工填写开具电费发票。必须保证开具发票的真实性、完整性、合法性，填票内容与发票的使用范围一致。

典型案例

〔案例描述〕某企业客户电费增值税专票抵扣失败。经查发现某公司2020年4月系统增值税发票金额和金税系统金额不一致，进一步核查发现某票号的增值税在营销业务系统中状态为"未使用"，实际金税系统中该发票已经开给某用户，工作人员违规虚开增值税发票。

〔案例评析〕工作人员未严格按照增值税发票管理规范执行，造成发票虚开。

3.14 随意收取承兑汇票

风险描述

1. 纸质银行承兑汇票未经财务确认，直接收费。
2. 违规收取商业承兑汇票。

风险影响

存在电费资金无法回收风险。

监督评价要点

1. 检查承兑汇票交费用户系统销账时间与银行入账时间是否一致。
2. 检查营业厅票据管理台账。

防范措施

1. 完善票据管理台账，建立领用登记手续。
2. 强化作业人员业务知识培训。
3. 借助电e票等新型电子化方式收取承兑汇票，降低电费回收风险。

政策依据

〔内部制度依据〕《国家电网有限公司电费抄核收管理办法》（国网〔营销/3〕273—2019）第五十九条：严格执行电费账务管理制度。按照营财双方设置的电费科目，建立电力客户电费明细账，电费明细账应提供电力客户名称、结算年月、实收金额、欠费金额、预收金额、电度电费及各项代征基金金额等信息，做到电费应收、实收、预收、未收电费台账及银行电费对账台账（辅助账）等电费账目完整清晰、准确无误，确保营销业务应用系统电费业务数据、财务数据与财务账目一致；《国家电网有限公司电费抄核收管理办法》（国网〔营销/3〕273—2019）第五十条：严格落实《国家电网公司资金管理办法》相关要求，不得收取商业承兑汇票，从严控制银行承兑汇票收取。完善营销系统银行承兑收费功能，全面推进银行电子承兑应用，纸质银行承兑汇票须经财务确认登记后，方可进行收费。

典型案例

〔案例描述〕某供电公司员工未经财务确认登记，擅自收取商业承兑汇票，在月末电费承兑过程中，承兑失败，导致当月电费无法按期回收。

〔案例评析〕违规收取商业承兑汇票，存在电费资金风险。

3.15 陈欠电费管理不规范

风险描述

1. 陈欠电费无管理台账和催收计划。
2. 没有按照规定的陈欠电费管理要求开展催缴和核销工作，造成电费损失，影响电费回收或收回的陈欠电费没有及时入账。

风险影响

1. 易造成陈欠电费不能得到及时催收。
2. 可能发生经济犯罪。

监督评价要点

1. 检查陈欠电费台账及催收记录痕迹。
2. 检查陈欠电费催收合规性。

防范措施

1. 完善电费回收目标责任考核制度，把陈欠电费回收的责任落实到部门、班组和员工，按月对陈欠电费催缴明细台账进行跟踪、分析。
2. 建立健全陈欠电费、呆坏账管理制度，严格按照制度开展催收、核销工作。

政策依据

〔内部制度依据〕各省供电公司合规出台的《电费回收考核管理办法》。

典型案例

〔案例描述〕某公司工作人员违反财务规定进行呆坏账核销。

〔案例评析〕未按规定流程核销呆坏账，未持续追讨陈欠电费，造成公司经营受损。

3.16 购电制规范性

风险描述

无故冻结客户预收电费,使客户利益受损。

风险影响

擅自冻结预收电费,存在漠视、侵害群众利益的嫌疑,易引起法律风险。

监督评价要点

核查用户预收账户,判断是否存在预收冻结的情况。

防范措施

核实用户有无预收冻结的情况,对存在预收冻结的客户及时进行解冻处理。

政策依据

〔外部政策依据〕《工商总局关于公用企业限制竞争和垄断行为突出问题的公告》(工商竞争字〔2016〕54号)第一条:当前公用企业经营中突出问题的主要表现形式:强制或变相强制向用户收取最低用水(电、气)费用、强行向用户收取"用水(电、气)押金""保证金"或者强行指定、收取"预付水(电、气)费"的最低限额。

典型案例

〔案例描述〕某用户电费账户预收余额为15万元,在该用户不知情的情况下,将电费账户冻结。

〔案例评析〕存在随意将用户预收电费冻结、侵害群众利益的嫌疑。

3.17 清理规范转供电收费

风险描述

未配合价格主管部门对清理规范转供电加价。

风险影响

漠视、侵害群众利益,易引发投诉及舆情,存在供电服务风险。

监督评价要点

排摸转供电费码申报情况,核查是否存在转供电加价行为。

防范措施

1. 排摸当地转供电用户清单形成台账。
2. 与当地价格主管部门保持密切沟通联系,配合其核实查处转供电环节加价。

政策依据

〔外部政策依据〕《国家发展改革委办公厅关于清理规范电网和转供电环节收费有关事项的通知》（发改办价格〔2018〕787号）第二条：全面清理规范转供电环节不合理加价行为……对于具备改造为一户一表条件的电力用户，电网企业要主动服务，尽快实现直接供电，并按照目录销售电价结算。不具备直接供电条件，继续实行转供电的，转供电主体要将今年以来的降价政策措施全部传导到终端用户。省级价格主管部门要会同电网企业采用有效措施，清理规范转供电环节加收的其他费用，纠正转供电主体的违规加价、不执行国家电价政策的行为。

典型案例

〔案例描述〕某地商业综合体中转供电终端商户多次向供电公司反映物业公司向商户征收的电费中含服务费等不合理加价，也没有享受到2018年起的工商业降价红利，供电公司未将信息反映到价格主管部门，导致用电商户常年向物业公司缴纳远高于目录电价的电费，最终导致网络舆情发生。

〔案例评析〕供电公司未配合价格主管部门履行清理转供电加价义务，导致转供电终端用户未享受到工商业降价红利。

3.18 退费管理不合规

风险描述

未经户主同意将用户预收账户资金退到非户主银行账号。

风险影响

1. 漠视、侵害群众利益，易引发投诉，存在供电服务风险。
2. 存在廉政风险。

监督评价要点

核查退费流程收资情况。

防范措施

加强用户电费、业务费退费资料的逐级审核。

政策依据

〔内部制度依据〕《国家电网有限公司电费抄核收管理办法》（国网〔营销/3〕273—2019）第六十条：……营销业务应用系统设置冲正和退费流程，严格履行审批手续，并上传相关资料。退费应准确、及时，避免产生纠纷。

典型案例

〔案例描述〕A某到某地营业厅自称电费错交到B某的电费账户上，要求供电公司退费至自己银行卡，该营业厅业务受理员未经户主B某同意，仅凭A某交费记录，擅自将B某预收账户资金退到A某银行卡上，引发B某投诉。

〔案例评析〕供电公司员工未按照规范履行退费收资手续，导致用户电费资金受损。

3.19 违规垫付应收电费

风险描述

员工为完成电费回收指标垫付用户应收电费。

风险影响

1. 未采用正确方式应对回收高风险用户，导致公司电费资金流失。
2. 虚假完成回收指标，影响公司管理。

监督评价要点

1. 对电费回收真实性进行核查。
2. 核查是否存在员工个人账户向公司电费户转账的情况。

防范措施

1. 按月建立高风险用户台账，落实回收责任人。
2. 强化抄催人员业务知识培训。
3. 监控员工个人账户向公司电费户转账的情况。

政策依据

〔内部制度依据〕《国家电网有限公司电费抄核收管理办法》（国网〔营销/3〕273—2019）八十二条：全面落实电费回收工作责任制，采用"日实时监控、月跟踪分析、季监督通报、年考核兑现"等方式，对电费回收率、应收电费余额等指标及电费回收真实性进行评价与考核，确保电费按时全额回收。各省公司应结合实际情况，编制电费回收工作质量评价与考核制度。

典型案例

〔案例描述〕某催费员为完成电费回收指标，没有采取有效催收方式，月底个人出资垫付用户应收电费。

〔案例评析〕催费员为完成指标虚假回收，影响用户正常电费缴纳周期。

3.20 员工截留用户的电费资金

风险描述
员工将用户坐收、走收电费转入其个人资金账户。

风险影响
1. 漠视、侵害群众利益，易引发投诉，存在供电服务风险。
2. 存在使公司电费流失的较大风险。

监督评价要点
1. 对在册员工个人账户向公司电费户转账情况进行核查。
2. 对系统解款记录与当日银行到账资金记录进行核查。

防范措施
1. 定期监察在册员工个人账户向公司电费户转账记录。
2. 严格按照日结日清要求，开展柜台日终结账工作，确保系统解款与当日银行到账资金一致。

政策依据
〔内部制度依据〕《国家电网有限公司电费抄核收管理办法》（国网〔营销/3〕273—2019）第五十三条：电费收取应做到日清日结，收费人员每日将现金交款单、银行进账单、当日实收电费汇总表传递至电费账务人员……严格区分电费资金和个人钱款，严禁截留、挪用、侵吞、非法划转、混用电费资金，严禁工作人员利用信用卡还款周期滞留电费资金或套取现金。收费网点应安装监控和报警系统，将收费作业全过程纳入监控范围。

典型案例
〔案例描述〕某地供电公司催费员为赚取银行利息，将用户当月5日现金缴纳的电费转入其个人银行账户，当月30日才从个人账户转到公司电费户销账。

〔案例评析〕员工私自截留用户电费牟利，侵害用户利益与供电公司利益。

3.21 改变收费方式获取不当利益

风险描述
员工个人与银行签订代交协议，将坐收电费资金以个人名义代交入公司电费户赚取佣金。

风险影响

1. 漠视、侵害群众利益，易引发投诉，存在供电服务风险。
2. 导致公司经营成本增加。

监督评价要点

1. 核查柜台日终结账工作是否严格按照日结日清要求开展。
2. 对在册员工个人账户向公司电费户转账记录进行核查。

防范措施

1. 严格按照日结日清要求，开展柜台日终结账工作，确保系统解款与所收现金、票据核对一致。
2. 日结日清票款当天必须解入银行。
3. 柜台负责人员每天监督解款，每日日终及时提醒未解款作业人员进行解款。
4. 加强解款核定监督，严格审核解款日期和银行进账日期不一致的记录。
5. 定期监察在册员工个人账户向公司电费户转账记录。

政策依据

〔内部制度依据〕《国家电网有限公司电费抄核收管理办法》（国网〔营销/3〕273—2019）第五十三条：电费收取应做到日清日结，收费人员每日将现金交款单、银行进账单、当日实收电费汇总表传递至电费账务人员。

（一）每日必须进行现金盘点，做到日清日结，按日编制现金盘点表。每日收取的现金及支票应当日解交银行，由专人负责每日解款工作并落实保安措施，确保解款安全。当日解款后收取的现金及支票应做好台账记录，统一封包存入专用保险柜，于下一工作日解缴银行。如遇双休日、节假日，则顺延至下一个工作日。

（二）收取现金时，应当面点清并验明真伪。收取支票时，应仔细检查票面金额、日期及印鉴等是否清晰正确。

（三）电力客户实交电费金额大于电力客户应交电费金额时，征得电力客户同意后可作预收电费处理。

（四）供电营业厅（所）负责人每月应对窗口现金监盘一次，并在盘点表上签字备查。

（五）严格区分电费资金和个人钱款，严禁截留、挪用、侵吞、非法划转、混用电费资金，严禁工作人员利用信用卡还款周期滞留电费资金或套取现金。收费网点应安装监控和报警系统，将收费作业全过程纳入监控范围。

典型案例

〔案例描述〕某地供电营业厅一名收费员以个人名义与邮政储蓄银行签订代收协议，人为改变收费方式，将营业厅收取的现金通过邮政电子商务平台转存电费，在邮储银行获取代收佣金，牟取私利 2.37 万元，变相增加公司银行代收手续费支出 7.83 万元。

〔案例评析〕员工私自截留用户电费牟利，侵害用户利益与供电公司利益，增加供电公司经营成本，给社会造成不良影响。

3.22 电费反洗钱

风险描述

不法分子利用代交电费方式进行诈骗，转移涉案赃款。

风险影响

导致部分用户非官方授权交费行为涉嫌违法犯罪，账户冻结无法使用，甚至面临民事诉讼风险。

监督评价要点

核查用户转账账户是否存在涉诈风险。

防范措施

1. 建立银行白名单转账机制。根据国家反诈中心防范利用国网电费代缴方式洗钱工作要求，通过银行渠道转入电费专户的缴费方式启用白名单转账机制，维护白名单内的账号可以向供电公司电费专户转账。

2. 用户侧宣传告知。告知用户务必依法合规交纳电费，通过官方渠道核实是否欠费，使用"网上国网"App、电 e 宝、国网商城电费网银等国家电网有限公司官方渠道，支付宝、微信及各大银行网银等授权渠道交费。切勿随意点击非电力官方推送的催交电费链接，切勿将用电户号随意提供给第三方，以防用电信息泄露。任何个人、单位及平台私自进行低价、折扣代交电费，致使涉案资金被转移拆分、构成犯罪的，公安机关将依法追究其法律责任。

政策依据

〔内部制度依据〕《国家电网有限公司关于全面加强银行电费支付渠道反洗钱工作的通知》。

典型案例

〔案例描述〕某洗钱团伙在团购社群发布电费"折扣"广告，诱导用户甲进行优惠电费充值交易，洗钱团伙收到用户甲的电费信息和资金后，以刷单、套现为由，诱骗受害者乙私下扫描用户甲的电费交费二维码付款，从而使用户甲的钱进了洗钱团伙的口袋，完成洗钱操作。

〔案例评析〕用户甲轻信电费充值折扣的诈骗广告，导致自己的电费户号成为"洗钱"工具，涉嫌参与诈骗洗钱。

3.23 智能交费协议签订不到位

风险描述

1. 智能交费协议对预警阈值、充值金额等条款设置不合理。
2. 由于过户等变更业务，智能交费协议签订未及时更新或在用户不知情的情况下代用户签协议。

风险影响

1. 未与用户协商，自行设置预警阈值和充值金额，导致条款不合理，扣费频繁，对用户造成困扰。
2. 智能交费协议签订不合理不合规，用户对业务不认可。

监督评价要点

1. 智能交费协议是否与用户协商签订的。
2. 核查智能交费协议签订是否规范，条款是否齐全，用户信息变更后是否及时更新智能交费协议。

防范措施

1. 对用户进行充分告知和解释，在用户知情和理解后办理智能交费业务，与用户针对各项条款协商签订协议。
2. 规范签订智能交费协议，条款中应包括电费测算规则、测算频度，预警阈值、停电阈值，预警、取消预警及通知方式，停电、复电及通知方式，通知方式变更，有关责任及免责条款等内容。用户信息变更后及时更新智能交费协议。

📋 政策依据

〔内部制度依据〕《国家电网有限公司电费抄核收管理办法》（国网〔营销/3〕273—2019）第四十二条：采用智能交费业务方式的，应根据平等自愿原则，与电力客户协商签订协议，条款中应包括电费测算规则、测算频度、预警阈值、停电阈值、预警、取消预警及通知方式，停电、复电及通知方式，通知方式变更，有关责任及免责条款等内容。

🗂 典型案例

〔案例描述〕某供电公司工作人员未征询用户意见，私自代签用户智能交费协议，并设置当测算余额低于预期0元时，自动代扣5元，导致用户当月多次扣费，引发用户投诉。

〔案例评析〕员工未经用户同意私自开通智能交费，侵犯用户知情权等权益。

3.24 违规欠费停复电

🏛 风险描述

1. 对未满足欠费停电要求的用户实施欠费停电。
2. 实施欠费停电前未按规定送达停电通知书、履行审批程序或未核对当前欠费情况。
3. 实施欠费停电时擅自扩大停电范围或更改停电时间。
4. 欠费停电用户结清电费及违约金后，未在24小时内恢复供电。

⚠ 风险影响

未按规定程序实施欠费停电或费清复电，违规采取停电措施，导致客户财产和健康受损，易引发客户投诉和索赔的服务风险。

👁 监督评价要点

1. 核查是否严格按照国家规定的程序对欠费电力客户实施欠费停电措施。
2. 检查是否遵循费清复电时限管理要求开展工作。

🛡 防范措施

1. 严格落实电费催费工作相关要求，履行欠费停电审批程序。
2. 加强费清复电时限管理，对欠费停电用户的交费情况实时监控或采取费清自动复电措施。

政策依据

〔外部政策依据〕《电力供应与使用条例》第三十九条：违反本条例第二十七条规定，逾期未交付电费的，供电企业可以从逾期之日起，每日按照电费总额的1‰至3‰加收违约金，具体比例由供用电双方在供用电合同中约定；自逾期之日起计算超过30日，经催交仍未交付电费的，供电企业可以按照国家规定的程序停止供电。

〔内部制度依据〕《国家电网有限公司电费抄核收管理办法》（国网〔营销/3〕273—2019）第五十六条：对欠费电力客户应有明细档案，按规定的程序催交电费。

（一）电费催交通知书、停电通知书应由专人审核、专档管理。电费催交通知书内容应包括催交电费年月、欠费金额及违约金、交费时限、交费方式及地点等。停电通知书内容应包括催交电费日期、欠费金额及违约金、停电原因、停电时间等。鼓励采用电话、短信、微信等电子化催交方式，现场发放停电通知书应通过现场作业终端等设备拍照上传，做好取证留存工作。

（二）加强欠费停电管理，严格按照国家规定的程序对欠费电力客户实施欠费停电措施。对未签订智能交费协议的电力客户，停电通知书须按规定履行审批程序，在停电前三至七天内送达电力客户，可采取电力客户签收或公证等多种有效方式送达，并在电力客户用电现场显著位置张贴，拍照留存上传至营销业务应用系统。对重要电力客户的停电，应将停电通知书报送同级电力管理部门，在停电前通过录音电话等方式再通知电力客户，方可在通知规定时间实施停电。

（三）智能交费电力客户根据协议约定，当可用余额低于预警值时，应通知电力客户及时交费；当可用余额小于停电阈值，采取停电措施。

（四）停电操作前，应再次核对电力客户当前是否欠费以及停电通知送达情况，确认无误后执行停电操作。欠费停电操作不得擅自扩大范围或更改时间。

（五）电力客户结清电费及违约金后，应在24个小时内恢复供电，如特殊原因不能恢复供电的，应向电力客户说明原因。

典型案例

〔案例描述〕某低压居民客户3月电费在4月1日出账，交费截止日为4月30日，当地供电所为完成电费回收率指标，在4月20日对该客户实施欠费停电。

〔案例评析〕供电所对不满足欠费停电要求的客户停电，存在粗暴催费、以停电代催费的问题，严重影响客户正常用电，易引发客户投诉的服务风险。

第三部分

计量采集风险

1 现场作业

1.1 计量装接安全管控不到位

风险描述

1. 进行电能表现场装接等工作前，无工作计划施工，施工人员没有安全资质，未对金属计量柜（箱）进行验电且未在有效验电位置验电，或工作时注意力不集中、监护不力等导致作业人员误碰运行设备。

2. 现场带电更换电能表时，电流互感器二次开路产生的高电压危及人身与设备安全；更换后联合接线盒电流连接片没有归位，造成未计量。

3. 现场装接电能表时，发生电压回路短路或接地，造成作业人员触电和设备损坏；装接后联合接线盒电压连接片没有归位，造成未计量。

4. 现场装接互感器、电能表、终端等时，未断开与工作段相连的线路上的所有电源隔离点，存在向作业地点反送电的风险；未断开接线盒上电压连接片或未短接电流连接片进行装接，造成触电事故。

5. 现场开展接户线工作时，人员登高途中或高空作业过程中发生意外。

6. 营销工作人员超越职责范围，擅自对客户设备进行拉合闸、操作开关柜等。

7. 不遵守营销安全规定，工作现场未按规范穿戴安全防护装备等进行工作。

风险影响

1. 计量装接安全管控不到位，造成人员触电伤亡。

2. 计量装接安全管控不到位，引发系统运行设备损坏或电网安全事故。

监督评价要点

1. 现场检查营销作业安全防护装备是否齐备：营销系统中获取当天工作地点，检查在场工作人员是否穿戴安全防护装备。

2. 现场检查工作人员安全资质是否具备：获取当天工作计划和人员信息，检查现场人员是否与计划人员一致，且到场人员是否具备相应安全资质。

防范措施

1. 制定作业规范并将规范纳入作业指导书。
2. 加强内部控制，完善管理制度，杜绝此类风险。

政策依据

〔内部制度依据〕《国家电网公司计量标准化作业指导书》装拆与运维分册；《营销现场作业安全工作规程（试行）》。

典型案例

〔案例描述〕2004年7月21日，某供电所王某、袁某为一用户改线并装电能表。两人未办理工作票即赶到现场，王某负责拆旧和送电，袁某负责安装电能表，两人分头工作。王某（身着短袖上衣和七分裤，脚穿拖鞋）站在铁管焊制的梯子约1.8米处拆旧和接线，在用带绝缘手柄的钳子剥开相线（火线）的线皮时，左手不慎碰到带电导线上，触电后扑在梯子上，抢救无效死亡。

〔案例评析〕某供电所工作人员王某在工作过程中违反安全规程要求，触电伤亡。

1.2 计量装接质量不合格

风险描述

1. 计量装置安装及接线错误，导致现场实际电能计量不准或串户。
2. 现场计量装置封印缺失。
3. 计量装置螺丝未拧紧。
4. 未安装采集终端。

风险影响

1. 计量用二次回路或电能表接线错误，导致现场实际电能计量不准。
2. 现场计量装置封印缺失，造成计量装置处于未封闭状态，有窃电机会。
3. 计量装置螺丝未拧紧，造成电能计量不准确，同时导致出现局部发热点。
4. 现场只安装了电能表，未安装采集终端等，造成系统中无采集数据等，或者将采集终端安装在其他位置，采集数据与现场实际数据严重不符。

监督评价要点

1. 现场检查是否错接线：营销系统中获取当天计量装置的安装位置，检查接线是否按国网标准安装。

2.现场检查采集是否真实安装：营销系统中获取采集终端信息等，现场核对是否一致。

防范措施

1.计量装接工作必须两人以上进行，并相互检查。

2.把验收项目作为现场装接作业指导书的重要内容。

3.条件允许的情况下，装接完毕应立即通电检查。

4.完善现场计量器具装接的管理制度。

5.加强对现场装接人员的培训力度，把此类风险发生的概率降到最低限度。

6.加强现场稽查力度，定期抽查计量装置、封印等的完好性，及时补封缺失的封印。

政策依据

〔内部制度依据〕《国家电网公司计量标准化作业指导书》装拆与运维分册；《营销现场作业安全工作规程（试行）》。

典型案例

〔案例描述〕某公司一客户反映自家电表和邻居家电表接反，存在拉邻居家闸刀自家停电的问题。调查发现该户为"三供一业"客户，于2020年年初装表送电，施工队现场装表时未落实逐户核对、试拉试送工作要求，计量室管理人员对施工过程监督不到位，造成客户电能表线路接错，现已为客户调整接线并协调解决两户差额电费的问题，并对施工队及供电公司相关责任人进行处罚。

〔案例评析〕供电公司施工人员未逐户核对，管理人员监督不到位，导致电能表线路接错，引发客户投诉。

1.3 电能表和采集终端更换业务不规范

风险描述

1.电能表更换前未通知用户，换表告知不到位。

2.换表前未确认电能表、采集设备资产编号，存在错误计量、串户以及采集异常的风险。

3.换表后未确认电能表和采集终端运行状态，未告知底度，客户未确认。

4.拆回表计未按要求留档处理。

5.更换电能表和采集终端时，发现用户违约用电，未通知用检人员，私下非常规处理。

风险影响

1. 客户告知不到位或未留档处理，存在客户投诉风险及计量纠纷。

2. 换表前未对电能表、采集设备资产编号进行确认，存在串户风险。

3. 更换电能表和采集终端时，发现用户违约用电，未通知用检人员，私下非常规处理，存在廉政风险。

监督评价要点

1. 现场检查是否串户：营销系统中获取当天计量装置的安装位置，检查表计等计量装置与对应用户是否一致。

2. 现场检查是否告知用户底度：获取拆下的电能表度数，询问对应用户是否已知拆表度数，且供电公司告知的度数与拆下表计底度是否一致。

防范措施

1. 编制电能表更换规范手册，严格规范现场作业。

2. 严格按照《国家电网有限公司营销专业标准化作业指导书》的要求，更换电能表前通过张贴换表告知单、电话联系、短信等方式通知客户。

3. 严格执行一拆一装制度，换表前认真核对户号和计量设备资产编号，严禁出现设备错位现象。

4. 现场与用户确认旧表底度和新表起度，若用户不在场，可以通过张贴示数告知单或短信/电话方式与用户确认。

5. 加强思想教育，让工作人员有强烈的企业归属感、责任感。杜绝对个别用户不公平、不公正的计量。

6. 严格考核，杜绝违规处理计量异常的行为。

政策依据

〔外部政策依据〕《电能计量装置技术管理规程》（DL/T 448—2016）第 8 条运行管理。

〔内部制度依据〕《国家电网有限公司营销专业标准化作业指导书》；《国家电网有限公司供电服务"十项承诺"》第十条。

典型案例

〔案例描述〕某客户反映供电公司于 10 月 25 日现场换表，但换表前未收到换表通知，在小区布告栏也未张贴换表告知单，导致客户在不知情的情况下被更换电表。

〔案例评析〕电能计量改造轮换制度执行不到位，导致客户对换表情况不知情，从而引发投诉。

1.4 计量装置安装位置不合理

风险描述

1.1.计量装置未按规定设置在供用电设施的产权分界点处或合同约定的计量点位置。

2.计量装置未安装在合理的位置。

风险影响

1.计量装置未按规定设置在供用电设施的产权分界点处，导致计量纠纷。

2.计量装置未安装在合理的位置，给后期运维、周期核抄等工作带来困难。

监督评价要点

现场检查计量装置的安装位置。营销系统中获取当天计量装置安装位置，检查该安装位置是否符合国网标准。

防范措施

1.认真学习《电能计量装置技术管理规程》（DL/T 448—2016），提高作业人员业务水平。

2.通过营销业务系统数据校核功能，加强电能计量装置审查管理，在电能计量装置配置管理上限制不合格、不合理的配置方案上线，避免出现差错。

3.通过营销业务系统的后续流程的控制来规范电能计量装置的配置。

政策依据

〔外部政策依据〕《电能计量装置技术管理规程》（DL/T 448—2016）6.4；《供电营业规则》第四十七条。

〔内部制度依据〕《国家电网有限公司营销专业标准化作业指导书》。

典型案例

〔案例1描述〕某公司某专线用户的关口计量表合同规定应安装在变电站侧，工作人员在未跟用户沟通的情况下将电能表安装在用户侧，后期产生的线损电量引发计量纠纷。

〔案例1评析〕在装表环节未按合同规定安装在产权分界点处，引发计量纠纷。

〔案例2描述〕某公司设计某小区的表箱安装方案时，未充分考虑小区环境情况，将表箱安装在离地较低的位置。某年遭遇台风灾害，该小区地势低洼，积水严重，安装位置较低的表箱均被水淹，电能表损毁，引发触电风险。

〔案例2评析〕工作人员在方案设计施工时未选择合理位置，导致资产损毁，带来安全风险。

1.5 计量器具配置不合理

风险描述

1. 电能计量器具的准确度等级选择错误。
2. 电能计量器具类别和规格配置错误。
3. 电能计量器具一、二次侧的额定值配置错误。

风险影响

1. 电能计量器具的准确度等级选择错误，影响电能计量装置计量的准确性，产生计量纠纷。
2. 电能计量器具类别和数量配置错误，导致计量差错。
3. 电能计量器具一、二次侧的额定值配置错误，局部发热引起设备损坏，存在安全风险。

监督评价要点

现场抽查计量器具配置是否合理：营销系统中获取装接单内信息，按规格型号数量等参数比对配置是否正确，再到现场检查安装的计量器具是否与装接单内计量器具一致。

防范措施

1. 认真学习《电能计量装置技术管理规程》（DL/T 448—2016），提高作业人员业务水平。
2. 通过营销业务系统数据校核功能，加强电能计量装置审查管理，在电能计量装置配置管理上限制不合格、不合理的配置方案上线，避免出现差错。

政策依据

〔外部政策依据〕《电能计量装置技术管理规程》（DL/T 448—2016）6.2~6.4；《供电营业规则》第七十三条 对10千伏及以下电压供电的用户，应配置专用的电能计量柜（箱）。

典型案例

〔案例1描述〕某公司某区域线损长期异常，多方面核查都查不出原因。最后检查互感器变比时发现电压互感器的变比为10.5/0.1kV，计量存在偏差，导致线损异常。更换正确变比的互感器后，线损恢复正常。

〔案例1评析〕工作人员验收互感器时未按照规程检测，导致计量存在偏差。

〔案例2描述〕某公司为一容量80千伏安的专变用户配置高压计量装置，计量装置长期处于轻载状态，导致计量失准。

〔案例2评析〕工作人员在配置互感器时未按照规程根据用户合同容量配置，导致计量存在偏差。

1.6 导线选择不合理

风险描述

1. 导线的材料选择不当。
2. 电流二次回路导线截面积选择未按照互感器额定二次负荷计算确定。
3. 电压二次回路导线截面积选择未按照允许的电压计算确定。

风险影响

1. 产生计量纠纷。
2. 造成电量损失或电量差错。
3. 局部发热引起设备损坏，存在安全风险。

监督评价要点

现场抽查导线选取是否按照规定执行：从营销系统中获取当天计量装置的安装位置，现场检查导线选取是否按国网标准来执行。

防范措施

1. 认真学习《电能计量装置技术管理规程》（DL/T 448—2016），提高作业人员业务水平。
2. 加强现场施工质量检查，抽查施工材料使用情况，加强对施工单位的管理。

政策依据

〔外部政策依据〕《电能计量装置技术管理规程》（DL/T 448—2016）6.4 电

能计量装置配置原则;《中华人民共和国计量法》第二十六条:使用不合格的计量器具或者破坏计量器具准确度,给国家和消费者造成损失的,责令赔偿损失,没收计量器具和违法所得,可以并处罚款。

典型案例

〔案例描述〕某公司施工队施工时偷工减料,对所有电能表均使用截面积为2.5平方毫米的导线,送电后,部分负荷较大的回路长期处于发热状态,易引发电能表烧毁断电的事故。

〔案例评析〕工作人员施工作业时未按照规程使用材料,导致设备损坏并引发无法提供优质服务的风险。

1.7 计量设备主人制现场工作不到位

风险描述

1.设备主人对所承担的计量装置现场巡视工作不到位。

2.设备主人对所承担的计量装置验收工作不到位。

3.设备主人对所承担的计量装置缺陷处理工作不到位。

4.设备主人处理问题后未在流程中闭环。

风险影响

1.设备主人对所承担的计量装置现场巡视工作不到位,可能导致计量装置的缺陷隐患不能及时被发现,带来安全作业风险和经济风险。

2.设备主人对所承担的计量装置验收工作不到位,可能导致计量装置的缺陷隐患不能及时被发现,带来安全作业风险和经济风险。

3.设备主人对所承担的计量装置缺陷处理工作不到位,安全作业风险和经济风险不能及时被消除。

监督评价要点

现场抽查计量设备主人制现场工作落实情况:从营销系统中获取已完成的计量装置的缺陷隐患整改清单,现场确认,并在周围老旧小区随机抽查,看看是否全部巡视到位。

防范措施

1.应加强对计量现场作业工作人员及质量抽检人员的培训,提高其业务水平。

2.按照"分级管理、逐级考核、奖惩并重"的原则对各级单位、班组、人员进行考核。

📋 政策依据

〔内部制度依据〕《国家电网有限公司低压用户电能计量装置设备主人制管理办法》第五章第十八条至第二十六条规定。

📄 典型案例

〔案例描述〕某客户多次向其台区经理反映家门口的表箱破损严重，经常发出异响，存在安全隐患，要求更换表箱，但台区经理都以"还没停电，没什么大问题"为由不予处理。几天后，当地连降暴雨造成表箱漏水，电能表损坏，造成客户家停电，客户拨打"95598"投诉。

〔案例评析〕工作人员开展计量设备主人制现场工作时未按照规定要求执行，隐患未及时解决，造成电能表损坏，客户投诉。

1.8 计量设备主人制工作质量监督不到位

📋 风险描述

1. 未开展巡视质量检查工作。
2. 对巡视缺陷情况判断不准确。
3. 漠视巡视中发现的Ⅲ和Ⅳ类缺陷，也不上报或入系统。

📋 风险影响

1. 未开展巡视质量检查工作，导致计量监督工作无法闭环，不能及时发现设备主人工作中存在的问题。
2. 对巡视缺陷情况判断不准确，导致破旧设备无法及时改造。
3. 漠视巡视中发现的Ⅲ和Ⅳ类缺陷，造成缺陷升级，设备损害范围扩大，企业成本增加，引发用户投诉等。

👍 监督评价要点

现场抽查计量设备主人制工作质量落实情况：从营销系统中获取已完成的计量装置的缺陷隐患整改清单，现场确认，并且按国网标准对照是否将缺陷等级降低，延长缺陷整改时间。

📋 防范措施

1. 应加强对计量现场作业工作人员及质量抽检人员的培训，提高其业务水平。

2.按照"分级管理、逐级考核、奖惩并重"的原则对各级单位、班组、人员进行考核。

政策依据

〔内部制度依据〕《国家电网有限公司低压用户电能计量装置设备主人制管理办法》第七章第三十七条至第四十五条规定。

典型案例

〔案例描述〕某公司管理人员在系统中对表箱巡视工作进行质量监督，检查的表箱数量较大，核查过程中并未认真核查上报的表箱照片，直接点击合格、发送。后来上级检查时发现系统中存在不同表箱使用同一张照片、应该判定为Ⅰ级隐患的被评为无隐患的情况。

〔案例评析〕工作人员在设备主人制工作质量监督时不仔细不认真，导致误判，存在安全隐患。

1.9 计量设备主人制移动作业终端管理不到位

风险描述

1.移动作业终端配置不合理。

2.移动作业终端管理缺失。

风险影响

1.移动作业终端配置不合理，影响工作效率或浪费资源。

2.移动作业终端管理缺失，出现公用设备私用的现象，移动作业终端升级换代后原设备未按照规范管理，造成设备遗失。

监督评价要点

现场抽查计量设备主人制作业终端管理情况：从营销系统中获取计量设备主人制作业终端登记情况，对比对应供电所在用和未用的作业终端，检查其是否一致和配置是否合理。

防范措施

1.应加强对计量现场作业工作人员及质量抽检人员的培训，提高其业务水平。

2.按照"分级管理、逐级考核、奖惩并重"的原则对各级单位、班组、人员进行考核。

政策依据

〔内部制度依据〕《国家电网有限公司低压用户电能计量装置设备主人制管理办法》。

典型案例

〔案例1描述〕某公司懒于管理，只配置少量移动作业终端，导致大量工单集中到这几台终端。开展工作时才发现工作无法全面铺开，只能轮流使用几台终端。

〔案例1评析〕管理人员对移动作业终端管理不到位，导致工作效率低下。

〔案例2描述〕某公司缺乏管理，对设备的使用规则未宣贯到位，导致个别工作人员放松对自己的要求，私下更换移动作业终端sim卡用于娱乐。

〔案例2评析〕管理人员对移动作业终端管理不到位，导致公用资产私用。

1.10 现场检验设备使用不合理

风险描述

1. 现场检验设备未按照规程选用。
2. 现场检验工作中使用的标准设备误差超差或未在检定合格期内。
3. 现场检验设备接线错误或接触不良，造成数据偏差。

风险影响

1. 现场检验设备未按照规程选用，检验结果出现偏差。
2. 检验结果错误，引发客户投诉，对企业的社会形象造成影响。

监督评价要点

现场抽查检验设备使用情况：获取现场校验工作计划，到达现场后检查校验设备接线是否正确，量程规格等选择是否正确，校验设备是否在有效检定合格期内。

防范措施

1. 定期开展标准设备量值溯源，根据标准设备使用情况和溯源周期制订期间核查计划。
2. 严格按照规程要求选用标准设备开展现场检验。

政策依据

〔外部政策依据〕《中华人民共和国计量法实施细则》第九条 国务院有关

主管部门和省、自治区、直辖市人民政府有关主管部门建立的本部门的各项最高计量标准，经同级人民政府计量行政部门考核，符合本细则第七条规定条件并取得考核合格证的，由有关主管部门批准使用；《电能计量装置技术管理规程》（DL/T 448—2016）8.3。

典型案例

〔案例描述〕某公司现场检验班组标准设备溯源日期为每年的9月，可由于该公司9月、10月现场检验任务繁重，该班组组长认为标准设备仍然可以正常使用，暂不需要溯源，为了尽快完成工作，决定将标准设备溯源时间延迟至11月。但在9月、10月出现较多的误差超差的计量设备，多位客户对现场检验结果表示不满，认为供电企业在电表上做手脚，量值溯源发现标准设备A出现误差超差的情况。

〔案例评析〕工作人员未及时对标准设备送检，实际误差超差的标准设备仍在使用，导致检定结果出错，引起客户投诉，对企业形象造成负面影响。

1.11 现场检验工作落实不到位

风险描述

1.未按照规程要求方法进行现场检验、未刚性执行周期检验和首次检验计划。

2.未按照规程要求记录现场检验数据。

3.现场检验完成后未将计量装置恢复至原状态。

风险影响

1.现场检验工作落实不到位，造成检验结果出错。

2.未按照规程要求开展检查，无法提供检验结果，引发客户投诉。

3.现场检验完成后未将计量装置恢复至原状态，造成电量差错且差错电量无法追回。

4.测出超差后，未上报，未通过实验室检定，与用户私下解决。

监督评价要点

现场抽查检验工作落实情况。从营销系统中获取现场校验清单和校验时间，确认现场校验记录单上的校验日期、工作票日期与营销系统日期是否一致；询问在工作票上签字的用户检验人员是否按照规程要求进行现场校验。

防范措施

1. 严格按照规程要求开展现场检验。

2. 严格按照规程要求记录检验数据结果。

3. 定期开展对计量检定专业人员的培训，提升现场检验工作人员素质水平。

4. 加强思想教育，让工作人员有强烈的企业归属感、责任感，杜绝徇私舞弊行为。

政策依据

〔外部政策依据〕《电能计量装置技术管理规程》（DL/T 448—2016）；《电能计量装置现场检验规程》（DL/T 1664—2016）。

〔内部制度依据〕《国家电网有限公司供电服务"十项承诺"》第十条。

典型案例

〔案例描述〕某日，现场检验人员完成 A 用户现场检验工作，一时疏忽，未将联合接线盒由试验状态改为正常运行状态，造成用户电量长期少计，需要用户补交电费。

〔案例评析〕工作人员现场检验完成后未将计量装置恢复至原状态，造成计量装置长期非正常状态运行，导致电量差错，可能引发用户投诉。

1.12 现场检验服务不合规

风险描述

工作人员现场检验过程中发现误差超差、错误接线等故障情况，在未拍照取证、客户签字确认的情况下就排除故障。

风险影响

1. 检验结果处置时与用户沟通不当，引发客户投诉，对企业的社会形象造成影响。

2. 未对现场异常情况取证留底，导致差错电量无法追回。

监督评价要点

现场抽查检验服务是否符合标准：从采集系统中获取电能表计量异常（飞走等）清单，在营销系统中查看是否有校表记录。若有校表记录，查看处理过程是否合理合规，是否对误差超差、错误接线等情况拍照取证，客户是否签字确认。若无校表记录，到达现场后检查现场校验记录单是否有校验记录或询问用户近期供电公司是否校验电能表，对他们的服务工作是否满意。

🛡 防范措施
1.严格执行《国家电网有限公司营销专业标准化作业指导书》工作流程。
2.定期开展对计量检定专业人员的培训，提升现场检验工作人员素质水平。

📋 政策依据
〔外部政策依据〕《电能计量装置技术管理规程》（DL/T 448—2016）。

💼 典型案例
〔案例描述〕某日，现场检验人员在对A客户进行现场检验，发现用户存在错误接线的情况，检验人员在检验记录表上记录，现场与客户沟通后，将错误接线修正。但一时疏忽，检验人员忘记对错误接线情况拍照留存，且未要求客户签字。三天后，需要客户补交电费时，客户否认存在错误接线情况并拒绝补交电费。

〔案例评析〕由于工作人员疏忽，未对现场检验发现的错误接线情况拍照取证，也未要求客户签字确认，导致差错电量无法被追回。

1.13 装接单（工作单）审核执行不到位

🏛 风险描述
1.现场装接前，工作人员未核对装接单的各项内容就开始工作。
2.装接单打印错误，打印了另一回路或其他装接单。
3.装接单上的日期与工作计划日期不一致。
4.装接单上无工作人员和用户的签字。

⚠ 风险影响
1.工作人员现场装接前，未核对装接单的各项内容就开始工作，造成跑错间隔还不清楚。
2.将不用更换的电能表或终端更换，该更换的电能表或终端没有更换，增加客户电费投诉风险，增加企业成本。
3.涉嫌无计划作业，严重违章，安全失控。
4.装接单上无工作人员和用户的签字，与用户发生纠纷时，无凭无证。

👍 监督评价要点
现场抽查装接单（工作单）审核执行是否到位：从营销系统中获取装接

单（工作单），现场检查计量装置、安装回路、设备条形码等是否与装接单（工作单）上内容一致。同时检查工作人员打印的纸质装接单（工作单）上是否有用户签名，填写日期是否与营销系统中的录入日期一致等。

防范措施
1. 严格执行《国家电网有限公司营销专业标准化作业指导书》工作流程。
2. 定期开展计量装接人员"人人过关"培训，提升现场装接工作人员素质水平。
3. 形成装接单日期与计划日期一致的工作意识，不搞特殊情况。

政策依据
〔内部制度依据〕《国家电网有限公司营销专业标准化作业指导书》。

典型案例
〔案例描述〕某日，现场装接人员为一家双回路用户更换电能表，发现用户存在错误接线的情况，装接人员在装接单上记录，现场与客户沟通后，将错误接线修正。但一时疏忽，装接人员忘记核对电能表编号和间隔双重名称，造成记录的装接单为另一回路且未要求客户签字，且装接单上的打印日期为前一天。3天后，需要客户补交电费时，客户否认存在错误接线情况并拒绝补交电费，且投诉供电部门编造虚假情况，装接日期与实际日期完全不符。

〔案例评析〕由于工作人员疏忽，现场换表发现错误接线情况下未让客户签字确认，未仔细核对装接单和日期，不仅导致差错电量无法被追回而且供电部门反被诬陷。

1.14 计量装置故障处理违规

风险描述
1. 故障计量装置更换后，不走计量装置故障流程。
2. 计量装置因故障烧毁或出现明显计量不准的情况，但供电部门以工作人员不够等为由，没有24小时内进行现场处理。
3. 现场计量故障更换处理完，未拍照留证，未让用户签字。

风险影响
1. 故障计量装置更换后，不走计量装置故障流程，未触发退补流程，造成公司经济损失。

2.计量装置因故障烧毁或出现明显计量不准的情况，但供电部门以工作人员不够等为由，没有24小时内进行现场处理，使故障范围、退补金额、影响程度扩大，甚至引发更上一级的电网事件。

3.现场计量故障更换处理完，未拍照留证，没有让用户签字，用户因补交金额过大，以没有证明为由，拒绝补交电费或缩短补交时间来减少补交总额。

监督评价要点

检查计量装置故障处理质量是否达标：从采集系统中获取计量装置故障清单，在营销系统中核查是否超期处理，是否拍照留证，是否让用户签字确认，是否日期造假等。

防范措施

1.严格遵守《供电营业规则》和《国家电网公司电能计量故障、差错调查处理规定》。

2.加大对违规行为的检查力度。

3.加强对特殊故障处理的培训，不仅定期开展培训，而且对实际故障场景的模拟要融入日常培训。

政策依据

〔外部政策依据〕《供电营业规则》。

〔内部制度依据〕《国家电网公司电能计量故障、差错调查处理规定》（国网〔营销/4〕385—2014）等。

典型案例

〔案例描述〕某日，装接人员在日常系统查看中发现某高压用户C相电压断相，因第二天工作已经排满，于是第三天去现场与客户沟通并更换电能表，故障消除。但一时疏忽，装接人员未要求客户签字确认，现场也未拍照留证。回到单位，装接人员嫌计量故障流程麻烦，没有走计量故障流程，只走了电能表更换流程。一个月后被稽查人员发现，于是装接人员与客户沟通补交电费事宜，客户否认出现故障并拒绝补交电费，且告供电部门编造虚假情况，无真实有效证据。

〔案例评析〕装接人员没有在24小时内处理，使故障时间加长，补交金额增加。故障前未拍照留证，故障处理完之后也未让用户签字确认，而且主观上想要逃避补交工作。工作人员的一系列违规操作导致差错电量无法被追回，部门反被诬陷。

2 采集运维

2.1 用电/采集异常主站处置不到位

风险描述

1. 未在规定时限内对生成的用电/采集异常进行主站分析、派工处理。
2. 主站用电/采集异常分析不准确。

风险影响

1. 业务处理不及时，异常长期未恢复，造成电量损失或电量差错。
2. 业务处理不及时，降低用电/采集异常处理效率，导致异常长期未纠正。

监督评价要点

检查采集系统用电/采集异常工单处理情况：获取工单处理时长，检查异常是否超过规定时间处理，核查工单处理质量，是否存在同类异常反复出现的情况。

防范措施

1. 加强对用电/采集异常处理时限的管控，及时做好用电/采集异常分析判断，及时派工处理异常。
2. 定期开展对用电/采集异常运维处理人员的专业培训，提高其判断异常的准确性。

政策依据

〔内部制度依据〕《国家电网有限公司营销专业标准化作业指导书》；《国家电网公司用电信息采集系统运行维护管理办法》第十八条：计量在线监测主要对计量设备异常进行监控分析，监控各类系统预警事件信息，通过对电能表和采集终端中的电能计量数据、运行工况数据和事件记录等数据进行比对、统计分析，判断计量设备是否存在电量异常、电压电流异常、异常用电、负荷异常、时钟异常、接线异常、费控异常、停电事件异常等，并对异常问题派发处理工单。

典型案例

〔案例描述〕某日，采集系统生成电压断相用电异常，主站运维人员疏忽，未在规定时间内进行异常派工。后续用户当月缴纳电费时，发现与历史电费存在差距，实际由于计量二次回路中熔管故障，产生电量计量差错，需退补电费。

〔案例评析〕主站运维人员未在规定时间内完成用电异常处理，导致异常长期未纠正，电量计量出现差错，存在客户投诉风险。

2.2 采集数据不完整、不准确

风险描述

1. 主站任务、参数下发失败或下发不正确。
2. 采集设备故障、采集设备安装质量不合格。
3. 采集异常处理不及时，处理错误。
4. 因采集主站通信前置、网络设备或运营商等，故障发生，导致终端批量掉线，数据采集失败。
5. 采集设备软件版本维护不及时。

风险影响

1. 主站任务、参数异常，造成抄表失败，影响电费结算回收。
2. 采集设备故障、采集设备安装质量不合格，影响采集系统运行维护技术的考核指标。
3. 采集失败造成无法真实统计供用电电量，影响线损分析。
4. 终端批量掉线导致大量数据采集失败，影响业务正常开展。

监督评价要点

1. 检查采集失败用户采集任务、参数设置是否正确：获取采集失败用户清单，系统内核实对应终端的采集任务、参数设置情况。
2. 检查采集设备的安装质量：获取采集失败清单，对于同一采集终端下均无采集数据的异常，现场核查采集设备装接质量。

防范措施

1. 提升现场采集设备安装质量，避免出现安装质量问题引发的投诉。
2. 加强采集异常处理全流程管控，严格按照《国家电网有限公司营销专业标准化作业指导书》处理采集异常。
3. 定期开展对采集运维处理人员的专业培训，降低异常处理失误的概率。
4. 监控终端在线率和数据采集成功率，对终端在线率低于正常情况开展异常排查分析，及时消缺处理。

📋 政策依据

〔内部制度依据〕《国家电网公司用电信息采集系统运行维护管理办法》第十九条：采集业务应用情况监控主要包括每日跟踪采集业务应用情况及相关指标，并积极配合各业务应用部门对应用中发现的问题进行处理；第五十一条：对于采集器、通信接口转换器出现故障，运维人员接到工单后，应于2个工作日内到达现场，3个工作日内反馈结果。核对设备信息、检查设备供电状态、运行状态、接线、通信模块等问题，并及时进行维护或更换；第五十二条：对于高压及台区考核电能表采集失败，运维人员接到工单后，应于1个工作日内到达现场，2个工作日内反馈结果。核对设备信息，对设备供电状态、运行状态、接线、通信模块等问题进行检查，发现问题及时进行维护或更换。

📋 典型案例

〔案例描述〕A用户某月某日完成周期轮换工作，之后3天采集系统均无法采集该户电量数据，造成该公司日均采集成功率、同期线损指标下降，现场检查发现专变采集终端485口损坏是用户换表后多日无采集数据的原因。

〔案例评析〕现场装接人员采集设备安装质量不合格导致采集失败，进而造成采集成功率、线损指标下降。

2.3 现场设备巡视不到位

📋 风险描述

1.未结合用电检查、周期性核抄、现场检验、采集运维等工作开展现场设备的巡视。

2.采集终端、专变终端、回路巡检仪等巡视周期超过6个月。通信转接口、通信模块、低压电能表、低压互感器、计量箱等巡视周期超过一年。

3.有序用电和台风等灾害天气之后没有开展特别巡视。

📋 风险影响

1.采集数据丢失或掉线，造成抄表失败，影响电费结算回收。

2.采集设备损坏，增加企业成本。

3.采集数据丢失或掉线，造成电量估算不准，影响线损分析。

4.采集设备批量掉线导致大量数据采集失败，影响营销和生产各业务的正常开展。

监督评价要点

检查设备巡视是否到位：获取设备巡视计划，核查是否常态化开展设备巡视，是否结合计量设备巡视开展采集设备的巡视同时对已巡视的计量箱进行现场照片比对，确认是否为真实巡视，非造假。

防范措施

1. 常态化确定巡视周期，严格落实并执行。
2. 加强恶劣天气之后的特别巡视，不能拖沓，避免故障升级。
3. 定期开展对采集运维处理人员的专业培训，增强其服务意识和故障处理能力。

政策依据

〔内部制度依据〕《国家电网公司用电信息采集系统运行维护管理办法》第四十七条：现场设备的常规巡视应结合用电检查、周期性核抄、现场检验采集运维等工作同步开展；厂站采集终端、专变采集终端、集中抄表终端（集中器、采集器）、农排费控终端、回路状态巡检仪、高压及台区考核电能表，巡视周期不超过6个月；通信接口转换器、通信模块、低压电能表、低压互感器、计量箱巡视周期不超过12个月；在有序用电期间，或气候剧烈变化（如雷雨、大风、暴雪）后采集终端出现大面积离线或其他异常时，开展特别巡视。

典型案例

〔案例描述〕工作人员某月某日完成乡村批量计量箱轮换工作，之后的一年内未进行任何类型的巡视，直到有一天该区域部分用户电量数据无法采集，造成该公司日均采集成功率、同期线损指标大幅下降，现场检查发现部分计量箱门大开，雨水将采集设备打湿损坏，导致多日无采集数据。

〔案例评析〕工作人员没有按照《国家电网公司用电信息采集系统运行维护管理办法》的要求开展巡视工作，导致故障事件升级，造成更大的影响。

2.4 采集设备配置不合理

风险描述

1. 未按通信方式合理配置上下级采集设备及其附属模块。
2. 未按采集对象合理配置采集设备。

风险影响

1. 在上下级采集设备通信方式无法配对的情况下，无法实现数据采集。
2. 专变用户使用集中器采集数据，无法实现"三遥"控制等拓展功能。

监督评价要点

检查采集设备配置方案是否准确：获取采集失败用户清单，核查用户类型和采集方案匹配情况，监督整改不合理的采集方案；获取专变用户采集终端配置清单，检查专变用户使用集中器采集的情况，并现场改造。

防范措施

1. 营销系统中增加采集设备配置校验逻辑，防止误配，错配。
2. 定期开展对业务人员的专业培训，提高业务人员对采集设备知识的了解程度。

政策依据

〔内部制度依据〕《国家电网公司用电信息采集系统运行维护管理办法》第四十三条：现场设备运维对象包括厂站采集终端、专变采集终端、集中抄表终端（集中器、采集器）、农排费控终端、回路状态巡检仪、通信接口转换器、通信模块、电能表、低压互感器及二次回路、计量箱（含开关）、通信卡、本地通信信道等现场相关设备。

典型案例

〔案例描述〕某日，运维人员在集中器通信方式为窄带载波的台区下通过更换 HPLC 采集器进行采集运维，更换后用户数据仍无法获取。

〔案例评析〕运维人员未按通信方式合理配置上下级采集设备，导致用户数据无法采集，影响电费结算。

2.5 计量装置时钟管理不规范

风险描述

时钟异常未处理或未及时处理。

风险影响

时钟异常影响电能数据采集，负荷控制和峰谷电量计量出现差错。

监督评价要点

检查时钟异常处理的及时性：获取时钟异常清单，对异常工单进行分析，核实处理时限，核查工单质量。

防范措施

加强计量装置时钟异常管控，及时进行远程/现场对时或故障处理。

政策依据

〔内部制度依据〕《国家电网公司用电信息采集系统运行维护管理办法》第五十条（三）采集设备时钟错误，优先通过远程方式校时。对远程对时失败的采集设备须现场校时，现场对时失败的设备须更换。校时时刻应避免在每日零点、整点时刻附近，避免影响采集数据冻结。

典型案例

〔案例描述〕某日，采集系统报某客户计量装置时钟异常，采集人员疏忽，未在规定时间内进行对时处理。现场检查发现客户计量装置存在时钟电池欠压问题，该客户峰谷电量计量错误，须进行电费退补处理。

〔案例评析〕采集运维人员未在规定时间内完成时钟异常处理，异常长期未纠正，导致峰谷电量计量差错产生，存在客户投诉风险。

3 资产管理

3.1 库房管理不规范

风险描述

1. 未按规定开展库房设备维保，未定期（至少每月一次）检查仓库各种设备的状态。

2. 仓库库区规划不合理，储物空间未分区编号，库房温度、湿度等环境要求不达标。

3. 未按照规定盘点计量设备，领出未装设备长期未退库，库存上下限设置不合理，导致计量设备闲置或短缺。

风险影响

1. 未定期开展维保工作，仓储设备存在损坏风险。

2. 未按照规定监测环境指标，库房环境不合格，影响计量设备的准确性。

3. 未按照规定设置或规划库区，资产存放混乱。

4. 表库仓储限制设置不合理，电能表闲置，存在资源浪费风险。

5. 未定期开展盘库和异常资产清理，存在账实不符、资产流失风险。

监督评价要点

检查库存信息是否账实一致：获取系统内库存信息，检查是否与现场实际库存设备装填、数量、品类一致。

防范措施

1. 严格按照《国家电网公司计量资产全寿命周期管理办法》要求，落实专人负责管理制，定期检查设备状态，确保设备处于良好的使用状态。

2. 仓库库区应规划合理，储物空间分区编号，标识醒目，通道顺畅，便于盘点和领取设备，并监测库房环境。

3. 根据库存占比要求和实际使用要求，合理设置表库仓储量上下限值。

4. 定期盘点计量资产库房，确保信息系统内资产信息与实物相同。对于不一致的资产，如属物资调配错误的，由各级库房管理人员重新对物资进行库房调配，属于资产丢失的，按照丢失流程处理。

📋 政策依据

〔内部制度依据〕《国家电网公司计量资产全寿命周期管理办法》（国网〔营销/4〕390—2022）第三十五条 库房管理要求。库房应设有专人负责管理，定期（至少每月一次）对仓库各种设备状态进行检查，至少每半年进行一次自动化设备检修和保养，确保设备保持良好的使用状态；仓库库区应规划合理，储物空间分区编号，标识醒目，通道顺畅，便于盘点和领取；库房应具备货架、周转箱、设备的定置编码管理，相关信息应纳入信息系统管理；库房应干燥、通风、防尘、防潮、防腐、整洁、明亮、环保，符合防盗、消防要求，保证人身、物资和仓库的安全；库房内需配备必要的运输设施、装卸设备、识别设备、视频监控及辅助工具等设备；库房设备的出入库，应使用扫描条形码或电子标签方式录入信息系统。第三十八条 库存预警值的设定与盘点：（一）库存预警值的设定及超限处理；（二）盘点管理。

📋 典型案例

〔案例描述〕某公司表库管理人员未对储物空间分区编号，超过1年未盘点计量设备，后盘点时发现部分实物丢失。

〔案例评析〕资产管理人员未对储物空间分区编号，资产存放混乱，长期未盘点导致计量资产流失。

3.2 仓储不规范

📋 风险描述

1.计量设备未放置在专用的智能仓储设备上，落地放置，未装箱垒放整齐，未按不同状态、分类、分区放置。

2.封印管理不规范，未按规定存放在配置锁具的房间或储柜内。

📋 风险影响

1.设备混合存放，存在误报废风险。

2.未合理分类存储，存在资产丢失及调配错误的风险。

📋 监督评价要点

检查库房存放管理是否有序：现场检查库房的计量设备是否分类放置、

有序存放。

> **防范措施**

1.按库房存放管理要求对计量资产进行定置管理，有序存放，妥善保存。

2.设置封印存储专用房间或带锁的储柜。建立封印台账，专人负责封印发放和领用，落实履行封印发放手续。

> **政策依据**

〔内部制度依据〕《国家电网公司计量资产全寿命周期管理办法》（国网〔营销/4〕390—2022）第三十六条：库房存放管理要求。计量资产应放置在专用的储藏架或周转车上，不具备上架条件的，可装箱后以周转箱为单位落地放置，垒放整齐。人工库房应实行定置管理，有序存放，妥善保存；计量资产应按不同状态（新品、待检定、合格、待报废等）、分类（类别、等级、型号、规格等）分区（合格品区、返厂区、待检区、待处理区、故障区、待报废区等）放置，并具有明确的分区线和标识……；《国家电网公司电能计量封印管理办法》第十七条：封印建档入库。抽样验收合格后，省计量中心负责封印建档入库，并采取必要的防盗措施，对封印实施库存管理。第十九条：封印（钳）发放。省计量中心、地市、县供电企业营销部（客户服务中心）均应建立封印台账，指定专人负责封印发放和领用，封印发放信息应录入省级计量生产调度平台（MDS系统）和营销业务应用系统。封印发放人员填写"电能计量封印发放登记表"，封印领用人员签字确认后，方可履行封印发放手续。

> **典型案例**

〔案例描述〕某公司表库管理人员将封印堆放在人工库中，且领用台账缺失，盘点时发现封印实物数量与系统台账不一致。

〔案例评析〕资产管理人员未按规定将封印存放在配置锁具的房间或储柜内，且未落实封印发放手续，造成封印管理混乱，存在封印丢失风险。

3.3 出入库不规范

> **风险描述**

计量设备出入库未遵循"先进（检）先出、分类存放、定置管理"的原则。

> **风险影响**

1.出入库未遵循"先进（检）先出"原则，存在电能表合格在库状态达6

个月未进行功能性检查。

2.计量设备出入库未凭工单、传票出库，未在MDS或营销系统完成相关流程。

监督评价要点

电能表未进行功能性出库检查；现场检查库房计量设备是否分类放置，有序存放。

防范措施

1.严格按照《国家电网公司计量资产全寿命周期管理办法》要求，遵循"先进（检）先出、分类存放、定置管理"的原则。

2.加强电能表资产管理，及时核查领出未装电能表的状态：属于资产丢失的，按照丢失流程处理；已安装的尽快完成系统流程；不安装的退回入库。

政策依据

〔内部制度依据〕《国家电网公司计量资产全寿命周期管理办法》（国网〔营销/4〕390—2022）第三十七条：出入库管理。计量资产出入库应遵循"先进（检）先出、分类存放、定置管理"的原则。

典型案例

〔案例描述〕某公司表库管理人员盘点时发现一批入库时间超长电能表，因此配送至供电所催促其尽快使用，但电能表未进行功能性检查，运行一段时间后，发现电能表出现电池欠压情况。

〔案例评析〕电能表入库6个月以上的，安装前未进行功能性检查，结果出现电能表异常的情况。

3.4 计量箱管理不规范

风险描述

1.计量箱现场安装未同步完成系统流程。

2.现场计量箱编码与系统运行资产编号不一致。

3.计量箱库存数量与系统数量不一致。

风险影响

1.电能表无关联计量箱导致营配数据异常。

2.计量箱更换未走流程，盘点中出现资产信息与实物不一致。

3.计量箱管理不规范，存在资产丢失风险。

👍 监督评价要点

1. 计量箱库存资产检查：获取系统计量箱库存信息，检查其是否与库房实际计量箱数量一致。

2. 计量箱运行信息检查：获取系统计量箱运行信息，检查现场使用的计量箱与实际系统内计量箱资产编号是否一致。

🛡 防范措施

加强表箱资产管理，严格履行领用手续，属于资产丢失的，按照丢失流程处理。已安装的及时完成系统流程，确保资产信息与实物一致。

📋 政策依据

〔内部制度依据〕《国家电网公司计量资产全寿命周期管理办法》（国网〔营销/4〕390—2022）第三条：计量资产全寿命周期管理包括全寿命周期资产管理和全寿命周期质量评价，按采购到货、设备验收、检定检测、仓储配送、设备安装、设备运行、设备拆除、资产报废八个关键环节进行管理。

🔒 典型案例

〔案例描述〕某公司计量班人员改造某台区计量箱时，只更换现场表箱，未在营销系统同步执行表箱更换流程，导致表箱台账混乱。

〔案例评析〕工作人员更换表箱未同步进行流程闭环，造成系统库存信息和实物不一致。

3.5 拆回利旧不规范

📄 风险描述

1. 计量资产拆回处置未做留库处理。

2. 拆回智能电能表退库未及时开展设备分选，未正确分选出具备检测条件的拆回电能表。

3. 未抽样鉴定核查分拣计量资产，未技术鉴定核查申请报废资产。

4. 分拣检测合格及返厂维修合格电能表利旧前未进行装用前检定工作。

🛡 风险影响

1. 计量资产未按要求拆回留库，存在客户投诉风险。

2. 未及时分选设备，存在具备检测条件的电能表不能及时检测和电能表丢失风险。

3.可利旧电能表未利旧，造成资产浪费。

4.不合格电能表利旧使用导致计量误差，存在客户投诉风险。

监督评价要点

可利旧电能表是否按照要求利旧：获取电能表分拣数据，确定电能表是否按照要求实行待校验、待修理、待赔付、待报废四种分类处置。

防范措施

1.按规定对拆回的计量资产留库处置，满足留库要求后及时分拣设备。

2.通过集中抽样或本地抽样方式核查确保与市（县）测试项目相同情况下分拣结论的一致性。

3.按要求对电能表实行待校验、待修理、待赔付、待报废四种分类处置。

4.电能表分拣检测合格及返厂维修合格后，检定合格后方可安装再利用。

政策依据

〔内部制度依据〕《国家电网公司计量资产全寿命周期管理办法》（国网〔营销/4〕390—2022）第十九条：各级供电企业在计量资产拆除退库后，按照"及时分拣、充分利旧、规范处置"管理原则，包括拆回留库、设备分拣、鉴定核查、分类处置四个环节。

典型案例

〔案例描述〕某供电公司分拣合格电能表未进行装用前检定工作，直接使用未检定的电能表，换表后用户电量明显增加，用户怀疑表计异常进而投诉，检定后发现电能表误差超差。

〔案例评析〕分拣检测合格及返厂维修合格的电能表利旧前未进行装用前检定，出现电能表计量失准，引发用户投诉。

3.6 报废处置不规范

风险描述

1.SIM卡、计量设备、移动作业终端资产丢失做报废处理。

2.SIM卡、计量设备、移动作业终端资产合格误报废。

风险影响

1.资产丢失风险。

2.合格设备误报废，造成资产流失。

监督评价要点

报废计量设备是否满足报废要求：获取报废计量设备信息，检查是否符合报废要求。

防范措施

技术鉴定为不可利旧的资产应明确报废处置方式，并确保处置后营销业务系统、ERP系统账、卡、物信息一致。

政策依据

〔内部制度依据〕《国家电网公司计量资产全寿命周期管理办法》（国网〔营销/4〕390—2022）第十九条：各级供电企业在计量资产拆除退库后，按照"及时分拣、充分利旧、规范处置"管理原则，包括拆回留库、设备分拣、鉴定核查、分类处置四个环节。

典型案例

〔案例描述〕某公司表库资产管理人员王某盘点过程中发现一箱电能表丢失。王某未填写计量资产遗失单，将该箱电能表做报废处理。

〔案例评析〕资产管理人员未按照丢失流程处理，存在资产管理漏洞。

3.7 物联卡管理不规范

风险描述

1. 现场物联卡安装、更换，未完成业务系统信息录入。
2. 物联卡长期空置未销卡。
3. 物联卡未按照使用场景正确使用，或公卡私用。
4. 运行物联卡销卡。

风险影响

1. 未完成业务系统信息录入，导致账实不一致，影响后续采集运维。
2. 物联卡空置未销卡，运营商仍结算运营费用，导致无效资金浪费。
3. 未按照使用场景正确使用或公卡私用，导致物联卡超流量或流量未按预期正常使用，浪费资金。
4. 运行物联卡销卡，运营商停止服务，导致采集数据缺失。

监督评价要点

检查未使用的物联卡是否及时销卡：联合移动运营商获取空流量物联卡

清单，检查物联卡是否使用，满足销卡要求的及时销卡。

防范措施

加强物联卡账实管理，定期联合运营商盘查核对。

政策依据

〔内部制度依据〕《国家电网公司计量资产全寿命周期管理办法》（国网〔营销/4〕390—2022）。

典型案例

〔案例描述〕某公司人员在未核对物联卡运行信息时，对物联卡进行批量销卡工作，导致大批量设备无法进行数据采集。

〔案例评析〕进行物联卡资产管理时，应确保营销业务系统、现场运行和资产信息一致，确认物联卡退出运行后，方可联系运营商进行销卡。

4 计量档案

4.1 系统档案与现场不一致

风险描述

1. 涉及电量计算的档案错误，如互感器变比、电表参数和类别。
2. 营销系统底度录入与拆回表示数不一致。
3. 系统计量设备的运行状态与实际不符。
4. 计量点所属台区系统与实际不符。

风险影响

1. 涉及电量计算的档案错误，如互感器变比、电表参数和类别，导致实际电量与系统计算电量不一致，出现电量差错。
2. 营销系统底度录入与拆回表示数不一致，导致电量差错，引发计量纠纷。
3. 系统计量设备的运行状态与实际不符，导致采集失败不能及时处理、系统基础信息数据错误。
4. 计量点所属台区系统与现场不符，导致系统基础信息数据错误，线损计算出现误差。

监督评价要点

1. 检查计量档案准确性：获取用户类型、互感器变比、电能表参数等，核实涉及电量计算的档案是否存在异常。
2. 检查电能表拆回底度录入准确性：获取分拣电能表上台体底度、营销系统底度录入不一致清单，确认不一致原因，对录入错误予以纠正。
3. 检查台户关系一致性：获取台户关系不一致用户清单，现场核查真实归属关系。

防范措施

结合计量设备检定，通过通信功能检测，实现营销业务系统资产管理与实际计量设备之间的相互核查，从流程管理上保证计量参数、类别与营销业务系统数据完全相符。

政策依据

〔内部制度依据〕《国家电网公司计量资产全寿命周期管理办法》（国网〔营销/4〕390—2022）第十九条：电能表拆回处置按照《国家电网公司电能表拆回分拣管理办法》执行；《台区同期线损异常处置手册》夯实台区基础档案……充分利用营配贯通成果，做好电网设备台账、电网拓扑、运营数据的共享和贯通工作，建立信息数据维护和治理常态工作机制，保证线损计算数据源的唯一性、完整性、准确性。

典型案例

〔案例描述〕某单位一个台区线损长期异常，多次核查分析后发现公变终端的计量CT某一相变比错误，导致供电量多计，影响线损。

〔案例评析〕现场工作人员未核实现场实际情况，导致系统参数与现场不符，导致电量计算出现差错。

4.2 留档资料管理不规范

风险描述

1. 轮换、故障更换电能表时，未按规定对底度拍照存档。
2. 计量档案未按规定的存档周期留档。

风险影响

1. 轮换、故障更换电能表时，未按规定对底度拍照存档，用户咨询或者上级检查时无法提供证明。
2. 计量档案未按规定的存档周期留档，计量基础数据台账缺失。

监督评价要点

1. 检查电能表更换留档资料的规范性：获取轮换、故障电能表清单，进入系统查看底度照片、新装照片等是否齐全。
2. 检查计量档案存档的规范性：获取计量档案台账，检查周期性存档管理情况，是否存在未按规定开展留档工作的情况。

防范措施

1. 更换电能表时，应采取自动抄录、拍照等方式保存底度等信息，并按规定的存档周期存档备查。

2.定期检查系统台账资料。

📋 政策依据

〔内部制度依据〕《国家电网公司计量资产全寿命周期管理办法》（国网〔营销/4〕390—2022）第十九条：电能表拆回处置按照《国家电网公司电能表拆回分拣管理办法》执行；第四十一条：……归档材料应严格按照要求整理，装订成册，编号入档，分类存放。

🔒 典型案例

〔案例描述〕某供电单位更换某故障电能表时未通知用户，也未对拆下电能表的底度拍照存档。用户发现电能表被更换，致电"95598"要求查看拆表底度照片，供电单位无法提供证明引发用户不满。

〔案例评析〕工作人员更换电能表时未落实底度告知和底度留档工作，当用户询问时无法提供证据，引发用户不满。

5 台区线损

5.1 台区责任制未落实

风险描述

1. 单位未按照规定落实台区责任人管理制度。
2. 台区责任人未签订台区线损管理责任书。
3. 台区责任人未按照责任制度承担起台区线损统筹治理工作的角色。

风险影响

台区线损管理工作涉及多专业综合性工作，没有全面落实台区责任制，没有从制度执行和人员管控角度提高台区线损治理能力，容易导致台区线损治理无序开展，不同专业人员作业不能协同、有效、及时开展。

监督评价要点

1. 检查《台区线损管理责任书》是否签订：获取《台区线损管理责任书》签订情况和签订内容，检查台区经理是否书面明确台区线损管辖范围、工作分配、奖惩条件等内容。

2. 检查台区经理工作日志是否完整：获取台区经理日常作业内容，检查台区经理是否按照《台区线损管理责任书》要求开展日常台区线损治理工作。

防范措施

建立健全线损管理责任制，将台区管理责任明确到台区经理，签订管理责任书，发挥台区经理的设备主人管理制度的职责，确保管理责任到位。

政策依据

〔内部制度依据〕《台区同期线损异常处置手册》健全台区同期线损管理架构。坚持"统一领导、分级管理、分工负责、协同合作"的原则，明确省、市、县、所四级台区线损管理的责任主体，将台区同期线损管理的责任指标分解到各专业、各岗位，责任到人，构建"责、权、利"一体的台区同期线损管理架构，推进台区同期线损管理与专业管理融合，形成管理合力。

🗂 典型案例

〔案例描述〕某单位用电信息采集系统内部分台区未配置台区责任人，查询单位资料台区线损管理责任书未签订，其中某台区线损异常，户变关系检查、用电检查、计量检查、公变总表运维等专业作业没有专门负责人统一协调作业，导致线损异常长期未得到有效处理。

〔案例评析〕该单位未落实台区责任制，部分台区管理缺失，线损长期异常未处理。

5.2 营配调数据变更未及时贯通

📋 风险描述

1. 台区技改或新建工作缺乏有效的协同流程，生产营销业务未同步进行。
2. 系统户变关系与现场不一致。
3. 业扩新增用户的台区挂接关系异常。
4. 台区新增布点及线路切划时户变关系错位或系统数据同步不及时。

🗨 风险影响

1. 台区技改或新建工作营销生产未同步，导致线损统计异常。
2. 系统户变关系基础数据错误，造成台区线损错误计算。
3. 新建台区及切划台区线损统计异常。

👍 监督评价要点

1. 检查台区现场施工日志和营配系统是否一致：获取新建和技改台区现场施工数据和台区建档和计量点数据，检查台区现场作业和营配系统数据建档是否同步进行，参数是否一致。

2. 检查现场户变关系和营销系统是否一致：获取现场和营销系统中用户和台区的对应关系，检查用户对应台区关系是否准确。

3. 检查台区现场施工后是否及时在营配系统中开展档案更新：获取现场台区切划、采集设备迁移与营销系统变更数据，检查台区切划、采集迁移和营销系统数据及变更日期是否一致，台区线损值是否存在异常变动。

🛡 防范措施

强化新增、变更台区、用户信息系统与现场一致性管控。按照营配数据一致性处理要求，确保营销生产同步开展业务，杜绝人为调整营配数据提升线损达标率，台区切划时应严格校核用户切划数据的准确性。

政策依据

〔内部制度依据〕《台区同期线损异常处置手册》夯实台区基础档案……充分利用营配贯通成果，做好电网设备台账、电网拓扑、运营数据的共享和贯通工作，建立信息数据维护和治理常态工作机制，保证线损计算数据源的唯一性、完整性、准确性。

典型案例

〔案例描述〕某单位 A 台区和 B 台区连续 10 天负损和高损，查询生产工作计划及现场户变关系发现 A 台区因负荷过大，将部分用户割接至 B 台区，因系统流程未调整，两台区线损连续不标。

〔案例评析〕该单位未按照营配数据一致性处理要求开展工作，流程与现场不一致导致线损计算异常。

5.3 台区总表的装接运维及故障处理不及时

风险描述

1. 档案错误或台区总表装接错位。
2. 台区总表计量回路中挂接其他监测设备。
3. 存在分布式电源的台区配变终端未投运双向计量任务。
4. 台区总表故障处理不及时。

风险影响

1. 档案错误或台区总表装接错位造成台区关口电量无法获取或获取错误数据。
2. 台区总表计量回路中挂接其他监测设备造成总表计量精度下降，关口电量少计。
3. 采集系统未投运双向计量任务，台区存在分布式电源向上级电网倒送电，但台区关口未正常统计上网电量。
4. 台区总表故障导致关口电量没有计量或无法获取。

监督评价要点

1. 检查现场台区总表运行状态是否与系统一致：获取台区总表与台区对应关系、计量回路信息、总表计量情况和通信状态。检查台区总表计量运行是否正常，与营配系统档案是否一致。

2.检查总表参数任务是否正确：获取用电信息采集系统内台区总表参数与任务信息，检查台区总表参数设置是否正确，任务投运是否正常。

防范措施

安装更换台区总表时应严格核对台区信息和计量信息；加强采集系统中台区参数及任务设置管控，有效获取足够的计量数据；加大台区总表维护力度，保证台区总表运行的可靠性。严格控制计量回路中非计量装置的接入。

政策依据

〔内部制度依据〕《台区同期线损异常处置手册》加强技术降损管理。加强公用配变无功运行管理，实现无功分相动态就地平衡，控制台区功率因数不低于0.95；开展三相负荷不平衡治理，实现配变负载均衡；加强低电压治理、裸导线绝缘化改造等，努力降低线损损耗。

典型案例

〔案例描述〕采集系统监测到某台区日线损率9月稳定在-5%左右，台区日线损率表现为负损，核查发现该台区户变关系、总表及倍率设置等均无误，但是总表CT二次回路中并联连接了用于无功补偿器的采样电流表，导致流入总表的电流被分流，关口计量不准确。

〔案例评析〕为保证计量的准确性，计量回路不应额外挂接电压监测、谐波监测等其他设备。

5.4 用户表计的装接运维及故障处理不及时

风险描述

1.用户新装增容或表计更换后营销采集系统没有及时完成数据同步。

2.计量错接线，表计接线错误，互感器接线错误。

3.表计故障，表计飞走、停走、慢走、潜动等异常未及时处理。

4.计量装置配置不合理：计量电流超量程计量导致计量精度下降、计量综合倍率系统与现场不一致。

风险影响

1.表计参数系统档案未更新导致计量数据不能正常上传，影响线损统计计算。

2.计量装置不能正常工作，导致电量统计缺失，计算的线损值偏大。

👍 监督评价要点

1. 检查采集装接运维是否及时：获取用电信息采集系统内待投状态用户数据，检查新装增容用户数据是否及时同步到用电信息采集系统，是否及时完成装接运维。

2. 检查计量异常工单是否及时处理：获取用电信息采集系统内计量异常工单信息、过流用户数据，核查计量异常是否及时处理，用户是否存在超量程计量造成计量失准的情况。

防范措施

1. 新装及更换计量装置后应及时完成系统流程及参数设置，确保计量数据及时获取。

2. 加强表计运行监控管理，保证计量准确。

政策依据

〔内部制度依据〕《国家电网公司计量标准化作业指导书》装拆与运维分册（上）第4章：高压电能计量装置故障处理标准化作业指导书、第5章经互感器接入式低压电能计量装置故障处理标准化作业指导书、第6章直接接入式电能计量装置故障处理标准化作业指导书。

典型案例

〔案例描述〕某单位某台区线损长期异常，户变关系正确、公变电量正确计算，查询用户负荷发现某用户现场使用5（60）A电能表，实际最大电流有100A超表计量程用电，造成表计计量失准。用户更换带互感器的电能表后线损恢复正常。

〔案例评析〕工作人员未及时完成计量异常消缺处理，导致台区线损异常。

5.5 低压采集的装接运维及故障处理不及时

风险描述

1. 采集新装或更换未及时完成系统接入调试。
2. 电能表数据采集失败，未及时处理。
3. 现场通信信号弱，造成上传的采集数据缺失。

风险影响

用户采集数据缺失导致台区售电量不能正确计算，影响台区线损。

监督评价要点

1.检查工单处理质量是否符合工作要求：获取用电信息采集系统低压采集异常工单信息，检查是否及时处理低压采集故障和采集数据是否恢复；现场检查运行异常的低压采集设备，获取低压采集设备运行情况，检查采集设备通信信号弱的现场工作环境及处置情况。

2.检查低压采集设备运维现场与系统调试是否同步：检查低压采集设备安装工作日志，获取现场低压采集设备的安装数据，检查现场作业和营销系统采集系统调试时间是否同步。

防范措施

1.提升现场采集设备的安装质量，避免安装质量问题引起的风险。

2.加强采集异常处理全流程管控，严格按照《国家电网有限公司营销专业标准化作业指导书》进行采集异常的处理。

3.定期开展对采集运维处理人员的专业培训，提升采集运维队伍作业水平。

4.通信信号导致采集工作异常的，实行更换通信商、运用加强天线或安装信号放大器等措施。

政策依据

〔内部制度依据〕《国家电网公司用电信息采集系统运行维护管理办法》第十九条：采集业务应用情况监控主要包括每日跟踪采集业务应用情况及相关指标，并积极配合各业务应用部门对应用中发现的问题进行处理；第五十一条：对于采集器、通信接口转换器出现故障，运维人员接到工单后，应于2个工作日内到达现场，3个工作日内反馈结果；第五十二条：对于高压及台区考核电能表采集失败，运维人员接到工单后，应于1个工作日内到达现场，2个工作日内反馈结果。

典型案例

〔案例描述〕某单位B台区线损长期偏高，户变关系正确、公变电量正确计算，核查用户电量发现某用户长期采集缺失，查询营销系统用户以手工抄表方式有电量发行，未计入台区日线损造成台区高损。

〔案例评析〕工作人员未及时完成采集异常消缺处理，导致台区线损统计异常。

5.6 特殊用电用户未处置直接接入台区

风险描述

1. 台区各相用户的负荷挂接不均衡。
2. 台区存在较大的冲击负荷，影响电能质量和计量精度。
3. 台区用户存在较大的无功负荷不能有效补偿。
4. 多用户参考表计量设置不合理，不同用电设备的用户统一参考设置，主参考用户与被参考用户不在同一台区。
5. 参考用户用电设备更新后没有及时对参考值进行核定或单独装表处理。
6. 存在监控、数字电视、通信、路灯等无表无户用电情况。

风险影响

台区单相负荷挂接不均衡，导致台区零相电流过大及零线线损过大；台区存在参考计量用户或无计量用户，无法精准计量用户实际用电量，或者将用电量统计到主参考用户台区，造成该台区售电量统计不准确；冲击负荷、无功负荷影响准确计量，实际线路运行线损偏大。

监督评价要点

1. 检查是否存在特殊性质负荷：获取低压用户的统计台账，核查低压特殊负荷用户数据，检查台区是否存在冲击负荷等特殊用户未处理。
2. 检查营销系统内用户参考表设置是否合理：获取系统中参考用户台账和设置情况，检查是否存在参考表用户设置不合理导致线损异常的情况。
3. 检查是否存在未立户未装表用电：现场抽查监控、红绿灯等用户，获取该类用户现场的立户和装表情况，检查是否存在未立户未装表的情况。
4. 检查用户三相负荷分布是否均衡：获取用电信息采集系统内台区总表电流和功率因数数据，检查三相电流分布是否较为均衡，检查台区无功电量补偿情况。

防范措施

1. 开展三相负荷不平衡治理，实现配变三相负载均衡。
2. 对无表用电户进行装表改造；确无法全面普及装表的小负荷同类型用

户，应将主参考用户设置在同台区，并精确设备运行负荷。

3.提高台区无功电量就地补偿能力，对实际用电负荷超过100千瓦的用户调整用户合同容量，进行功率因数考核，消除无功负荷的影响。

4.加强台区内冲击负荷、波动负荷的用电情况监督整治。

政策依据

〔外部政策依据〕《供电营业规则》第七十条：供电企业应在用户每一个受电点内按不同电价类别，分别安装用电计量装置；《供电营业规则》第五十六条：用户的冲击负荷、波动负荷、非对称负荷对供电质量产生影响或对安全运行构成干扰和妨碍时，用户必须采取措施予以消除。如不采取措施或采取措施不力，达不到国家标准GB 12326—90或GB/T 15543—1995规定的要求时，供电企业可中止对其供电。

〔内部制度依据〕《国家电网公司电力系统电压质量和无功电力管理规定》第十二条电网企业的电压无功管理：（一）认真贯彻执行上级部门的有关规定和调度命令，负责做好本地区无功补偿装置的合理配置、安全运行及调压工作，保证电网无功分层分区就地平衡和各结点的电压质量合格。

典型案例

〔案例描述〕某单位A台区线损长期偏高，且损耗电量相对平稳。台区检查发现台区内有多个新改造的带夜间照明设备的治安监控摄像装置运行没有安装表计计量，长期处于无表定量计量，且电量按照早期设备用电电量核定。导致售电量统计偏小。

〔案例评析〕为精确台区电量统计计算，各类负荷都应装表计量。无表定量、无表参考等都易引起用户实际用电量有偏差，尤其是用户后期设备更新换代后用电负荷发生变化，但实际无表计量统计仍按照老的负荷统计，导致台区售电量不能实时准确统计计量。

5.7 台区自备电源、分布式电源私自反送电

风险描述

1.无双方向表计计量，私自反送电，造成负损。

2.低压光伏安装比例较大，部分电量通过公变反送至中压线路。

风险影响

用户私自反送电，造成台区线损统计负损；低压光伏安装比例较大，发电量本台区不能全部消纳，部分电量通过公变反送至中压线路，变压器的反损耗计入线路损耗，造成台区线损升高。

监督评价要点

1. 检查台区用户自备电源是否反送电：获取台区自备电源分布情况、配置容量及运行情况，检查台区是否存在自备电源反送电。

2. 检查台区是否存在反送电：获取用电信息采集系统内台区总表反向电量数据，检查台区是否有反送电情况。

3. 检查分布式电源装载比例是否不合理：获取营销系统内台区分布式光伏电源发电功率及台区负荷分布情况，检查台区是否存在分布式电源装载比例过大情况。

防范措施

全面核对台区内装设的分布式电源是否经计量接入电网；全面核查台区内用户自备电源是否通过双掷开关等防倒送装置与用电设备连接。

政策依据

〔内部制度依据〕《光伏电站接入电网技术规定》（Q/GDW 617—2011）小型光伏电站总容量原则上不宜超过上一级变压器供电区域内的最大负荷的25%。

典型案例

〔案例描述〕某小区台区线损经常出现负损情况，核查发现该小区在建设初期，为符合政府的小区能耗标准，在公寓屋顶安装光伏发电装置，并接入物业线路中提供物业用电，但没有将物业计量关口申请为双方向计量关口，未消纳的电量直接送入台区公线，造成台区线损负损。

〔案例评析〕自备电源、分布式电源都应在规定的技术要求配置下应用，不然可能对安全及线损造成影响。

5.8 反窃查违现象未及时处置

风险描述

1. 台区用电户存在窃电行为未查处。

2.超容量用电使计量装置超量程运行，导致计量失准。

风险影响

窃电及超容量用电导致电量统计缺失或计量失准，台区线损治理困难。

监督评价要点

1.检查是否存在窃电现象：现场检查系统，分析可疑用户，获取现场用电情况和计量情况，现场检查是否存在窃电行为。

2.检查是否存在超容等违约用电行为：获取采集系统负荷超容工单，检查超负荷用电用户是否长期违规用电，现场计量是否超量程运行造成计量失准。

防范措施

1.加强台区反窃查违巡视，及时查处并处置窃电及违约用电行为。

2.加强台区线损监控，对台区线损异常波动情况及时开展现场排查。

政策依据

〔外部政策依据〕《供电营业规则》第一百零二条：供电企业对查获的窃电者，应予制止并可当场中止供电。窃电者应按所窃电量补交电费，并承担补交电费三倍的违约使用电费。拒绝承担窃电责任的，供电企业应报请电力管理部门依法处理。窃电数额较大或情节严重的，供电企业应提请司法机关依法追究刑事责任。

〔内部制度依据〕《国家电网有限公司反窃电管理办法》。

典型案例

〔案例描述〕某单位B台区线损长期偏高，户变关系正确，公变电量正确计算，现场巡查发现有用户窃电行为，绕越计量装置用电，造成台区高损。

〔案例评析〕工作人员对窃电用户线路进行整改，停止窃电行为，并按照《供电营业规则》追补电费及违约金。

第四部分
用电检查风险

1 重要电力用户管理

1.1 重要电力用户认定不规范

风险描述

1. 重要用户梳理不到位，重要用户漏认、错认或定级不准确。
2. 重要用户名单未经政府相关主管部门认定和发文明确。

风险影响

1. 重要电力用户未被准确认定，有序用电方案、限电序位表未能剔除，造成高危客户等重要客户供电中断，且不能有效应对突发停电，引起安全事故。
2. 未经政府发文认定，重要电力用户无法得到政府有关部门的有效管理和监控，影响有关安全措施的落实。

监督评价要点

重要用户认定是否正确：获取政府下发的重要客户认定表，检查是否所有重要用户经政府审批认定。

防范措施

1. 严格按照《供电营业规则》《重要电力用户供电电源及自备应急电源配置技术规范》等规定对重要电力用户进行梳理认定。
2. 每年梳理和更新重要电力用户名单，及时上报政府主管部门，由其发文认定。

政策依据

〔外部政策依据〕《重要电力用户供电电源及自备应急电源配置技术规范》（GB/T 29328—2018）重要电力用户界定要求。

典型案例

〔案例描述〕某化工用户破产重组申请过户某有限公司，但在2021年年底供电公司未及时梳理上报政府部门，下发的批复与供电公司管理的用户名称不符。

〔案例评析〕该供电公司未定期梳理和更新重要用户名单，未及时上报政府主管部门，由其发文认定。

1.2　重要用户电源配置不规范

风险描述

1.供电电源回路数不满足重要电力用户等级要求。

2.重要电力用户供电电源的切换时间和切换方式不满足保安负荷允许断电时间的要求。

3.重要电力用户任一电源发生故障，其余供电电源不能保证独立正常供电需求。

风险影响

1.重要电力用户供电电源回路数不满足要求，造成单电源供电，降低供电可靠性。

2.在发生故障情况下，切换装置无法满足保安负荷需求，导致供电中断。

3.电源供电容量不能保证独立正常供电需求，用户无法连续正常生产。

4.重要用户多路供电电源由同一变电站同一母线供电，降低供电可靠性。

5.重要电力用户多回路电源同杆架设（同沟敷设），一路发生故障时存在同步失电风险，不能保证独立正常供电需求。

监督评价要点

电源配置是否符合客户认定等级的配置要求：核查重要客户电源配置是否合理，是否按要求配置应急电源。

防范措施

1.督促用户按照重要电力用户等级要求申请配置电源回路。

2.建议用户采取技术措施减少电源切换时间、更改切换方式以满足持续供电要求。

3.因电网原因造成供电电源不能保证独立正常供电需求的，应加强网架建设与改造，提供满足用户安全用电的电源；用户设备导致电源供电容量限制的，应要求用户更换或改造设备，或申请增容增加供电电源容量。

4.重要电力用户配置电源时宜规避同杆或者同沟敷设。

政策依据

〔外部政策依据〕《重要电力用户供电电源及自备应急电源配置技术规范》

（GB/T 29328—2018）供电电源配置原则及要求。

典型案例

〔案例描述〕某供电公司的二级重要电力用户由双电源供电，供电方式为一供一备，用户日常使用主用电源，备用电源已长时间未投入运行，且用户未进行预试，该备用电源不具备正常运行条件，导致该二级重要电力用户单电源运行。

〔案例评析〕用户忽视电源线路的日常管理，未能满足重要电力用户供电电源配置要求。

1.3 重要用户自备应急电源配置管理不规范

风险描述

1. 未配备或未按照规定配备自备应急电源。

2. 用户擅自变更自备应急电源接线方式或拆除闭锁装置，以及引发其他向公共电网送电。

3. 自备应急电源没有按照规定进行正常维护与定期启动试验，在突发情况下不能及时投入，或发生故障后长期不修复。

4. 用户自备应急电源新装及其业务变更未办理相关手续，未签订自备应急电源使用协议即投入使用。

风险影响

1. 当网供电源中断，未配备自备应急电源或自备应急电源无法及时启动，保安负荷失电，引发各类安全事故。

2. 自备应急电源接线闭锁装置不合格，引发自备应急电源向电网倒送电。

3. 自备应急电源未办理相关手续，未签订自备应急电源使用协议，将无法掌握自备应急电源运行状况，无法明确供用电双方安全责任。

监督评价要点

1. 自备应急电源配置是否合理：核查重要用户是否配置满足全部保安负荷120%容量的自备应急电源。

2. 自备应急电源是否定期进行安全检查、预防性试验、启动试验和切换装置切换试验。

防范措施

1.要求用户配置满足要求的自备应急电源。自备电源类型、容量、启动时间、运行时间必须满足保安负荷正常启动和带载运行的需求。

2.自备应急电源与电网电源之间必须正确装设切换装置和可靠的联锁装置，确保在任何情况下，不并网自备应急电源均无法向电网倒送电。

3.要求新装自备应急电源及其业务变更要向供电公司办理相关手续，并与供电公司签订自备应急电源使用协议，明确供用电双方的安全责任后方可投入使用。

政策依据

〔外部政策依据〕《重要电力用户供电电源及自备应急电源配置技术规范》（GB/T 29328—2018）自备应急电源配置要求。

典型案例

〔案例描述〕某甲级医院为二级重要电力用户，因场地所限无法配置自备应急电源，上级电网计划检修该医院单电源供电，无后备措施保证医院安全用电。

〔案例评析〕用户未重视自备应急电源配置，当网供电源中断时，无法保证重要负荷或保安负荷用电。

1.4 重要用户运行管理不规范

风险描述

1.未按照要求汇总重要电力用户名单及政府批复认定文件。

2.未按照"一户一档"的要求建立重要电力用户管理台账，或台账与现场实际情况不符。

3.未建立重要电力用户缺陷隐患管理制度，未落实隐患排查、告知、报备、督导工作。

4.未按要求在营销系统内对重要电力用户进行标签管理。

5.未按要求合理配置非电保安措施。

风险影响

1.设备发生故障时，主接线方式、运行方式不能满足要求，导致备用电源不能及时投入使用，引发失电风险。

2.电源失电状况下，缺少非电性质保安措施，导致重要负荷后备保障丢失，引发各类安全事故。

3.无法有效预防事故的发生，突发停电应急处理能力不足，导致事故进一步扩大。

监督评价要点

重要用户运行管理是否到位：核查重要客户是否严格落实关于高危及重要客户"四到位"管理要求；是否上传检查结果通知书、限期整改告知书，并且资料完善合规。

防范措施

1.要求用户按重要负荷分级的要求配置主接线方式，按重要电力用户等级要求调整运行方式；并在业扩供电方案及初步设计方案中予以明确。

2.要求重要用户配备非电性质保安措施，并在供用电合同中明确不具备非电保安措施应承担的安全责任。

政策依据

〔内部制度依据〕《国家电网有限公司业扩供电方案编制导则》（Q/GDW 12259—2022）中用户电气主接线、重要用户运行方式等要求；《国家电网公司关于高危及重要客户用电安全管理工作的指导意见》（国家电网营销〔2016〕163号）重要电力用户基础管理有关要求。

典型案例

〔案例描述〕某110千伏化工企业用电设备存在一级重要负荷，在接入系统批复文件中将用户主接线模式定为桥形接线，与《国家电网有限公司业扩供电方案编制导则》中110千伏负荷客户应采用单母线分段接线或双母线接线相悖，后重新讨论确定该用户初设和后期建设中按母线分段接线配置。

〔案例评析〕供电公司应协助用户根据《国家电网有限公司业扩供电方案编制导则》按照重要负荷分级的要求配置主接线方式，用户应按重要电力用户等级要求调整运行方式。

1.5 重要用户档案不完善

风险描述

1.未按照要求汇总重要电力用户名单及政府批复认定文件。

2.未按照"一户一档"的要求建立重要电力用户管理台账，或台账与现场实际情况不符。

3.未建立重要电力用户缺陷隐患管理制度，未落实隐患排查、告知、报备、督导工作。

4.未按要求在营销系统内对重要电力用户标签管理。

风险影响

1.政府主管部门无法对重要用户进行有效监管；发生事故不能有效免责。

2.重要电力用户安全无法保障到位，隐患不能及时整改，可能造成隐患不在控、不可控。

监督评价要点

重要用户档案信息是否正确：核查是否及时维护重要客户名单及信息，维护信息是否正确；设备档案信息、联系信息等是否与实际一致，更新是否及时。

防范措施

1.应每年统一组织梳理重要电力用户名单，并定期将重要电力用户增减、变更情况报送当地政府部门。

2.严格按照"一户一档"的要求建立重要电力用户管理台账，全面完善高危及重要客户的供电电源、自备电源配置和设备运行健康情况等内容，及时更新相关信息。

3.按规定开展重要电力用户隐患排查工作，督促用户落实治理措施，供电公司应留有纸质的现场核查、隐患告知、政府报备、整改闭环资料。

政策依据

〔内部制度依据〕《国家电网公司关于高危及重要客户用电安全管理工作的指导意见》（国家电网营销〔2016〕163号）重要用户规范检查工作与加强档案管理的要求。

典型案例

〔案例描述〕某供电公司提供的重要用户清单内，35千伏某化工有限公司为二级重要用户，但政府批复文件中未体现。核查发现该化工有限公司已不再是重要用户，该供电公司未在营销业务系统内对该用户的档案信息进行相应变更。

〔案例评析〕该供电公司未规范开展高危及重要客户的定级工作，造成高危及重要客户名单不准确。

2 客户安全管理

2.1 检查计划制订不规范

风险描述

1. 工作人员未制订周期检查计划。
2. 未按规范安排检查周期，未区分重要用户检查周期。
3. 检查计划未录入营销业务系统。

风险影响

1. 由于用电检查人员无法掌握现场检查周期，导致需要检查的用户遗漏，现场缺陷隐患无法及时发现并整改。
2. 未在营销业务系统制订检查计划，检查人员与检查周期不可控。

监督评价要点

检查周期用电检查计划是否符合公司管理规定：获得周期检查计划，核对检查计划是否包括检查对象、检查内容、检查时间，并检查其合理性、科学性和可行性，检查人员是否具有相关资质和能力等。

防范措施

1. 制订周期性用电检查计划，落实周期性检查的考核制度。
2. 将检查计划及时规范地录入营销业务系统。

政策依据

〔内部制度依据〕《国家电网公司关于高危及重要客户用电安全管理工作的指导意见》（国家电网营销〔2016〕163号）第二项第一款：各单位要合理制定高危及重要客户检查周期，确保及时发现各类供用电隐患。特级、一级高危及重要客户每3个月至少检查1次。二级高危及重要客户每6个月至少检查1次。临时性高危及重要客户根据其现场实际用电需要开展用电检查工作。

典型案例

〔案例描述〕某供电公司未将其中一户35千伏一级重要用户录入营销系

统，制订的用电检查年计划仍按35千伏及以上电压等级的用户6个月检查1次标准执行，后及时发现，重新制订该用户用电检查年计划，重新安排检查周期——每3个月至少检查1次。

〔案例评析〕工作人员未考虑重要用户检查周期，错误制订年计划，如果未能及时对重要用户发起用电检查，可能造成现场缺陷隐患无法及时发现并整改。

2.2 现场检查不规范

风险描述

1. 未按照检查计划开展现场用电检查。
2. 用电现场检查时，用电检查人员没有达到两人及以上，代替客户操作客户设备。
3. 未按要求穿戴安全防护用品。
4. 台区现场检查工作落实不到位，未按要求规范佩戴供电服务记录仪。
5. 现场检查未与带电线路、带电设备保持足够安全距离。
6. 用电检查人员到现场没有出示有效证件。
7. 用电检查工作未正确使用现场作业工作卡。

风险影响

1. 未按照规定的周期计划开展定期安全检查或专项安全检查，潜在的安全风险不能及时发现，隐患得不到及时、有效整改，可能导致客户电气事故和人身伤害事故的发生。
2. 未按规范要求开展用电检查，无法有效防范现场意外情况，现场检查人员人身安全存在风险。
3. 代替客户操作受电装置和电气设备，可能导致客户设备损坏，存在安全风险；存在设备赔偿的法律纠纷；存在人身伤害、泄露用户机密引发的法律风险。
4. 台区线损检查未落实到位，用户违约用电、窃电、私自转供电情况无法及时发现，给供电公司造成经济损失。未按要求规范佩戴供电服务记录仪，无法证明现场服务行为及情况，可能产生事件纠纷，遭到客户恶意投诉及扯皮赖账。

监督评价要点

检查确定的高危及重要客户检查周期是否合理，能否确保及时发现各类供用电隐患。特级、一级高危及重要客户是否每3个月至少检查1次。二级高危及重要客户是否每6个月至少检查1次。临时性高危及重要客户是否根据其现场实际用电需要开展用电检查工作。

防范措施

1.制订周期性用电检查计划，落实周期性检查的考核制度。

2.执行用电检查任务之前，用电检查人员应认真填写统一格式的《用电检查工作单》，经主管领导批准后才能到客户处检查。

3.用电检查人员实施现场检查时，人数不应少于两人，应穿工作服、绝缘鞋（靴）、戴安全帽，并携带必要的安全工器具，佩戴供电服务记录仪。

4.用电检查人员不得替代客户操作电气设备。

5.用电检查人员安排低压用户用电检查，应事先了解所属台区线损情况，有针对性地开展检查工作。

6.现场检查工作应规范填写现场作业工作卡。

政策依据

〔外部政策依据〕《供电营业规则》第四十八条：供电企业和用户分工维护管理的供电和受电设备，除另有约定者外，未经管辖单位同意，对方不得操作或更动；如因紧急事故必须操作或更动者，事后应迅速通知管辖单位。

〔内部制度依据〕《国家电网公司关于高危及重要客户用电安全管理工作的指导意见》（国家电网营销〔2016〕163号）第二项第一款：各单位要合理制定高危及重要客户检查周期，确保及时发现各类供用电隐患。特级、一级高危及重要客户每3个月至少检查1次。二级高危及重要客户每6个月至少检查1次。临时性高危及重要客户根据其现场实际用电需要开展用电检查工作。《国家电网有限公司营销现场作业安全工作规程（试行）》（国家电网营销〔2020〕480号）第4.4条：营销服务人员不得擅自操作客户设备。《国家电网有限公司营销现场作业安全工作规程（试行）》（国家电网营销〔2020〕480号）第14章用电检查相关。

典型案例

〔案例描述〕某供电公司1户二级高压重要用户，现场检查发现用户最近一期用电检查为用户设备烧毁检查，核查发现用户上一次用电检查为13个月前，供电公司未按照规定时间及时开展周期检查。

〔案例评析〕客户经理未按规定时间开展周期检查，造成用户设备隐患未及时发现，是引起用户设备损坏的原因之一。

2.3 缺陷隐患管理不到位

风险描述

1. 工作人员技能欠缺，用电检查中未能发现用电安全隐患。
2. 检查中发现的安全隐患未充分告知客户，未开具书面整改通知单。
3. 未对隐患进行跟踪并督促客户整改。
4. 用电方对用电检查时告知的用电安全隐患拒绝整改。
5. 发现的重要缺陷隐患未及时上报政府管理部门。
6. 专用供电线路未做好线路运行维护工作。

风险影响

1. 供电公司未尽到用电检查职责，对客户受电装置的安全隐患不掌控，潜在的安全危险不能及时发现，隐患未及时有效消除，导致电气事故发生。
2. 供电公司未履行告知客户用电安全隐患的义务，由此发生电气事故，客户方有人身伤亡，供电公司可能承担用电方损害赔偿责任。
3. 发生线路故障，导致用户停电或发生影响系统的事故。

监督评价要点

检查周期检查隐患材料是否全面：获取周期检查隐患材料，检查其是否重点关注当前电力用户存在的安全隐患和风险，以及整改要求的科学性、适用性，归档资料是否妥善保管，资料是否完整。

防范措施

1. 加强对用电检查人员的培训，提高检查人员技能水平。
2. 编制操作性强的用电检查标准作业指导书。
3. 加强对用电检查工作质量的考核。
4. 在开展日常用电检查工作中，务必坚持不少于2人共同履行职责的原则，确保用电检查的程序合法合规。
5. 给用电方发出"安全隐患整改通知书"时，应要求用电方有权签收人签收，确保通知书送达的法律效力。
6. 寻求第三方力量的帮助。供电方给用电方发出"安全隐患整改通知书"时，如用电方拒绝签收，供电方可以邀请第三方人员到场见证，以证明供电方确实给用电方送达整改通知书。

📋 政策依据

〔内部制度依据〕《国家电网公司关于高危及重要客户用电安全管理工作的指导意见》（国家电网营销〔2016〕163号）重要用户运行相关规定。

📌 典型案例

〔案例描述〕某供电公司在高压用户周期检查过程中，发现某一用户继电保护参数设置不合理，短路电流设置偏小，客户经理现场发现问题后未将隐患告知用户。

〔案例评析〕客户经理未按照规定将发现的用电隐患告知用户，造成用户设备带隐患运行，易造成扩大用户停电范围的风险。

2.4　客户安全用电告知不到位

📊 风险描述

1. 电网风险等级事件未告知到位。
2. 灾害天气下安全用电未告知到位。
3. 客户运行管理、设备预防性试验、安全工器具检测试验等未告知到位。

⚠️ 风险影响

1. 供电公司未尽到告知义务，潜在风险未能及时告知客户，导致客户停电、设备损坏、产品报废、电气事故或人身伤亡。
2. 供电公司存在面对舆情事件的风险。

👍 监督评价要点

获取电网风险等级事件或灾害天气下可能影响客户安全用电的电网风险通知单，检查电网风险通知单的内容是否正确，用户签字盖章是否完整。

🛡 防范措施

1. 发生可能影响客户安全用电的电网风险等级事件或出现灾害天气时，供电公司应通过书面方式及时告知客户，客户须签字盖章确认。
2. 现场检查发现客户运行管理、设备预防性试验、安全工器具、消防工器具等存在缺陷，应及时告知客户并督促整改。

📋 政策依据

〔内部制度依据〕《国家电网有限公司客户安全用电服务若干规定》（国网

〔营销/4〕634—2019）第二十一条 客户用电安全检查服务的主要内容；第二十二条 客户用电安全检查的主要范围是客户的受（送）电装置，但客户有下列情况之一者，检查服务的范围可延伸至相应目标所在处；第二十三条 主动跟踪客户用电安全情况，及时督促客户消除安全隐患；《国家电网公司关于高危及重要客户用电安全管理工作的指导意见》（国家电网营销〔2016〕163号）规范检查工作的相关规定。

典型案例

〔案例描述〕某供电公司10千伏双电源供电三甲医院，该医院的一座110千伏上级变电所检修，线路正常满足该医院正常运行方式情况下，用电检查人员未提前书面告知用户电网风险事件，导致该医院发生短时停电事件。

〔案例评析〕发生电网风险等级事件时，供电公司应通过书面方式及时告知客户，客户须签字盖章确认。

2.5 客户设备巡视不到位

风险描述

1.在雷雨、大雾、大风等天气巡视户外设备。
2.检查人员在未确认设备可靠接地的条件下直接触碰设备外壳。
3.检查高压带电设备时，强行打开闭锁装置。

风险影响

现场检查人员未按规范要求开展用电检查，无法有效防范现场意外情况，存在人身安全风险。

监督评价要点

获取现场巡视记录、照片及人员培训记录等，检查其是否按照规范要求开展用电检查，人员培训是否到位。

防范措施

1.特殊气候条件下，现场检查人员应暂停户外设备巡视工作。
2.检查人员应避免直接触碰设备外壳，如确需触碰，应在确保设备外壳可靠接地的条件下进行。
3.加强对用电检查人员的培训，提高检查人员技能水平。

政策依据

〔内部制度依据〕《国家电网有限公司营销现场作业安全工作规程（试行）》第14.1条用电检查一般安全要求、第14.2条用电检查客户设备巡视要求。

典型案例

〔案例描述〕在检查某供电公司的大工业用户的现场，用电检查人员在未确认设备外壳是否可靠接地的条件下直接触碰高压计量柜外壳，发生触电事件。

〔案例评析〕检查人员应避免直接触碰设备外壳，如确需触碰，应在确保设备外壳可靠接地的条件下进行。

2.6　客户侧安全服务不到位

风险描述

1. 重大活动未按要求提前开展用电安全专项检查。
2. 同一时间节点、同一用户的同类检查计划未合并。

风险影响

1. 重大活动如大型赛事、高考、中考等，未提前对相关客户开展专项检查工作，可能导致活动现场发生停电等突发事件。
2. 同类检查计划未合并导致用电检查人员重复作业，增加用电检查人员工作量。

监督评价要点

获取专项检查计划，检查重大活动如大型赛事、高考、中考等进行前是否对相关客户开展专项检查工作。

防范措施

1. 重大活动如大型赛事、高考、中考等进行前，有关部门应提前对相关客户开展专项检查工作。
2. 合理安排检查计划，同一时间节点，针对同一用户的同类检查计划应合并。

政策依据

〔内部制度依据〕《国家电网公司关于高危及重要客户用电安全管理工

的指导意见》(国家电网营销〔2016〕163号)重要用户运行相关规定;《国家电网有限公司重大活动客户侧保电工作规范(试行)》客户侧保电相关规定。

典型案例

〔案例描述〕某供电公司的用电检查人员在学生考试前未对学校内的广播UPS进行专项检查,考试期间内部失电且UPS同时发生故障,导致播放英语听力时,广播突然失电。

〔案例评析〕重大活动如大型赛事、高考、中考等进行前,供电公司应提前对相关客户开展专项检查工作。

3 供用电合同

3.1 合同签订的主体不合法或合同有效性存在问题

风险描述

1. 不具有独立承担民事责任资格的公司内设部门、筹建处或者政府的所属部门直接作为用电方主体，申请签订供用电合同。

2. 供用电合同的签订委托给代理人，用电方委托代理人时未出具授权委托书，或使用虚假伪造的授权委托书。

3. 合同的有效性存在问题，委托人签字未附授权委托书，无签约日期或实际签订合同时间与合同中的时间不一致，未盖骑缝章，合同超期且未约定有效期重复继续维持等。

4. 未使用公司统一的供用电合同参考文本，随意改动合同关键条款内容。

风险影响

1. 公司内设部门属于不适合的合同主体，它们签订的供用电合同的法律效力待定。一旦其所属的法人单位不予承认，其所签订的供用电合同无效，合同权利义务无法实现。

2. 代理人没有授权委托书、授权不明或持有虚假的授权委托书，供电公司与其签订的供用电合同效力待定，一旦用电方不予承认，合同无效，供电方与用电方只能接受事实的供用电合同关系，与未签订供用电合同没有区别。

3. 存在法律风险隐患，可能产生损害消费者权益的问题。

监督评价要点

供用电合同是否签订规范：核查合同是否使用规范合同文本，合同类型与模板是否正确使用，合同中产权分界点、用电容量、供电方式、计量方式和计费参数是否与营销系统、现场保持一致；核查合同签订单位是否有主体资格。

防范措施

1. 用电方与供电方签订合同前，供电公司必须对其进行严格的主体资格审查。

2. 委托代理人必须出具授权委托书，授权委托书应载明代理人的姓名或名称、代理事项、代理的权限范围、代理权的有效期限，委托人应签名或盖章。

3. 供用电合同必须每页都有骑缝章。

4. 法人变更时，及时办理新的授权委托书。

政策依据

〔内部制度依据〕《国家电网公司供用电合同管理细则》（国网〔营销/4〕393—2014）第二十一条：供用电合同签订前应详细了解对方的主体资格、资信情况、履约能力。对方资信情况不明的，应要求提供有效担保，并对担保人主体资格进行审查，确定担保范围、责任期限、担保方式等内容。《国家电网有限公司关于进一步规范供用电合同管理工作的通知》（国家电网营〔2016〕835号）"高度重视供用电合同管理工作。市场化条件下，供用电合同是明确供用电双方权利义务的重要法律文件。各单位务必要高度重视合同签订、审核、履行、变更等工作，在保障双方合法权益的同时，有效提升公司依法治企水平"。

典型案例

〔案例描述〕某一高压用户户名为A贸易公司，供用电合同的签订双方为A公司下属单位B公司和某供电公司，B公司资金短缺，电费不能及时缴纳，提出供用电合同签订方不一致，不肯缴纳电费。

〔案例评析〕客户经理签订供用电合同时，未认真核对合同主体，造成签订的供用电合同无效，电费回收存在困难。

3.2 合同附件不完整、必备条款不完善

风险描述

1. 供用电合同附件（如调度协议、自备电源安全协议、线路委托运行协议、维护责任分界点示意图、电费结算协议等）不完整。

2. 供用电合同的个别约定内容较含糊，有的直接引用《供电营业规则》的条款序号。

3. 合同条款与实际不符。

4. 未按法规要求起草合同，合同要素不全，重要条款表述不清。

5. 双方资产分界、运行维护责任、违约责任等条款未约定明确或遗漏。

6. 合同相关条款与附件约定不相符或相互冲突。

7. 重要事项发生重大变化，但未及时变更相应的合同条款。

8. 合同未用书面用语描述，合同内关键信息字体使用不严谨。

风险影响

1. 合同部分条款无效。

2. 出现纠纷时，会产生不利于供电公司的条款解释，供电公司权利得不到有效保障。

3. 安全责任不清，签订合同双方可能需要承担本不该承担的责任。

4. 供电公司的合法权利得不到主张。

监督评价要点

供用电合同条款是否完备：核查合同签订条款是否完备，主要条款是否齐全。

防范措施

1. 严格按照供用电合同范本签订供用电合同，确保条款完整，重要事项发生重大变化时应当及时变更相应的合同条款。

2. 建立重要客户的供用电合同评审制度，组织调度、生产、发策、计量、财务、法律顾问等专业人士参与评审。

3. 将《供电营业规则》中的相应条款明确写入合同。

4. 加强对供用电合同签约人员的培训。

政策依据

〔内部制度依据〕《国家电网公司供用电合同管理细则》（国网〔营销/4〕393—2014）第二十条：供用电合同的起草严格按照统一合同文本的条款格式进行。如需变更，应在"特别约定"条款中进行约定。

典型案例

〔案例描述〕供电公司与某公司于2022年6月签订的高压供用电合同仍采用2019年供用电合同模板，未采用最新版本。

〔案例评析〕工作人员未按规定起草供用电合同，部分条款不满足当前供电要求，造成供电公司权利无法保障，存在责任不明晰等相应风险。

3.3 合同产权归属与运行维护责任不明确

风险描述

1. 供用电合同中没有明确双方的产权分界，或产权分界表述不清、图与文字描述不符。
2. 委托运行设备未签订代维运行协议。
3. 住宅小区基础电气配套设施等由开发商或客户建成后，没有办理移交而由供电公司管理等，使得产权所有人与实际运行管理人不一致，或产权实际所有人不明晰。
4. 客户供电线路由不同主体共同投资，未书面明确安全运行维护责任。
5. 业扩配套投资界面延伸后，合同产权分界点未按实际约定。

风险影响

1. 资产产权归属不明，供电公司与客户之间安全责任不清，可能需要承担本不该承担的安全责任。
2. 产权责任不清晰，出现安全事故找不到设备产权所有人，不能立即落实应对措施。

监督评价要点

供用电合同条款是否完备：核查合同签订条款是否完备，主要条款是否齐全。

防范措施

1. 供用电合同中必须明确供用双方的产权分界，产权分界文字表述与产权分界示意图一致，并与实际情况一致。
2. 客户产权供配电设施，委托供电公司运行维护的，必须签订《委托运行维护协议》，明确安全运行维护责任归属。
3. 严格按照延伸投资界面后的供用电双方出资确定产权分界点。

政策依据

〔外部政策依据〕《供电营业规则》第四十七条：供电设施的运行维护管理范围，按产权归属确定。

〔内部制度依据〕《国家电网有限公司关于印发 2019 年营销安全工作要点的通知》（国家电网营销〔2019〕52 号）第二项第二款第一条：严格依法规

范供用电合同管理。严格供用电合同签订，明晰供用电双方权利义务，防范安全责任法律风险。加强供用电合同审核，会同本单位法律部门及专业人员，严格审核供电方式、自备应急电源、产权分界点及责任划分、电能质量、违约责任等重要条款内容，确保供用电双方的法律责任充分体现。

典型案例

〔案例描述〕某一高压用户户名为某贸易公司，供用电合同条款合同产权分界点实际为用户进线电缆与上级开关站出线间隔搭接处，实际现场为用户进线电缆与高配间隔搭接处，合同签订产权分界点为用户进线电缆与高配间隔搭接处，合同与现场不一致，某天进线电缆发生故障停电造成用户损失，用户以供用电合同规定进线产权为供电公司为借口，要求供电公司赔偿损失。

〔案例评析〕工作人员签订供用电合同时，未认真核对产权分界点文件与实际现场是否一致，重要合同条款存在争议，用户以此要求供电公司赔偿损失。

3.4 未与客户签订供用电合同或合同超过有效期

风险描述

1.未与客户签订供用电合同，或供用电合同已签订但必要的附件（如调度协议、自备应急电源使用协议、产权分界点示意图、电费结算协议等）不完整。

2.供用电合同逾期未续签。

风险影响

供用电双方将承担未签合同导致的供电设备维护管理责任不清、电费回收风险、合法的权利得不到主张等法律风险。

监督评价要点

供用电合同是否有效：核查与客户签订的供用电合同期限及约定条款，是否存在合同超有效期的情况。

防范措施

1.坚持先签订供用电合同，再依约送电的原则，杜绝送电后再签订合同的现象，减少供电公司的法律风险；对于确实无法先签订正式供用电合同而有供电必要的，可以先草签合同，对产权分界、供电设备维护管理责任、电费交纳方式、正式合同的签订时间、草签合同的有效期限等重大事项进行约定，使用电方尽快与供电公司签订正式供用电合同。

2.对逾期或发生变更的合同及时续签或重签。

政策依据

〔内部制度依据〕《国家电网公司供用电合同管理细则》（国网〔营销/4〕393—2014）第二十五条：供用电合同在具备合同约定条件和达到合同约定时间后生效；《国家电网公司供用电合同管理细则》（国网〔营销/4〕393—2014）第二十六条：书面供用电合同期限为（高压用户不超过5年；低压用户不超过10年；临时用户不超过3年；委托转供电用户不超过4年）。

典型案例

〔案例描述〕某公司为临时用电客户，合同于2022年3月13日到期，营销系统显示合同处于未续签状态。

〔案例评析〕供用电合同管理不到位，逾期合同未及时续签或终止，将承担供电设备维护管理责任不清、电费回收难、合法权利得不到主张等风险。

4 保供电

4.1 保供电启动流程不规范

风险描述

1. 没有按照规定确定保电类别及等级。
2. 没有按照规定成立保电工作组织机构。
3. 编制的保电方案不规范。

风险影响

1. 保电等级定性错误，造成保电要求未满足。
2. 保电方案编制不完善、演练不充分影响保供电组织协同工作的顺利开展，保电人员应对能力薄弱，不能及时正确处置保供电期间电力供用电突发事件。

监督评价要点

1. 检查保电定级是否经过批准：调阅保电定级审批书与流转结果，检查保电定级是否经过层层审批。
2. 保电应急预案的相关信息是否完备：获取保电应急预案，检查电力需求、设备隐患等是否齐全，有无逻辑性、常识性错误，相关信息是否正确。

防范措施

保电方案的编制完整、规范，正确确定保电类别及等级，成立相应保电组织机构。

政策依据

〔内部制度依据〕《国家电网有限公司重大活动客户侧保电工作规范（试行）》；《国家电网有限公司重大活动电力安全保障工作规范》（Q/GDW 12158—2021）；《国家电网有限公司重大活动电力安全保障技术规范》（Q/GDW 11888—2018）。

典型案例

〔案例描述〕某供电公司接到某重要国际专项体育赛事活动保供电任

务，该活动开幕式有国家领导人参加并发表重要讲话，该供电公司保电工作人员未经定级审批将保电活动认定为二级保电任务，未能按照一级保电任务要求落实各项保电工作。

〔案例评析〕未能按照《国家电网有限公司重大活动客户侧保电工作规范（试行）》等文件要求准确确定保电活动等级，且保电定级未层层审批，保电活动存在重大风险。

4.2　保供电准备工作不完备

风险描述

1. 对保供电现场的供电情况、用电环境、受电设备等的勘察不充分。
2. 对电气运行制度不完善、受电设备缺陷、供电可靠性不足等异常情况无应对措施。
3. 未根据用户保供电需求编制保供电预案，或保供电预案编制不完善，缺乏系统性、完整性和可执行性。
4. 保供电预演作业准备得不充分，存在异常发生时反应迟缓、处置不合理的情况。
5. 保供电任务不明确、传达不及时，保供电区域的供电方式调整不及时，影响保供电任务的正常开展。

风险影响

1. 对影响正常用电的因素分析不充分，隐患没有及时消缺闭环，影响应急预案的编制和演练，正常保电期间一旦隐性影响因素爆发可能导致保供电失败。
2. 预案编制不完善、演练不充分影响保供电组织协同工作的顺利开展，保电人员应对能力薄弱，不能及时正确处置保供电期间电力供用电的突发事件。

监督评价要点

1. 检查是否根据用户保供电需求编制保供电预案，或保供电预案编制是否完善，是否具备系统性、完整性和可执行性。
2. 是否有明确的保供电目标和要求。

防范措施

1. 加大现场前期勘查作业力度，及时发现及深入分析一切可能影响安全供用电的因素，对发现的隐患进行闭环整改消缺。

2.根据前期勘查情况和用户用电要求，联合各部门和用户编制保供电预案，并根据预案开展应急演练，强化保供电人员的现场应急响应速度和作业能力。

📋 政策依据

〔内部制度依据〕《国家电网有限公司重大活动客户侧保电工作规范（试行）》第三十条：客户侧保电方案应包括组织机构及职责、保电范围、保电时间、阶段划分、重点工作计划、客户侧保电指挥等的工作内容。

📁 典型案例

〔案例描述〕某供电公司接到考试保供电任务，成立现场保供电工作小组开展前期准备工作。现场工作小组没有编制保供电预案，只是简单地对配电设备进行用电检查即完成保供电前期准备工作。考试督导组排查发现，该现场保供电小组接到任务后没有对考试的电力需求进行了解，没有根据现场情况和保电特性编制相应的保供电预案，现场播音系统没有配置不间断电源，部分场馆的断路器拒动故障未被查实整改；保供电小组没有开展保供电应急预演，保供电准备工作不到位，严重影响考试时的电力保障作业。

〔案例评析〕保供电前现场勘查不充分，缺陷闭环管理不完善，缺少应急预演，严重影响正常保供电工作。

4.3 保供电期间工作不到位

📋 风险描述

1.没有按照保供电预案作业，也未及时告知用户。

2.与用户、其他单位部门协同作业开展不力，作业缺乏一致性和灵活性。

3.保供电人员现场值守和设备巡视检查不到位，工作任务不明确，不能及时发现并处理受电设备故障。

⚠️ 风险影响

1.保供电工作缺乏与用户和其他单位部门的协同作业，严重影响现场保供电工作的开展，无法独立处置电力供应突发事件。

2.保供电预案是根据用户用电需求确定的最优化方案，不按照预案作业，不能最有效地开展保供电工作，降低作业精度和效率。

3.导致用户设备出现故障或供电事故，引起纠纷。

监督评价要点
检查现场保供电人员现场值守和设备巡视检查是否到位，工作任务是否明确，是否及时发现并处理受电设备故障。

防范措施
1.加强与用户、其他单位部门的工作协同，共同开展现场作业。

2.严格按照保供电预案开展工作，明确现场值守人员的确切职责，如有进一步优化方案，应进一步论证并同步修改保供电预案。

政策依据
〔内部制度依据〕《国家电网有限公司重大活动客户侧保电工作规范（试行）》第七十七条：现场指挥机构应通过分析研判，确定临时新增的保电任务、保电客户及其等级、设备范围和任务等级；完成次日日保电任务表、保电时段表、现场保电日任务清单的修订和发布。

典型案例
〔案例描述〕某供电公司承接考试保供电任务。保供电期间，公司只派了两名用检人员现场驻点，没有布置具体工作要求，现场用检人员也没有跟用户电气负责人进行必要的工作联络。保供电期间考场变压器轻瓦斯异常告警，驻点人员认为告警不影响正常供电，擅自对用户继电保护装置复归操作，并没有第一时间向上级汇报和向用户反映。

〔案例评析〕现场保供电工作人员在保供电期间应加强与客户的联络，与客户、其他相关部门开展协同作业，发现问题及时向上级汇报并告知用户，严格按照保供电预案进行现场值守作业，不得擅自操作用户设备。

4.4 保供电应急预案不完善

风险描述
1.保供电应急预案中指挥实施组织不健全，导致领导小组和执行层面职责不明确、人员分配不合理，应急响应时不能有效开展指挥与实施作业。

2.应急处置方案不完善，发生突发事件时没有成熟的执行方案。

3.应急处置操作步骤不合逻辑，方案不是最优化方案，不能合理处置突发事件。

4.应急处置方案中供电公司内部职责分工不合理，保供电工作开展时存在作业空白区。

5.应急联络网络不健全，发生突发事件时，无法第一时间联络相关部门或相关人员及时处置。

6.无典型操作票集合，违规操作或操作步骤不合理。

7.没有应急演练记录表，应急演练无记录可查，预案演练缺乏监督。

风险影响

1.保供电体系混乱，没有有效的指挥实施组织，各自为战，分工不明，不能有效处置突发事件。

2.保供电期间发生突发事件时，不能及时合理处置，造成保供电工作失败。

监督评价要点

保供电应急预案相关信息是否完备：获取保供电应急预案，检查电力需求、设备隐患等信息是否齐全，有无逻辑性、常识性错误，相关信息是否正确。

防范措施

1.做好保供电前期现场的勘查，根据用户需求、保供电要求和现场电气设备情况做好保供电预案。

2.做好预案审核工作以及演练作业，根据演练反馈修改预案，确保预案最优化。

3.参考其他保供电应急预案，取长补短，不断完善预案。

政策依据

〔内部制度依据〕《国家电网有限公司重大活动客户侧保电工作规范（试行）》第五十五条：供用电保障方案应包括……外接应急电源、继电保护及整定、保电人员、应急处置预案、备品备件及安全工器具、后勤保障等内容。

典型案例

〔案例描述〕某公司承接政府会务保供电任务。营销部按照供电要求编制保供电应急预案，预案中组织体系及分工不明确，除营销保供电外没有扩展其他职能部门，没有针对双电源同时失电编写处置方案。保供电期间，高压配电设备发生故障，高压失电不能复归，现场没有自备电源，也没有配置应急发电车，无法及时对会场复电，会议保供电失败。

〔案例评析〕保供电前期应认真开展前期现场勘查作业，及时了解用户保供电需求和现场电气设备情况，根据前期勘查情况认真编写应急预案。应急预案应充分考虑各种突发事件，编制相应的有效应对措施，开展演练作业，根据演练反馈修改预案，确保预案最优化。

5 窃电（违约）用电

5.1 窃电（违约）用电现场检查处理不规范

风险描述
1. 与客户沟通不到位，进而客户不配合，引发纠纷。
2. 窃电违约用电事实现场保护不力，现场检查时材料取证不完整。
3. 现场检查时停电程序处置不规范。
4. 用户现场违约用电窃电事实确认手续履行不规范。
5. 现场检查未采用供电服务记录仪记录检查过程。
6. 现场检查未深化政企、警企联动。
7. 现场检查防范不到位发生人身攻击事件。

风险影响
1. 客户对窃电违约用电查处存在抵触心理，出现不配合检查的情况，导致现场检查无法顺利开展，甚至纠集人员阻碍现场作业，存在现场作业风险和人身安全风险。
2. 事实现场保护不力，导致现场材料取证或补充时无现场可查；材料取证不充分导致缺乏有效证据支持违约查处及司法处理。
3. 停电范围错误或程序错误导致违规停电，损害客户合理利益。
4. 事实确认手续不规范，用户不承认责任界定，司法程序处理困难。
5. 客户阻挠或对抗检查，拒不承认窃电或违约用电事实，威胁检查人员人身安全。

监督评价要点
1. 获取窃电（违约）用电资料、供电服务记录仪记录内容，检查窃电（违约）用电资料是否正确、完整，供电服务记录仪记录是否合适。
2. 检查窃电（违约）用电停电流程是否正确。

防范措施

1.向用户告知窃电违约用电的违法行为及后果，要求用户配合处理；对出现极度不配合情况甚至预测可能出现极端行为的，及时向上级反映或启动警企联动机制。

2.做好现场保护，尽量完善现场材料收集，有必要开启警企联动机制的，应及时启动，确保现场行为消失前正常开展现场处理。

3.明确停电处理程序和范围，合理处理现场停电流程。

4.已经查实的窃电违约用电，应在离开现场前做好客户主要负责人事实确认手续。

5.对高危及重要用户或存在危及人身、设备安全的重要负荷时，须经本单位领导批准，报当地电力管理部门、政府部门备案后方可中止供电，对高危及重要用户或存在重要负荷的用户实施现场停电时，应在确保重要负荷所对应用电设备已安全停机或已采取安全措施后进行。

6.强化现场风险辨识，加强检查人员安全防护装备配置，落实人身安全防护措施。对阻挠或对抗检查、拒不承认窃电或违约用电事实或威胁检查人员人身安全的，检查人员应立即报警，由公安机关介入处理。存在严重人身安全风险时，检查人员应立即撤离现场。

政策依据

〔外部政策依据〕《供电营业规则》第六十六条：有下列情形之一的，须经批准方可中止供电：……拒不在期限内拆除私增用电容量者；拒不在限期内交付违约用电引起的费用者……私自向外转供电力者。有下列情形之一的，不经批准即可中止供电，但事后应报告本单位负责人：……确有窃电行为。

〔内部制度依据〕《国家电网有限公司反窃电管理办法》（国网〔营销/3〕987—2019）第三十四条、第三十五条、第三十八条。

典型案例

〔案例描述〕某现场用电检查小组对某工厂生活区进行违约用电现场检查，怀疑生活区用电私接至生产厂区，存在高价低接违约用电嫌疑。检查期间，检查人员与工厂员工发生口角，工厂员工以宿舍隐私为由拒绝检查人员进入宿舍检查，影响检查进程。后周转检查发现生活区存在向外引接电源的违规情况，用检人员直接将生活用电断开以确定连接的工业设备，造成违规停电。

〔案例评析〕现场反窃查违约用电作业没有争取用户负责人的配合，造成纠纷，同时现场检查中检查人员没有分析检查工作中的约束因素，做出粗暴的违规停电处理。

5.2 窃电（违约）用电流程处理不规范

风险描述

1. 未严格规范审批流程、"查处审分离"要求，检查人员、处理人员、审核人员由同一人担任。

2. 窃电（违约）检查未及时录入营销业务系统，存在流程体外流转的情况。

风险影响

1. 未落实"查处审分离"要求，存在检查人员和客户串通，私自增减违约用电、窃电金额或只追补不罚款等情况。

2. 没有履行客户确认手续，处理程序不规范。

监督评价要点

获取窃电（违约）用电处理通知单、窃电（违约）用电现场处理单、窃电（违约）用电处理审批单，检查是否存在检查人员、处理人员、审核人员由同一人担任的情况。

防范措施

1. 严格落实"查处审分离"要求，检查人员负责现场检查取证，处理人员负责窃电违约处理，审核人员负责审核处理结果，不得由同一人担任。审核权限及流程参照电量电费退补审核流程。

2. 按现场查处情况及时按规录入营销业务系统，按照业务规范执行电量电费与违约金追补。

政策依据

〔外部政策依据〕《供电营业规则》。

〔内部制度依据〕《国家电网有限公司反窃电管理办法》（国网〔营销/3〕987—2019）。

典型案例

〔案例描述〕某用电检查人员在处理一家大型铸造厂超容用电行为，检查人员、处理人员、审核人员由同一人担任，导致该违约用电在处理过程中追补电费和违约使用电费计算不准，少于实际应追补金额，给供电公司带来损失。

〔案例评析〕严格落实"查处审分离"要求，检查人员负责现场检查取证，处理人员负责窃电违约处理，审核人员负责审核处理结果，检查人员、处理人员和审核人员不得由同一人担任。审核权限及流程参照电量电费退补审核流程。

5.3 窃电（违约）用电处罚不到位

风险描述

1.违约用电、窃电追补电费和使用电费计算不准确。

2.各单位未严格按照规范追补电费和违约使用电费，擅自减免应补交的电费。

风险影响

窃电（违约）金额计算不准确，将损害供电公司或客户的合理利益。

监督评价要点

检查窃电电量和违约使用电费的计算是否正确：获取窃电电量信息和追补电量及违约使用电费的查处样本，查询追补电费及违约使用电费计算过程，执行电价是否与窃电月份市场化电价相对应，核对取证记录，检查计算过程是否严格依据相关法律法规及规章制度，检查电费计算结果是否正确；检查用电检查管理岗是否在系统中进行审核。

防范措施

1.正确分析用户窃电及违约用电数据，根据规定准确计算相关费用，并采取交叉审核的方式履行确认手续。

2.追补电费和违约使用电费应及时、足额，并录入营销系统，各单位不得擅自减免应补交的电费。

政策依据

〔外部政策依据〕《供电营业规则》第一百零二条：供电企业对查获的窃电者，应予制止并可当场中止供电。窃电者应按所窃电量补交电费，并承担补交电费三倍的违约使用电费。

〔内部制度依据〕《国家电网有限公司反窃电管理办法》（国网〔营销/3〕987—2019）第四十三条：追补电费和违约使用电费应及时、足额，并录入营销业务应用系统，各单位不得擅自减免应补交的电费。

典型案例

〔案例描述〕某用电检查人员处理一家大型铸造厂超容用电行为，擅自变更违约用电时间，且只向客户追补电费，未收取违约使用电费。

〔案例评析〕追补电费和违约使用电费应及时、足额，并录入营销系统，各单位不得擅自减免应补交的电费。

5.4 窃电（违约）用电长期未处理

风险描述

1.窃电（违约）用电流程搁置，长期未处理。

2.用户若在被查获窃电或违约用电行为后长期未接受或拒不接受窃电或违约用电处理的，未主动报请电力管理部门依法处理或提起司法诉讼。

风险影响

1.没有履行客户确认手续，处理程序不规范。

2.窃电（违约）用电证据流失，后续处理困难。

监督评价要点

获取营销系统中窃电（违约）用电在途流程，检查是否有窃电（违约）用电流程搁置，长期未处理情况。

防范措施

对用户长期未接受窃电或违约用电处理的，应主动提起司法诉讼。对窃电或违约用电数额较大或情节严重的，由营销、法律部门共同梳理诉讼相关证据资料，提请司法机关依法追究刑事责任，有效发挥其震慑作用。

政策依据

〔外部政策依据〕《供电营业规则》。

〔内部制度依据〕《国家电网有限公司反窃电管理办法》（国网〔营销/3〕987—2019）。

典型案例

〔案例描述〕某用电检查人员处理一家大型铸造厂超容用电行为，客户拒绝缴纳违约使用电费，导致流程长期搁置。

〔案例评析〕对长期未接受窃电或违约用电处理的用户，应主动提起司法诉讼。对窃电或违约用电数额较大或情节严重的，营销、法律部门共同梳理诉讼相关证据资料，提请司法机关依法追究刑事责任，有效发挥刑事案件震慑作用。

5.5 临时用电管控不到位

风险描述

1.临时用电到期后未办理延期手续。

2.临时用电用户私自向外转供电或转让给其他用户。

3.在临时用电线路上，擅自接用电价高的用电设备或私自改变用电类别。

风险影响

1.临时用电到期后未办理延期手续，存在临时用电超期和用电安全隐患。

2.临时用电用户私自向外转供电或转让给其他用户，存在用电安全隐患。

3.在临时用电线路上，擅自接用电价高的用电设备或私自改变用电类别，存在违约用电风险。

监督评价要点

获取营销系统中临时用电用户信息，检查是否有临时用电到期后未办理延期手续的情况；是否存在临时用电超期、用电安全隐患的情况。

防范措施

1.临时用电到期后应办理延期手续或永久性正式用电。

2.使用临时电源的用户不得向外转供电，也不得转让给其他用户，供电企业也不受理其变更用电事宜。如需改为正式用电，应按新装用电办理。

3.在临时用电线路上，不得擅自接用电价高的用电设备或私自改变用电类别。

政策依据

〔外部政策依据〕《供电营业规则》第十二条。

典型案例

〔案例描述〕某用电检查人员在现场检查一家临时用电用户，发现该用户在临时电线路上私自接用几台工业生产设备。

〔案例评析〕在临时用电线路上，不得擅自接用电价高的用电设备或私自改变用电类别。

5.6 暂停（减容）用户管理不到位

风险描述

1.营销业务系统中减容（恢复）、暂停（恢复）时间、容量与实际减容（恢复）、暂停（恢复）情况不符。

2.工作人员未现场勘查，客户联系人未签字确认。

3.停用设备未加封。

4.复电时未检查封印是否完整。

风险影响

1.未按确定的停用时间对设备暂停或减容，可能造成电费差错。

2.未现场勘查就开展减容、暂停工作，可能误停设备，引起电费纠纷，扩大停电范围。

监督评价要点

1.获取营销系统中减容（恢复）、暂停（恢复）流程记录，检查开展未按确定的停用时间对设备暂停或减容情况。

2.获取减容（恢复）、暂停（恢复）档案资料，检查档案资料是否正确完整，客户联系人有无签字确认。

防范措施

1.用电检查人员严格按照客户申请的停用（恢复）时间与容量开展封停（启封）工作，并同步录入营销业务系统。

2.与客户共同复核需要封停的设备，并要求在工作单中签字确认。

3.复电时应现场检查封印的完整性，对客户自行拆除封印用电的行为进行违约用电处理。

政策依据

〔外部政策依据〕《供电营业规则》暂停、减容业务及违约用电相关要求；《关于完善两部制电价用户基本电价执行方式的通知》（发改办价格〔2016〕1583号）暂停、减容业务相关要求。

〔内部制度依据〕《国家电网公司变更用电及低压居民新装（增容）业务工作规范（试行）》第五十九条：按照与用户约定的时间，组织到现场实施封停操作，并由用户在纸质电能计量装接单或者移动作业终端上签字（电子签名方式）确认表计底度。

典型案例

〔案例描述〕某客户申请暂停，暂停当日，工作人员未到现场对停用设备加封印，仅电话通知客户设备停役。客户因生产需要，在暂停日5天后才将设备停产停役。

〔案例评析〕未按确定的停用时间暂停设备，现场未加封，导致停用时间和营销业务流程中的停用时间不一致。

5.7 高损台区反窃电专项核查治理不到位

风险描述

1. 窃电用户存在窃电行为未查处。
2. 超容量用电使计量装置超量程运行，计量失准。

风险影响

1. 窃电及超容量用电导致电量流失，台区线损治理困难。
2. 员工与外部单位勾结，存在廉政风险。

监督评价要点

获取采集系统中反窃电线索统计中窃电违约用电工单，检查采集系统中反窃电线索统计中窃电违约用电工单处理及闭环情况。

防范措施

1. 加强台区反窃查违巡视，及时查处并处置窃电及违约用电行为。
2. 加强台区线损监控，对波动台区及时开展现场排查。

政策依据

〔外部政策依据〕《供电营业规则》第一百零二条：供电企业对查获的窃电者，应予制止并可当场中止供电。窃电者应按所窃电量补交电费，并承担补交电费三倍的违约使用电费。拒绝承担窃电责任的，供电企业应报请电力管理部门依法处理。窃电数额较大或情节严重的，供电企业应提请司法机关依法追究刑事责任。

〔内部制度依据〕《国家电网有限公司反窃电管理办法》（国网〔营销/3〕987—2019）。

典型案例

〔案例描述〕某单位B台区线损长期高损，户变关系正确，公变电量正确计算，现场巡查发现用户绕越计量装置用电，造成台区高损。

〔案例评析〕工作人员对窃电用户线路进行整改，并按照《供电营业规则》追补电费及违约金。

5.8 窃电（违约）检查后续处置不规范

风险描述

1. 用户缴费告知程序不规范，工作人员未告知客户用户窃电违约用电发生的应缴费用及交付期限等信息。

2. 用户拒绝限期整改或拒缴窃电违约用电应缴费用后的停电程序不规范。

风险影响

1. 用户应缴费用告知程序不规范，损害客户知情权，易导致法律纠纷。

2. 没有履行客户确认手续，处理程序不规范。

3. 违规停电作业损害客户合理利益。

监督评价要点

获取窃电（违约）用电资料，检查窃电（违约）用电资料是否正确完备，是否正确履行应缴费用告知程序，是否正确履行客户确认手续。

防范措施

1. 应向客户出示窃电、违约用电应缴费用书面报告，并做好金额计算及解释工作，同时履行客户确认手续，客户须在确认通知单上签字盖章。

2. 明确用户整改期限和费用缴付期限，督促客户按期整改和缴费。对超限期未履行客户义务的，依照相关法规进行停电处理。

政策依据

〔外部政策依据〕《供电营业规则》第一百零二条：供电企业对查获的窃电者，应予制止并可当场中止供电。窃电者应按所窃电量补交电费，并承担补交电费三倍的违约使用电费；《供电营业规则》第六十六条：有下列情形之一的，须经批准方可中止供电：……拒不在期限内拆除私增用电容量者；拒不在限期内交付违约用电引起的费用者……私自向外转供电力者。

〔内部制度依据〕《国家电网有限公司反窃电管理办法》(国网〔营销/3

987—2019）第四十三条：追补电费和违约使用电费应及时、足额，并录入营销业务应用系统，各单位不得擅自减免应补交的电费。

典型案例

〔案例描述〕某农场存在部分工业生产用电被供电公司查实为高价低接违约用电情况，被告知应缴纳违约用电追补电费和违约使用电费。用户未及时缴纳违约使用电费，供电公司在未履行告知业务情况下对用户实施中止供电，造成用户设备损坏，用户要求供电公司赔偿。

〔案例评析〕用检人员没有按照规定程序在中止供电前履行告知业务，手续不规范，造成用户设备损坏，供电公司须赔偿用户损失。

6 配合行政机关停电作业

6.1 配合政府部门停电作业发起不合法合规

风险描述

1. 供电部门配合无强制执行权的政府部门现场停电。
2. 供电部门配合政府部门强制执行无法律法规依据的停电作业。
3. 政府部门没有出具有效的书面执行决定,供电部门擅自配合停电。

风险影响

1. 强制性停电事件不符合法律法规,陷入程序或法律纠纷。
2. 配合政府部门强制停电不规范,可能造成用户纠纷转移至供电部门。

监督评价要点

检查政府提供的配合停电书面依据是否合法;检查提供配合停电书面依据的单位是否有资质。

防范措施

熟悉强制停电相关法律法规,明确可执行强制停电范围。

政策依据

〔外部政策依据〕《行政强制执行法》第十七条:行政强制措施由法律、法规规定的行政机关在法定职权范围内实施。行政强制措施权不得委托;第三十七条:经催告,当事人逾期仍不履行行政决定,且无正当理由的,行政机关可以作出强制执行决定。强制执行决定应当以书面形式作出。

〔内部制度依据〕《国家电网有限公司关于妥善处理配合政府停电法律纠纷的指导意见》(国家电网法〔2019〕930号)"通常有权作出停电决定的行政主体主要有:县级及以上人民政府、县级及以上人民政府电力管理部门、县级及以上人民政府安全生产监督管理部门、法律法规规定的其他行政主体"。

典型案例

〔案例描述〕某镇政府接到上级对辖区内养猪场废水整改的通知,镇长请求当地供电所停电配合,供电所对养猪场开展现场强制性停电作业,造成养猪场损失严重,养猪场寄发律师函质疑供电部门违规停电,要求供电部门赔偿损失。

〔案例评析〕镇政府不属于法律规定的可执行行政强制措施的行政机关,无权对用户采取行政强制措施。供电部门在没有收到有效书面执行决定,只口头请求的情况下,配合镇政府强制停电,这属于违规作业。

6.2 配合政府部门停电审批程序不规范

风险描述

1. 没有发起强制停电审批程序。
2. 没有按照要求逐级审批。

风险影响

强制停电作业缺乏程序合理性,引起法律纠纷。

监督评价要点

检查停电审批单是否按照要求逐级审批。

防范措施

按照规定要求逐级审批。

政策依据

〔外部政策依据〕《供电营业规则》第六十七条:除因故中止供电外,供电企业需对用户停止供电时,应按程序办理停电手续。

典型案例

〔案例描述〕某镇政府接到上级对辖区内养猪场废水整改的通知,镇长请求当地供电所停电配合,供电所在未要求经管理部门和单位分管负责人审批的情况下,擅自对养猪场开展现场强制性停电作业,造成养猪场损失严重,养猪场寄发律师函质疑供电部门违规停电,要求供电所赔偿损失。

〔案例评析〕供电所在没有履行强制停电审批程序的情况下,擅自作业,程序不合理,缺乏监管。

6.3 配合政府部门停电现场作业不规范

风险描述

1. 没有按照要求做好停电通知。
2. 没有按照审批审定要求随意扩大或缩小停电范围。
3. 配合政府部门停电作业，在政府部门人员不在场主持工作的情况下擅自对被执行人强制停电。
4. 政府部门违规行使强制执行权力，造成供电部门配合强制停电不合法合规。

风险影响

1. 损害被执行用户合理利益，易陷入法律纠纷。
2. 随意扩大停电范围，可能对其他用户的正常用电造成影响。
3. 配合政府部门强制停电作业不规范，可能造成用户纠纷转移至供电部门。

监督评价要点

1. 检查停电通知书是否按照要求通知用户。
2. 检查停电范围是否与停电通知书审批的范围一致。
3. 检查现场停电时是否超越权限，擅自对用户实施停电。

防范措施

1. 停电前按照规定做好停电通知。
2. 严格按照停电审批内容对用户执行停电，不能变更执行范围和执行时间。
3. 配合停电时，必须在行政机关人员的指挥下开展作业。
4. 加强现场作业辨识，对不合规停电作业不予执行。

政策依据

〔外部政策依据〕《供电营业规则》第六十七条 除因故中止供电外，供电企业需对用户停止供电时，应按下列程序办理停电手续：应将停电的用户、原因、时间报本单位负责人批准。批准权限和程序由省电网经营企业制定。在停电前三至七天内，将停电通知书送达用户。在停电前30分钟，将停电时间再通知用户一次，方可在通知规定时间实施停电。《行政强制执行法》第十七条：行政强制措施应当由行政机关具备资格的行政执法人员实施，其他人员不得实施。《行政强制执行法》第四十三条：行政机关不得在夜间或者法定节假日实施行政强制执行，但是，情况紧急的除外。行政机关不得对居民生活采取停止供水、供电、供热、供燃气等方式迫使当事人履行相关行政决定。

典型案例

〔案例描述〕某公司接到市污水共治领导小组治理工作任务，对某污染厂家执行强制停电作业。当地供电所完成停电审批程序后，独自派遣工作小组直接到厂家口头传达停电通知后立即开展停电作业，厂家没有提前做好准备工作，造成经济损失。

〔案例评析〕配合停电作业在主管行政机关部门人员没有到达现场就开始，违反法律规定，同时没有在规定时限内做好书面停电通知。

7 现场作业安全管理

7.1 营销作业人员保障不到位

风险描述
1. 作业人员不具备相应的电气知识和业务技能。
2. 作业人员未取得与现场作业相对应的作业资格。
3. 作业人员身体状况、心理素质、精神状况不佳，妨碍工作。

风险影响
1. 造成人身伤害、设备损坏。
2. 无法有效履行监护、防护及救治职责。

监督评价要点
1. 检查作业人员相关资质是否满足要求，是否录入安全管控平台。
2. 检查作业人员精神面貌是否满足工作要求。

防范措施
1. 作业人员按规定参加安全生产教育和岗位技能培训，考试合格后才能上岗。
2. 根据作业类别、工作复杂及工作风险程度，安排适当的作业人员参与。
3. 作业人员按规定参加每年一次的安规考试。
4. 作业人员应身体状况好、心理素质强、精神状况佳，落实管理人员到岗到位制度。
5. 作业前再次检查作业人员的精神状况，发现异常及时更换，作业中发现作业人员精神不振、注意力不集中的，应询问、提醒，必要时更换工作人员或停止本次工作。

政策依据
〔内部制度依据〕《国家电网有限公司营销现场作业安全工作规程（试行）》（国家电网营销〔2020〕480号）人员资质相关要求；《国家电网有限公司安全生产反违章工作管理办法》（国网〔安监/3〕156—2022）相关规定。

典型案例

〔案例描述〕某公司10千伏新装业扩竣工验收现场作业，经核查现场工作负责人不在本单位下发的三种人名单中，属严重违章。

〔案例评析〕工作人员要严格按照要求考取相关资格证书。

7.2 营销作业技术保障不到位

风险描述

1. 作业所需各类施工和安全工器具准备不充分。
2. 未使用安全工器具，或者使用不合格的安全工器具。
3. 未佩戴供电服务记录仪（现场音视频记录仪），或者使用不合格的供电服务记录仪（现场音视频记录仪）。
4. 现场未按规定做好相应安全防护措施。
5. 进入作业现场，不戴安全帽，不按规定着装。
6. 安全措施不到位或行为不当导致坠落、坠物、摔伤等。
7. 恶劣气候条件下，未采取有效安全措施。
8. 作业现场照明不足。

风险影响

1. 造成人身伤害、设备损坏。
2. 发生严重违章行为。

监督评价要点

1. 检查现场安全措施是否与工作票一致。
2. 检查安全工器具是否在有效期内。

防范措施

1. 编制各类作业所需施工和安全工器具清单，定期检查补充，检验不合格的及时报废处理。
2. 工器具使用前应进行外观检查，绝缘工器具应确保电压等级与实际相符，并保持干燥、洁净，出门前认真核对作业对应的工器具。
3. 作业前认真观察现场环境，一次性完成现场安全防护措施，进入作业现场，所有人员必须正确佩戴安全帽、穿棉制工作服，佩戴供电服务记录仪，作业人员之间互相检查提醒。

4.严格执行登高作业规定，正确使用安全带和登高工具，穿软底绝缘鞋，作业中充分注意周边环境，在有效监护下开展作业，作业人员互相提醒防护。

5.在五级及以上大风以及暴雨、雷电、冰雹、大雾、沙尘暴等恶劣天气下，停止露天高处作业、带电作业。

政策依据

〔内部制度依据〕《国家电网有限公司营销现场作业安全工作规程（试行）》（国家电网营销〔2020〕480号）人员资质相关要求；《国家电网有限公司安全生产反违章工作管理办法》（国网〔安监/3〕156—2022）相关规定。

典型案例

〔案例描述〕某公司10千伏新装业扩竣工验收现场作业，核查发现现场工作票中所列安全措施与实际现场安全措施不一致，属严重违章。

〔案例评析〕所有作业必须严格按照安全工作规程要求开展，落实相关技术措施，确保作业安全。

7.3 营销作业组织保障不到位

风险描述

1.工作无计划，或在条件不具备的情况下临时安排工作。

2.未严格履行工作票制度、监护制度和作业指导书相关规定。

3.现场作业多部门参与，无协调负责人员。

4.未严格履行站班会制度，作业人员对从事的作业内容、现场环境、安全注意事项等不清楚。

风险影响

1.造成人身伤害、设备损坏。

2.发生严重违章行为。

监督评价要点

1.检查现场工作计划是否录入安全管控平台，是否按照审批后的作业计划开展作业。

2.检查现场是否严格履行工作票制度、监护制度和作业指导书的相关规定。

防范措施

1.严格工作计划的刚性管理，不临时动议安排工作。

2.作业前按规定办理相应工作票，并将作业范围、工作内容、现场危险点、安全措施等内容完整填写在工作票中。

3.监护人在工作中应严格履行监护职责，及时纠正不安全行为。

4.对现场可能误碰、安全距离不满足要求的带电设备，必须要求用户按照规范实施停电，并落实相关安全措施。

5.多部门参与的现场作业，应选派业务精、熟悉情况的人员担任总负责人，并在作业前告知各作业班组，总负责人承担总体协调职责。

6.站班会对现场危险点、安全措施和工作任务一并布置，对作业现场设备带电情况、周边环境、危险点、注意事项、工作内容等进行告知。

政策依据

〔内部制度依据〕《国家电网有限公司营销现场作业安全工作规程（试行）》（国家电网营销〔2020〕480号）人员资质相关要求；《国家电网有限公司安全生产反违章工作管理办法》（国网〔安监/3〕156—2022）相关规定。

典型案例

〔案例描述〕某公司0.4千伏新装业扩装表送电现场作业，核查发现营销现场作业平台（安全风险平台）无相关作业计划，属于严重违章。

〔案例评析〕所有现场作业计划必须按照要求上报，严格执行相关安全要求。

第五部分

分布式光伏风险

1 分布式光伏

1.1 光伏基础档案资料不完善

风险描述

1. 光伏受理申请、现场勘查、并网验收等全业务过程档案资料存在缺失、填写不完整、不规范或签字、日期等关键信息空缺的情况。

2. 光伏档案资料内容、环节时间逻辑等与营销系统不一致。

3. 光伏合同未签订或签订不规范。

风险影响

1. 施工单位对施工资质、验收报告等资料弄虚作假，项目施工质量无法保障，存在安全隐患。

2. 光伏合同签订不规范，存在法律风险。

监督评价要点

1. 检查光伏档案资料是否完整：获取纸质档案资料，检查资料是否缺失、填写不完整、不规范，以及关键信息是否空缺。

2. 检查光伏档案资料与营销系统是否一致：获取纸质档案资料及营销系统流程数据，检查档案资料内容、环节时间逻辑是否与营销系统数据一致。

3. 检查光伏合同签订是否规范：获取光伏合同文本，检查合同是否已签订，签字、盖章是否齐全。

防范措施

1. 光伏基础档案资料按照一户一档要求管理，确保光伏纸质版资料和营销系统录入信息一致。

2. 分布式光伏档案资料统一存放档案室，实行专人管理。

政策依据

〔外部政策依据〕《国家发展改革委关于印发〈分布式发电管理暂行办法〉的通知》（发改能源〔2013〕1381号）。

〔内部制度依据〕《国家电网公司关于印发分布式电源并网服务管理规则的通知》(国家电网营销〔2014〕174号)。

典型案例

〔案例描述〕检查某公司2022年并网的光伏项目基础档案资料,发现光伏合同存在合同签订日期未填写的问题。

〔案例评析〕发用电合同填写不完善的补充完整,缺失和无法修改的重新签订发用电合同。

1.2　光伏项目信息系统录入不完善

风险描述

1. 光伏项目名称、项目地址、电压等级、接入变压器、并网容量、备案时间等信息维护缺失、错误。

2. 与光伏备案文件内容不一致。

3. 光伏消纳方式错误、扶贫标志缺失或错误。

4. 光伏用户联系信息、联系方式缺失。

5. 光伏电价、补贴与消纳方式、并网时间、并网电压不对应。

风险影响

1. 光伏项目系统信息录入与备案文件内容不一致,导致光伏补贴发放失败。

2. 光伏消纳方式选择错误,导致补贴和光伏电价标准执行错误。

3. 光伏用户联系方式缺失,无法及时告知用户政策变化,造成客户经济损失,影响公司形象。

监督评价要点

检查光伏项目信息录入是否正确:获取项目备案文件和营销系统项目信息字段,检查项目信息是否缺失、错误,是否与备案文件一致。

防范措施

1. 线上核查基本信息、联系人信息、并网点信息、计量点信息、项目备案信息。

2. 现场检查发电地址、并网容量、并网点信息、计量点信息与项目备案是否一致。

政策依据

〔外部政策依据〕《国家发展改革委关于印发〈分布式发电管理暂行办法〉的通知》（发改能源〔2013〕1381号）。

〔内部制度依据〕《国家电网公司关于印发分布式电源并网服务管理规则的通知》（国家电网营销〔2014〕174号）。

典型案例

〔案例描述〕某供电公司从2023年起停止垫付一般工商业分布式光伏的国家补贴，光伏客户经理将该政策变动逐一告知各相关光伏企业。由于某光伏企业在系统内的联系电话少一位数字，未及时联系上，政策告知不到位，引发客户投诉。

〔案例评析〕营销系统内存量光伏客户项目信息确认为缺失或错误的，及时在营销系统通过流程维护正确的项目信息，逐级审批。

1.3 光伏虚假立户

风险描述

1. 光伏项目现场未安装发电设备，系统已建档立户。
2. 光伏项目现场发电设备未全部投运，系统已建档立户。
3. 光伏项目现场用电性质和报装性质不一致，系统已建档立户。

风险影响

光伏项目虚假立户，骗取国家补贴，导致国家利益受到损害。

监督评价要点

检查各光伏补贴电价变更时间节点前的通电项目，核查其次月发电量和发电负荷，如次月发电量为0或发电负荷较长时间为0，可能涉嫌虚假立户。

防范措施

1. 工作人员现场勘查时重点核对发电户的项目地址与项目性质。
2. 工作人员严把并网验收关，重点核实补贴过渡期间投运的光伏项目的现场设备安装情况。
3. 做好采集系统数据预警，对投运后长期无电量的发电户及时下发预警督办，如属实为虚假立户的，同步修改补贴信息。

📋 政策依据

〔外部政策依据〕《国家发展改革委关于发挥价格杠杆作用 促进光伏产业健康发展的通知》（发改价格〔2013〕1638号）。

〔内部制度依据〕《国家电网公司关于印发分布式电源并网服务管理规则的通知》（国家电网营销〔2014〕174号）。

📋 典型案例

〔案例描述〕某公司因担心光伏补贴政策到期，在光伏组件未全额安装的情况下发起并网验收，工作人员未核实现场设备情况予以验收送电。

〔案例评析〕光伏项目为骗取高额补贴，提前完成并网，导致虚假立户。

1.4 超容量发电

📋 风险描述

光伏项目现场逆变器、光伏组件增装，超出备案容量。

📋 风险影响

1. 光伏项目超容量发电，骗取国家补贴，导致国家利益受到损害。
2. 光伏项目超装光伏组件、逆变器，存在安全运行隐患。

📋 监督评价要点

检查光伏年发电量是否大于所在资源区年理论发电量。

📋 防范措施

工作人员严把并网验收关，现场核实光伏设备安装情况。

📋 政策依据

〔外部政策依据〕《供电营业规则》。

〔内部制度依据〕《国家电网公司关于印发分布式电源并网服务管理规则的通知》（国家电网营销〔2014〕174号）。

📋 典型案例

〔案例描述〕某公司因低压光伏接入容量限制，在完成备案的前提下，私自超装50%容量的光伏组件，导致发电负荷远大于理论发电负荷。

〔案例评析〕光伏项目为获取收益，平衡建设成本，采用增装光伏组件的方式超容，扰乱光伏市场秩序。

第六部分

智电能效风险

1 综合能源服务

1.1 项目决策制度执行不到位

风险描述
综合能源项目应建立分级决策制度，严格执行分级决策制度，守住公司利益底线，提高决策能力和效率。

风险影响
1. 项目投资决策制度不合理或执行不到位，导致项目决策失败，造成公司利益受损。
2. 未建立项目决策制度，项目实施人员廉政风险提高。

监督评价要点
1. 检查综合能源公司决策制度：获取决策制度，检查制度是否有分级管理内容，是否有分级审批管理权限内容设置。
2. 检查综合能源公司投资项目收益率有无出现亏损：获取投资项目运营情况，检查亏损是否因为决策。

防范措施
落实公司"放管服"改革新要求，按照"分类施策、差异管理"的原则，完善公司项目投资、股权投资管理规定，支撑公司市场化竞争业务，强化投资风险防控。

政策依据
〔内部制度依据〕《国家电网有限公司关于推进综合能源服务业务发展2019—2020年行动计划》第七条；《国家电网有限公司股权管理办法》（国网〔财/2〕198—2022）。

典型案例
〔案例描述〕某综合能源公司计划在某企业开展空调节能项目，由于没有项目决策机制，该项目通过代建并收取一定代建费用的方式实施。运营一段时间后，发现如果采取节能效益分享型的能源托管模式，项目实施能够获得更大的收益。

〔案例评析〕由于该综合能源公司未建立项目决策机制，导致项目决策失误，公司利益受损。

1.2 供应商甄别不规范

风险描述

综合能源业务采用的设备和技术较为新颖，供应商技术能力、服务水平参差不齐。

风险影响

1.供应商技术能力、服务能力差，造成项目无法达到预期效果，影响项目收益。

2.综合能源公司在供应商招标入围中出现违规操作，导致廉政风险。

监督评价要点

检查招投标管理是否符合要求：获取招投标相关文件，检查程序是否符合规范，检查中标公司相关资质与实际情况是否相符。

防范措施

1.充分利用市场信誉好的社会化企业以及公司产业单位、集体企业等优质资源，采用项目公司、能源托管等方式，为客户提供专业化项目运维服务。

2.以政府主管部委、能源行业协会为纽带，推动核心技术和设备产品合作研发，构建合作共赢生态圈，共享能源服务市场发展成果。

3.建立公开透明的供应商入围机制，健全供应商评价制度、黑名单及退出机制。

政策依据

〔内部制度依据〕《国家电网有限公司关于推进综合能源服务业务发展2019—2020年行动计划》第三部分。

典型案例

〔案例描述〕综合能源公司向某设备厂商购买10套能源信息采集设备，使用一段时间后，7套设备出现采集数据无法上传的情况。查明后发现该设备厂为达成入围目的，向综合能源公司相关人员赠送礼品。

〔案例评析〕因对供应商的入围审查不够规范，设备验收不够严谨，造成质量较差的设备混入。

1.3 项目跟踪管控不到位

风险描述

1.综合能源公司人力资源不符合定员要求，项目承接工程较多，超出业务人员工作承载力，导致项目跟踪效率低。

2.缺乏项目跟踪和业务流程管控机制。

风险影响

1.综合能源公司业务人员跟踪不积极，客户体验变差，公司竞争力降低。

2.业务实施进展缓慢，影响客户整体项目建设，造成公司形象受损。

监督评价要点

1.检查综合能源公司是否有项目管控机制：获取项目管控机制，检查是否有流程、时限和职责管理要求，是否有项目进度跟踪考评机制。

2.检查综合能源公司是否有项目流失分析报告：获取相关分析报告，检查是否存在业务人员跟踪不积极引起项目流失的情况。

防范措施

1.加强综合能源公司业务人员培训和管理，提升业务人员技能水平。

2.制定项目管控机制，落实责任人，按照项目时间节点跟踪对接，确保项目正常推进，维护公司和客户利益。

政策依据

〔内部制度依据〕《国家电网有限公司关于推进综合能源服务业务发展2019—2020年行动计划》第三部分。

典型案例

〔案例描述〕某地综合能源公司根据前期调研结果，与某企业开展屋顶光伏建设项目洽谈，某企业希望由国网综合能源公司投资建设。由于综合能源公司工作人员未充分重视该项目，安排的人员力量不足，2个月内仅与企业电话联系数次，未前往企业面对面交流，而另一家国企持续跟进，每周上门与该企业洽谈，最终国网综合能源公司流失该项目。

〔案例评析〕综合能源公司工作人员跟进不及时，项目管控不严格，导致项目流失，综合能源公司需要加强对项目的管理。

1.4 施工管理不到位

风险描述

1. 综合能源业务项目类别多，施工单位资质不完备。
2. 综合能源项目施工过程中，施工界面、安全职责不明确。
3. 综合能源项目施工完成后，工程验收标准不明确。

风险影响

1. 综合能源业务入围施工单位缺少某一类别资质，无法进行项目施工，影响项目进度。
2. 综合能源施工界面、安全职责不明确，存在施工推诿、安全责任推诿的情况。
3. 综合能源业务施工质量差，项目无法达到预期效果，影响项目收益。

监督评价要点

1. 检查入围单位是否存在资质缺失情况：获取建设和运营出现施工问题的项目清单，检查对应施工单位资质是否有缺失。
2. 检查项目建设是否出现质量问题：获取项目建设设计、施工方案，现场检查项目与设计是否相符，工程质量是否合格。

防范措施

1. 各级综合能源公司积极获取电力承装（修、试）、机电安装工程承包、市政公用工程承包等工程施工资质，努力提升工程项目承接能力。
2. 积极利用市场信誉好的社会化企业优质资源，以及公司产业单位、集体企业等施工力量。
3. 完善相关施工界面、安全职责协议书，健全工程质量管控标准。
4. 严格开展入围施工单位资质审查，履行合法合规的招投标手续。

政策依据

〔内部制度依据〕《国家电网有限公司关于推进综合能源服务业务发展2019—2020年行动计划》。

典型案例

〔案例描述〕某综合能源公司在某企业用户处投资建设一套压缩空气节能设备，项目运行半个月后，压缩空气管道泄漏。调查发现事故原因为施工质量不过关，且验收时未严格把关。

〔案例评析〕综合能源项目涉及范围广，需要严格把关施工单位质量。

1.5 运维管理不到位

风险描述

1.综合能源项目点多面广、客户需求多，且技术类别复杂、服务模式多元化，不同的综合能源项目缺乏专业运维团队。

2.运维管理手段缺乏，未开展智能化运维，存在故障判断不准确、运维不及时的问题。

风险影响

1.运维团队不专业，造成综合能源项目运行存在安全风险。

2.运维工作不到位，导致综合能源项目无法达到预期效果，存在资金回收风险。

监督评价要点

1.检查综合能源公司是否有完备的运维管理制度：获取相关运维管理制度，检查是否有人员、设备管理要求，是否有专业培训。

2.检查运维单位是否正常开展运维工作：获取运维单位日常工作记录，检查是否有运维记录，运维报告是否规范、正确，现场或电话询问用户是否正常开展运维工作。

防范措施

1.针对不同类型的综合能源业务，组建不同的专业运维团队，健全运维团队管理制度。

2.建设并应用线上运维服务平台，及时感知研判故障，提高运维精准度。

政策依据

〔内部制度依据〕《国家电网公司关于各省公司开展综合能源业务的意见》（国家电网营销〔2017〕885号）。

典型案例

〔案例描述〕某综合能源公司在某区域与20个客户签订能源托管合同，负责电力运维服务等工作。由于运维力量投入不足，合同签订后1年内，收到3家客户投诉运维力量不足，存在故障设备无人运维的情况。

〔案例评析〕没有建立专业的运维团队，在客户数量大且较为集中的项目上运维力量不足，影响客户体验和公司形象。

1.6 项目资金无法回收

风险描述

1.综合能源服务项目由于客户存在负债、破产等情况，无法满足合同约定的服务期限，导致项目资金无法回收。

2.综合能源服务项目由于技术、运维能力不足等，无法达到预期的实施效果，无法实现预期资金收益。

3.综合能源服务项目由于不可抗力或其他因素，无法满足合同约定的服务期限，导致项目资金无法回收。

风险影响

综合能源服务投资项目，投资金额无法回收或未产生收益，造成公司资产流失。

监督评价要点

检查可研报告和评价报告是否符合实际情况：获取资金无法收回或未产生收益项目清单，检查可研报告是否符合实际，是否对后期风险进行预判，报告是否经过充分论证。

防范措施

建立项目前期论证、中期管控和后期评价的全流程管控机制，市场化项目必须履行风险控制评估程序，出具有公信力的评价报告，降低投资风险。积极引入产业基金和第三方专业评估机构，为项目评估、投资决策等提供指导。

政策依据

〔内部制度依据〕《国家电网有限公司关于推进综合能源服务业务发展2019—2020年行动计划》；《国家电网有限公司股权管理办法》（国网〔财/2〕198—2022）。

典型案例

〔案例描述〕某综合能源公司租赁某企业屋顶投资建设光伏发电项目，预计10年回收投资。项目按计划顺利建成投产，年终评估时发现发电量与预估值有一定偏差。专题分析后发现，该项目所在区域污染严重且灰尘较多较易附着，导致光伏组件出力低于预期。该项目除了增加清理频次无彻底解决办法，按照目前发电量测算，投资回收周期需要延长2年。

〔案例评析〕项目前期论证阶段应深入考虑特定区域的环境状况，避免出现因光伏出力低于预期、运维投入大于预期不能达成预期收益的情况。

1.7 政策变化影响

风险描述

1. 部分综合能源项目需要政府政策或政府资金支持，在综合能源项目实施过程中，存在政策变化风险，综合能源项目无法达到预期收益或无法继续实施。

2. 政府政策变化造成项目投资界面变化，公司前期投入金额变大，或超出合同约定，造成项目实施困难。

风险影响

1. 综合能源项目实施过程中，存在政策变化风险或电价变化风险，导致综合能源项目无法达到预期收益或无法继续实施，造成公司资产损失和客户投资损失。

2. 项目前期投资扩大，降低综合能源项目收益率。

监督评价要点

检查项目前期决策时是否考虑政策变化等因素：获取项目前期相关文件，检查是否针对政策变化等因素做好对应的补充措施。

防范措施

对于有政府政策支持和政府资金支持的项目，提高项目预期收益率，加强风险防控。

政策依据

〔内部制度依据〕《国家电网有限公司关于推进综合能源服务业务发展2019—2020年行动计划》。

典型案例

〔案例描述〕某综合能源公司投资建设的某高新技术项目，在项目可行性研究阶段，政府对该高新技术有政策补贴，计算项目投资回收期限时，预计3年可以回收成本。但在项目投运后一年，政府取消该项补贴政策，造成项目回收期限延长。

〔案例评析〕项目可研编制时，面对政策变化等做好相应的补充措施，做好风险防控。

1.8 合同条款争议

风险描述

1. 综合能源项目合同，由于涉及的业务类别较多，且不同客户的合同存在差异性条款，如果在项目实施过程中发生问题，存在关于合同条款的争议。

2. 合同条款中，未明确约定综合能源项目产权分界点，造成运维界面不清晰。

风险影响

1. 合同条款有争议，造成项目后期运维成本提高，或者赔偿成本提高，造成公司资金流失。

2. 产权分界点不清晰，存在运维责任、安全责任互相推诿的问题。

监督评价要点

检查项目合同条款权利义务是否清晰明确：获取项目合同，检查合同条款是否明确双方的权利和责任，是否明确产权分界点。

防范措施

1. 各级综合能源公司应建立并持续完善综合能源项目合同模板库，有条件地聘请专业法律顾问，建立合同审核制度。

2. 在合同中清晰明确综合能源项目产权分界点，约定合同各方运维责任及违约条款。

政策依据

〔内部制度依据〕《国家电网有限公司关于推进综合能源服务业务发展2019—2020年行动计划》。

典型案例

〔案例描述〕某综合能源公司在某企业投资建设一套空压机节能设备，未在合同中明确空压机与客户生产设备之间的产权分界关系，造成客户压缩空气进气管道无人维护而损坏，引发客户投诉，客户要求综合能源公司赔偿。

〔案例评析〕因合同未明确产权分界点，客户设备出现无人维护的情况，引发相关投诉。

2 电动汽车充电站

2.1 项目选址不当

风险描述

充换电网络建设未坚持"按需建设、经济实用"的原则,未与城市发展规划、电网规划和电动汽车推广应用相结合。

风险影响

站点新建成后充电量少,投资金额无法回收,造成公司投资浪费、效益不佳。

监督评价要点

检查站点新建后充电量是否长期处于零低电量范围。

防范措施

1. 项目上报单位需通过充换电需求统计、市场竞争信息统计等方式做好前期勘察工作,确保站点的运营前景和经济效益。

2. 充换电网络发展规划应逐年滚动修编,为年度项目计划和预算编制提供依据。

政策依据

〔外部政策依据〕《电动汽车充电站设计规范》(GB 50966—2014)。

〔内部制度依据〕《国家电网公司电动汽车智能充换电服务网络建设管理办法》(国家电网企管〔2018〕341号之国网〔营销/3〕898—2018)。

典型案例

〔案例描述〕某供电公司计划投建一座集中式公共充电站,因市场调研前期勘察等工作不到位,充电站存在地址偏僻、车流量小、停车场收费等问题。建成后,该站点充电量低,根据现有运营的数据分析,需运营8年才能收回投资成本。

〔案例评析〕充电站投建需进行必要的充电需求统计、市场竞争信息统计、充电行为观察、相关政策及价格机制分析等,了解完备后合理选址投资。

2.2 项目施工安全质量管理不到位

风险描述

充电站项目施工涉及土建施工和电气施工，存在较大安全风险。施工队伍多为外包人员，施工前未进行必要的安全培训，安全交底工作开展不到位，对现场安全较为漠视。

风险影响

1. 充电桩业务存在施工安全风险。

2. 充电桩业务施工质量不到位，项目无法达到预期效果，影响项目收益。

监督评价要点

检查站点施工质量是否到位。

防范措施

1. 项目单位应严格执行国家、公司有关安全和质量管理规定，加强充换电设施项目的安全和质量管理。

2. 项目单位应落实安全生产责任制，及时与施工单位签订相关安全协议，定期组织开展危险点排查工作，落实安全质量风险预控措施。

3. 项目单位应加强外包业务审查，督促施工单位建立健全安全保证和质量管理体系，防止在人员、电网、设备等方面发生安全事故或质量事故。

政策依据

〔外部政策依据〕《电动汽车充电站设计规范》(GB 50966—2014)。

〔内部制度依据〕《国家电网公司电动汽车智能充换电服务网络建设管理办法》(国家电网企管〔2018〕341号之国网〔营销/3〕898—2018)。

典型案例

〔案例描述〕某供电公司投资建设一座公共充电站，土建工程由当地某外包企业中标承建。项目试运行期间，该站点箱变基础开裂并发生严重倾斜塌陷，导致充电站停运整改。

〔案例评析〕施工队伍依据经验施工，未对施工环境充分勘查，基础回填后未进行夯实处理，导致箱变基础沉降严重，引发开裂塌陷。

2.3 项目验收未按照相关规定执行

风险描述
1. 充电站项目具备竣工验收条件后，项目建设单位未在规定时间内启动验收工作。
2. 项目未经验收或验收不合格项目违规交付运行。
3. 项目竣工验收合格后未在规定时间内完成结算、决算工作并形成结算、决算报告提交审计部门审计。
4. 存在工程量、项目资金使用等审计廉政风险。
5. 充电站项目未及时向当地发展改革委备案，未完成充电桩专项资金申报。

风险影响
1. 容易造成项目逾期。
2. 验收未及时通过易造成业主方违规运行。
3. 项目后续工程结算付款、资金进度等方面严重滞后。
4. 容易造成专项补助资金流失。

监督评价要点
检查项目验收是否按照相关规定执行：获取项目资料，检查有关部门是否在规定时间内组织验收，完成结算、决算、提交审计；是否存在不合格项目。

防范措施
1. 项目建设单位应在项目具备竣工验收条件10天内启动验收工作。
2. 对于验收不合格的项目，项目建设单位应及时消缺整改，整改完成后提交复验，验收通过后方可交付运行。
3. 项目建设单位应在竣工验收合格后3个月内提交决算报告至审计部门完成审计。
4. 项目建设单位应在竣工验收合格后，在省发展改革委规定时限内完成备案。

政策依据
〔外部政策依据〕《电动汽车充电站设计规范》（GB 50966—2014）；《新能源汽车产业发展规划（2021—2035年）的通知》。

〔内部制度依据〕《国家电网公司电动汽车智能充换电服务网络建设管理办法》（国家电网企管〔2018〕341号之国网〔营销/3〕898—2018）。

典型案例

〔案例描述〕某供电公司充电站新建项目通过验收后未在3个月内提交决算报告至审计部门，导致该公司年中资金进度考核成绩较差，审计部门发现后，责令该供电公司整改问题。

〔案例评析〕项目负责人在项目通过验收后应重点关注审计决算完成情况，及时完成资金支付。

2.4 充电站价格策略不合理

风险描述

1. 充换电服务价格机制及清分结算规则不健全。
2. 盲目使用低价策略进行市场竞争，陷入与友商的"价格战"中。
3. 优惠或套餐活动结束后，未能及时、明确通知客户。

风险影响

1. 造成服务价格僵化，缺乏相应调整机制，清分结算业务无法开展，经营收益等无法分配。
2. 造成充电市场经营性收益降低。
3. 取消降价后，舆情反应大，易发生投诉等供电服务风险，影响供电公司形象。

监督评价要点

检查充电站价格是否显著低于周边站点的价格，且经营收益为负。

防范措施

1. 配合财务等有关部门研究制定充换电服务价格机制，确定清分结算规则。
2. 在充电市场减少低价策略应用，优先运用提高团队服务质量、优化运营促销方案、多平台接入站点进行推广发展等策略。
3. 在各相关充电App和公众号上及时发布优惠通知和到期提醒。

政策依据

〔外部政策依据〕《电动汽车充电站设计规范》（GB 50966—2014）。

〔内部制度依据〕《国家电网公司电动汽车智能充换电服务网络建设管理办法》（国家电网企管〔2018〕341号之国网〔营销/3〕898—2018）。

典型案例

〔案例描述〕某供电公司发现某市的充电经营性收益近期下降严重。实地市场调查后发现，该市另一家充电运营企业采用跟随战略在某供电公司附近投建充电桩，但其充电单价比该供电公司的电价低0.2元，客户流失严重。运营管理部门决定跟进降价，充电单价比该充电运营企业低0.1元，几轮降价后双方处于保本经营阶段，企业利益难以得到保障。

〔案例评析〕该供电公司价格策略失误，盲目跟进价格战，导致经营性收益降低。

2.5 运行监控管理不到位

风险描述

1. 未科学制订巡视计划，未能及时发现充电桩设备损坏，或发现后未能及时消缺修复。
2. 设备离线或故障后未能及时做好相应故障设备在App的下线工作。
3. 拨打客服业务咨询电话无人接听或接听后搪塞推责。
4. 未做好统计数据的保密工作，未能与使用运营信息的单位及个人签署保密协议，导致信息泄露。

风险影响

1. 存在客户在设备无法使用等特定情况下，对现场设备造成外力破坏。
2. 存在投诉等供电服务风险，影响供电公司的形象。
3. 容易导致数据泄露，投资金额无法回收，造成公司资产流失。
4. 泄露客户信息，存在投诉或舆情事件，影响供电公司形象。

监督评价要点

检查是否存在设备不可用且长期未修复的情况。

防范措施

1. 各级充换电设施运营单位应建立24小时运营监控体系，落实组织管理、岗位职责、工作要求、交接班管理等相关措施。
2. 实时监控充换电网络设备运行状况，发现故障和异常情况及时开展排查和消缺工作。
3. 及时办理电动汽车用户业务咨询、故障报修业务。

4.落实安全生产责任制，严格执行公司安全工作规程的有关规定，全面实施危险因素辨识、评价及控制程序。

5.按照公司信息安全相关管理规定，加强车联网等平台的安全防护，保障信息网络安全和客户信息安全。

政策依据

〔外部政策依据〕《电动汽车充电站设计规范》（GB 50966—2014）。

〔内部制度依据〕《国家电网公司电动汽车智能充换电服务网络建设管理办法》（国家电网企管〔2018〕341号之国网〔营销/3〕898—2018）。

典型案例

〔案例描述〕某供电公司市区公共充电站发生大规模充电桩离线故障，运行监控中心未及时发现，导致App未做好站点下线工作，客户被App引导至该站点却无法充电，引起大量客户投诉。

〔案例评析〕监控中心需时刻关注充电桩在线情况及离线状态，并做出运营方式调整。

2.6 工单处理不及时

风险描述

1.监控中心通过车联网平台对"95598"客服工单和平台自动派发的故障抢修工单进行实时监控，未在第一时间通知属地运维单位开展接派单和现场处置工作，未及时跟踪工单处置情况。

2.属地运维单位接到派单未及时安排运维人员按时限要求进行现场处理。

风险影响

1.存在投诉等供电服务风险，影响供电公司的形象。

2.可能造成现场充电安全事故，影响充电运营服务质量，发生人身、设备伤害事件。

监督评价要点

检查客服工单和故障抢修工单是否在时限要求内完结。

防范措施

监控中心须在第一时间通知属地单位，故障点处于城区范围的，45分钟内到达现场；处于农村地区的，90分钟内到达现场；处于特殊边缘地区的，2

小时内到达现场。

📋 政策依据

〔外部政策依据〕《电动汽车充电站设计规范》(GB 50966—2014)。

〔内部制度依据〕《国家电网公司电动汽车智能充换电服务网络建设管理办法》(国家电网企管〔2018〕341号之国网〔营销/3〕898—2018)。

🔒 典型案例

〔案例描述〕某供电公司的监控中心人员因车联网平台故障无法登录，导致大批量离线故障工单堆积，故障工单未在15分钟内派至相应运维人员，引起大量充电客户投诉。

〔案例评析〕监控中心需要时刻关注平台状态及工单情况，第一时间派单处理并跟踪处置情况。

2.7 现场运维检修不及时

📋 风险描述

1. 未根据设备实际运行、升级改造要求等情况对充电桩设备及附属设施制订检修计划，并按计划检修维护。

2. 未及时对影响用户充电或安全的故障、缺陷进行抢修。

⚠ 风险影响

1. 充电桩设施存在受损风险，造成充电安全事故。

2. 设备无法使用等情况易引起客户投诉等供电服务风险，影响供电公司形象。

👍 监督评价要点

1. 检查是否按照计划开展检修维护。

2. 检查是否及时对故障、缺陷进行抢修。

🛡 防范措施

建立完善的现场运维检修体系，落实组织管理、岗位职责、工作要求、工作票制度等相关措施。

📋 政策依据

〔外部政策依据〕《电动汽车充电站设计规范》(GB 50966—2014)。

〔内部制度依据〕《国家电网公司电动汽车智能充换电服务网络建设管理办法》(国家电网企管〔2018〕341号之国网〔营销/3〕898—2018)。

典型案例

〔案例描述〕某供电公司某充电站内充电桩故障影响用户正常充电，供电公司相关部门未及时安排人员维修设备，仅在故障充电桩前放置"充电桩损害，待维修"的故障标识，给用户充电带来不便，引发用户投诉。

〔案例评析〕充电设备出现故障，供电公司未及时安排人员维修故障设备，影响用户正常充电，引起用户投诉；减少充电桩日充电量，不利于公司正常经营的发展。

2.8 备品备件供应不及时

风险描述

未在规定时间内向故障充电桩提供可替换的备品备件。

风险影响

造成故障充电桩无法及时消缺复投运，影响客户满意度，降低公司充电收益，影响供电公司形象。

监督评价要点

检查是否在规定时间内向故障充电桩提供可替换的备品备件。

防范措施

建立完善的备品备件库管理机制，保障备品备件库存量处于安全红线以上。需要调配时，应在24小时内完成备品备件的发货工作。

政策依据

〔外部政策依据〕《电动汽车充电站设计规范》(GB 50966—2014)。

〔内部制度依据〕《进一步加强电动汽车充电设备质量评价的工作方案》(营销智用〔2018〕45号)。

典型案例

〔案例描述〕某供电公司公交充电站因充电桩散热设计不合理造成大面积充电模块出现故障，这些故障模块须更换，运维单位提交更换申请后，备品备件库存不足，采购到货流程时长1周左右，期间公交充电站无法满足电动公交车的充电需求，引发用户投诉。

〔案例评析〕备品备件库管理人员需深入了解各类型充电桩，对各类故障归类分析，依据实际情况提前采购备品备件，防止库存不足，故障无法消缺。

2.9 车联网平台安全漏洞修复不及时

风险描述
未在规定时间内修复车联网平台安全漏洞。

风险影响
1.安全漏洞未修复，造成车联网平台个人信息和重要数据泄露，产生社会舆情，影响供电公司形象。

2.重要数据被窃取、篡改，继而给汽车的安全行驶和车主个人安全带来风险，产生安全事故。

监督评价要点
检查是否在规定时间内修复车联网平台的安全漏洞。

防范措施
漏洞修复工作完成时间："高危漏洞"3个工作日内完成修复；"中危漏洞"5个工作日内完成修复；"低危漏洞"当月完成修复。

政策依据
〔外部政策依据〕《电动汽车充电站设计规范》（GB 50966—2014）。

〔内部制度依据〕《电动汽车充换电网络信息安全管理实施细则（试行）》（营销智用〔2019〕14号）。

典型案例
〔案例描述〕车联网平台安全责任部门扫描漏洞时，发现一个"中危漏洞"并告知平台运维责任部门，运维人员因工作疏忽长期未处理，导致该漏洞被黑客利用，造成用户手机号码、姓名、交易号等个人信息泄露，引发社会舆情。

〔案例评析〕漏洞等级按照《车联网平台漏洞等级评价标准》严格执行。主机漏洞由平台运维责任部门完成漏洞修复工作，系统漏洞由所属业务部门完成漏洞修复工作。相关部门在漏洞修复工作完成后，需填写《车联网平台安全漏洞反馈通知单》交至平台安全责任部门。平台安全责任部门开展复测工作，检查漏洞修复情况。对于复测未通过的漏洞，继续开展漏洞修复工作，直至漏洞复测通过。

2.10 擅自变更充电站设计

风险描述

擅自变更新建或迁（改）建充电站的设计内容及数量。

风险影响

1.工程量增加，造成项目资金超出项目概算（预算），影响项目资金结算。

2.工程量减少，造成现场建设充电桩数量与合同约定建桩数量不一致，影响项目验收投产。

监督评价要点

检查新建或迁（改）建充电站的设计内容及数量是否发生变更。

防范措施

充换电项目在实施过程中不得擅自变更设计，不得擅自超出项目概算（预算）。

政策依据

〔外部政策依据〕《电动汽车充电站设计规范》（GB 50966—2014）。

〔内部制度依据〕《国家电网公司电动汽车智能充换电服务网络建设管理办法》（国家电网企管〔2018〕341号之国网〔营销/3〕898—2018）。

典型案例

〔案例描述〕某供电公司在进行某新建充电站工程设计时，擅自将6车位改为8车位，施工单位按图施工，项目支出资金超出项目概算，导致项目结算困难。

〔案例评析〕充换电项目在实施过程中擅自变更设计，资金支出超出项目概算。

2.11 充电站未按要求配置灭火器

风险描述

充电站灭火器数量配置不足或者灭火器种类配置错误。

风险影响

1.充电站灭火器数量配置不足，周围区域发生火灾时无法及时扑灭，导致充电站着火甚至爆炸，给公司带来经济损失，且可能造成人身伤亡，引发舆情。

2.灭火器种类配置错误，给使用灭火器的人员安全带来风险，发生安全事故。

监督评价要点

检查充电站灭火器的配置数量及类别是否符合要求。

防范措施

1.充电设施按每两个车位设置一只灭火器配置，灭火器规格应不小于6千克。

2.充电站建筑物内消防设施的配置应符合现行国家标准的有关规定，配置灭火器应使用二氧化碳、四氯化碳或干粉灭火器，不得使用酸碱或泡沫灭火器。

政策依据

〔外部政策依据〕《电动汽车充电站设计规范》（GB 50966—2014）。

〔内部制度依据〕《电动汽车充换电设施建设安全管理实施细则（试行）》（营销智用〔2019〕14号）。

典型案例

〔案例描述〕某供电公司充电站场地位于植物园旁边，天气干燥，充电站附近的草地发生火情，植物园设置的消防设施距离此处较远，且该站点未配置灭火器，未有效阻止火情蔓延，导致充电站的站点标志牌、雨棚附属设施等被烧毁，给公司造成经济损失。

〔案例评析〕充电站未按要求配置灭火器，未能有效阻止火情蔓延。

2.12　重大服务事件处理不及时

风险描述

充换电网络出现重大服务事件时，未按照应急处置预案及公司相关规定及时处理上报。

风险影响

1.造成充换电设施长时间大面积故障或离线。

2.造成充电市场经营性收益降低。

3.舆情发酵，产生投诉等供电服务风险，影响供电公司的形象。

监督评价要点

检查是否具备重大服务事件的应急处置预案。

防范措施

各单位应建立充换电网络重大服务事件的快速反应及报告机制,编制应急处置预案,定期开展培训和模拟演练。

政策依据

〔外部政策依据〕《电动汽车充电站设计规范》(GB 50966—2014)。

〔内部制度依据〕《国家电网公司电动汽车智能充换电服务网络服务管理办法》(国家电网企管〔2018〕341号之国网〔营销/3〕898—2018)。

典型案例

〔案例描述〕某品牌车主到地方电视台反映情况,称自己的车在国家电网的充电桩上经常充不上电,电视台将该问题反馈至当地供电公司,工作人员认为这是车主的汽车问题,未理会。随后电视台将该问题转至其他主流媒体报道,该事件成为社会舆论热点,国家电网充电桩质量被质疑,公司形象受到影响。

〔案例评析〕该供电公司应急处置策略错误,对新闻媒体采访或征询未及时处理,导致舆论扩大。

第七部分

负荷管理风险

1 电力需求响应

1.1 可调节负荷资源普查不准确

风险描述

1. 普查对象不符合要求，可参与调节的用户及相关设备未纳入普查范围，不适合参与的用户被纳入普查。

2. 用户可调节设备信息普查漏填、错填、未真实填写。

风险影响

造成可调节负荷信息统计不全、资源库数据不准确。

监督评价要点

1. 检查普查对象是否符合要求：获取普查信息表，检查用户是否适合纳入普查对象中，相关普查设备有无纳入普查范围。

2. 检查用户普查填写信息是否真实、完备：获取普查信息表，检查普查对象的填写内容是否存在漏填、错填的现象，并核实相关原因。

防范措施

严格按照《国家电网有限公司电力需求响应工作规范（试行）》的相关要求，根据不同用户的负荷性质，用电设备调控方式、策略、时间等信息，构建精准的用户可调节负荷普查信息。

政策依据

〔内部制度依据〕2020年《国家电网有限公司电力需求响应工作规范（试行）》第三章第6条相关规定。

典型案例

〔案例描述〕2020年7月，某供电所高压客户经理对某连续性生产的大工业用户开展需求响应普查，只是简单询问用户有哪些大功率用电设备，就将用户信息填入普查App，对该用户的办公空调、照明、辅助生产设备未详细记录和填报。

〔案例评析〕普查人员未深入了解普查对象和内容，导致后期用户无法真实参与需求响应。

1.2 可调节负荷资源库建设管控不到位

风险描述

1.可调节负荷资源库建设地负荷量不足，未达到当地最大负荷5%以上的要求。

2.签约响应能力虚高，与用户签订的协议不符合用户实际调节能力。

3.自控型和直控型用户未严格区分，多种负荷响应类型混签导致设备接入负荷类型错误。

4.无区分类型随意接入建模负荷，导致响应资源的信息错误，影响实际响应效果。

风险影响

1.构架资源库的用户负荷量不足、协议签约量虚高导致真实需求响应时可实际调节负荷量不足，出现缺口。

2.设备安装分类不准确，直控时容易出现用户设备被误停电、重要负荷断电，存在较大经济损失的风险。

3.建模负荷混乱接入，一旦启动某种类型的需求响应，无法达到预期效果，甚至无法响应，导致响应资源无法覆盖负荷缺口的情况。

监督评价要点

1.检查资源池建设负荷是否足量：获取资源池建设清单和当地最大负荷依据，检查总体建设负荷量是否满足当地最大负荷5%以上的要求。

2.检查资源池响应能力是否虚高：获取资源池建设清单和用户签订的协议，检查用户签订的协议量、实际装机容量、用户平日最大负荷是否符合用户实际调节能力。

3.检查自控型和直控型用户有无严格区分：获取自控型和直控型用户清单，开展现场建设检查工作，核查是否与实际建设类型对应。

4.检查建模负荷是否按照要求建模：获取建模清单，开展现场建设检查工作，核查是否按实建模。

防范措施

1.可调节负荷资源池负荷量要符合《电力需求响应工作两年行动计划》

的相关要求，签约用户协议响应容量真实有效。

2.直控型用户应按照设备响应速度，严格区分毫秒级、秒级、分钟级，确保直控设备安装与实际情况相符合。

3.开展现场建设检查工作，核查接入负荷是否与系统负荷类型对应，建设容量与可调容量是否虚高。

政策依据

〔内部制度依据〕《国家电网有限公司电力需求响应工作两年行动计划（2020—2021年）》（国家电网营销〔2020〕461号）能力提升目标的相关要求；2020年《国家电网有限公司电力需求响应工作规范（试行）》第二章第2点可调节负荷分类；《国网营销部关于印发电力用户负荷资源排查专项行动工作方案的通知》（营销综〔2023〕12号）。

典型案例

〔案例1描述〕2019年10月，某地市公司为加快推进需求响应资源池建设，将一批钢铁行业用户的主要生产设备接入秒级直控，在用户低压总柜安装控制设备。2020年8月，该省公司启动需求响应，用户生产设备还未完全停机时，秒级直控设备启动，造成轧钢生产线突然断电，直接经济损失数百万元。

〔案例1评析〕属地公司未严格落实可调节负荷分类和设备安装要求，导致直控时用户设备误停，造成经济损失。

〔案例2描述〕2023年4月，某地市公司为加快推进空调感知能力建设，将多处商业楼宇非空调负荷接入。2023年7月，省级启动空调负荷需求响应。该类用户无法响应，导致建设资源与实际响应的能力差异巨大，资源可调能力无法覆盖实际缺口，造成临时性的启用机动或者调用更多其他类型负荷参与。

〔案例2评析〕属地公司未严格落实负荷精细分类和设备安装要求，导致响应时资源可调能力与实际响应能力差异巨大，给电网安全造成一定风险。

1.3 工程实施质量管控不到位

风险描述

1.工程施工对客户设备造成影响。

2.需求响应终端设备由于产品质量、安装工艺等差异，误动作。

风险影响

施工人员作业不当，造成用户配电设施损坏；安装验收把关不严，导致后期设备故障，用户断电。

监督评价要点

检查现场施工质量是否可靠：获取现场建设用户资源清单和用户投诉工单，检查是否存在现场建设清单与投诉工单重合的用户；重点排查投诉原因，是否跟施工质量、产品质量、安装工艺有关联；开展现场检查工作，检查实地装接质量、工艺质量是否符合质量标准和技术规范。

防范措施

需求响应终端设备应符合质量标准和技术规范，应在方案编制、安装施工、设备联调、验收等环节由有资质的专业人员参与和实施，保障工程质量可靠。

政策依据

〔内部制度依据〕《国家电网有限公司电力需求响应工作两年行动计划（2020—2021年）》（国家电网营销〔2020〕461号）不断完善技术标准体系的相关规定。

典型案例

〔案例描述〕2019年11月，某省公司委托的施工单位根据计划对某纺织企业开展秒级可中断设备安装。因年底工期紧张，人员缺乏，施工单位临时新招一批人员参与工作。施工过程中，需要对某路高压柜开关进行通信线路接入，因工作人员不熟悉该种类型的开关，接入过程误操作造成开关损坏，不能合闸，后纺织企业电工请厂家人员过来维修，企业才恢复供电。该事件造成该纺织企业生产延迟5个小时。

〔案例评析〕施工人员未经专业培训和审核就上岗工作，施工过程中导致用户设备损坏，造成经济损失。

1.4 需求响应实施管理不到位

风险描述

1.省级智慧能源服务平台及用户侧监测、控制设施定期运维管理易缺失。

2.平台方案编制、审核不细致，误发信息，引起用户投诉。

3.响应阶段指导用户（负荷聚合商）按时答复邀约、负荷调整等操作，避免用户（负荷聚合商）因理解不透彻、操作不熟悉造成响应失败。

风险影响

1.平台建设完成后缺乏运维，使用率低，无法发挥作用。

2.需求响应方案启动审批不严，平台使用不规范，误发信息，造成用户投诉。

3.用户参与响应操作不熟练造成实际响应达不到预期效果。

监督评价要点

1.检查用户侧监测设备是否存在管理缺失的情况：获取长期不在线、无法监测用户清单，开展现场检查工作，检查是否存在运维管理缺失的情况。

2.检查响应方案审批是否规范：获取响应失败用户清单和投诉工单，检查投诉工单中是否存在用户投诉响应方案的相关信息；检查响应失败用户中是否存在因用户不熟悉规则造成最终响应失败。

防范措施

1.省级智慧能源服务平台功能应完善，监测、控制设施应定期运维，确保平台功能可用性高。

2.需求响应方案审批流程应规范，方案编制、启动应经相应主管部门严格审批，确保不出现发送错误信息的情况。

3.各级公司应做好用户（负荷聚合商）的指导工作，使其熟悉响应全部流程及对应操作，确保响应执行成功。

政策依据

〔内部制度依据〕2020年《国家电网有限公司电力需求响应工作规范（试行）》第四章需求响应方案实施、第六章平台建设相关规定。

典型案例

〔案例描述〕2020年7月，某省公司省级智慧能源服务平台新建不久，操作人员在未完全熟悉系统的情况下，误发一条全省的需求响应推广短信，高低压用户均收到该信息，且各地市、区县公司未提前收到通知，造成"95598"咨询、投诉工单数量激增，个别地区居民到营业厅与工作人员发生言语冲突。

〔案例评析〕平台审核机制不健全，导致信息误发，影响范围大，容易出现投诉。

1.5 补贴计算发放管理不到位

风险描述
1. 需求响应结束后,未人工校核系统计算出现的偏差。
2. 补贴结果公示、发放未及时告知用户。

风险影响
需求响应补贴计算出现偏差,发放、告知不到位易影响用户参与体验,造成用户经济损失,对后续用户参与产生消极影响。

监督评价要点
检查补贴计算发放是否存在不合理的情况:获取补贴公示清单和系统判定响应成功清单,检查是否两者匹配。

防范措施
1. 响应结束后,根据用电信息采集系统数据校核响应结果,确保用户补贴数据准确无误。
2. 补贴结果公示途径、发放方式及时告知用户,增强用户参与的积极性。

政策依据
〔内部制度依据〕2020年《国家电网有限公司电力需求响应工作规范(试行)》第四章第九条、第十条相关要求。

典型案例
〔案例描述〕2020年10月,某省公司对迎峰度夏期间开展需求响应的用户进行公示和发放,部分用户参加过需求响应但因系统计算错误,导致未能得到相应补贴。核查发现8月补贴核对计算时,相关客户经理未仔细校对,造成用户补贴出错。

〔案例评析〕补贴统计核对不规范,给用户造成损失,影响用户参与的积极性,更可能引发投诉。

2 有序用电

2.1 用户侧负荷监测和控制未达要求

风险描述

用户侧远程可监测负荷不足本地区最大用电负荷的70%，可控制负荷不足本地区最大用电负荷的10%。

风险影响

当地电网迎峰度夏或突发故障出现较大缺口时，无法有效组织足量用户参与有序用电，线路拉电影响重要用户用电和民生用电。

监督评价要点

1. 检查用户侧远程可监测负荷是否满足本地区70%的监测要求，可控制负荷是否满足本地区最大用电负荷10%的要求。

2. 获取用户侧可监测负荷清单、本地区最大负荷、本地区控制负荷，检查三者是否满足相关要求。

防范措施

各级公司应大力推进智能用电新技术，确保高压专变用户采集装置全覆盖，监测系统建设完善，有效对本地区的用户侧负荷开展远程监测和控制。

政策依据

〔内部制度依据〕《国家电网公司有序用电管理办法》（国网〔营销/3〕281—2014）第三章第十二条要求。

典型案例

〔案例描述〕2016年7月，某地市220千伏变电站进线因外力破坏，1号主变失电，通过母联转供和配网负荷转移后，仍有较大供电缺口。该220千伏变电站下专变用户采集系统未全覆盖，在执行有序用电方案时，不能实时监测用户负荷，无法掌握负荷控制量，导致多条10千伏线路超限拉闸。

〔案例评析〕用户侧负荷监测控制未全覆盖，导致有序用电执行效果打折扣。

2.2 优先保障和重点限制用户管理不严格

风险描述

1. 编制方案时，未将重要用户和保障用户剔除。
2. 重点限制用户未纳入限电方案。

风险影响

1. 重要保障用户统计到限电指标中，实际无法执行，导致负荷缺口。
2. 高耗能、高排放等重点限制用户未纳入有序用电方案，易影响其他用户参与的积极性。

监督评价要点

1. 检查有序用电方案是否存在重要用户和保障用户：获取有序用电方案清单、重要用户清单、保障用户清单，检查有序用电方案清单是否涵盖重要用户和保障用户。
2. 检查有序用电方案是否未将重点限制用户纳入：获取有序用电方案清单和重点限制用户清单，检查有序用电方案清单是否涵盖重点限制用户。

防范措施

方案编制应充分考虑所有用户的性质，并进行分类。重要用户、民生相关用户优先保障，排在有序用电最后一级或者剔除，并重点限制用户优先列入限电清单。

政策依据

〔内部制度依据〕《国家电网公司有序用电管理办法》（国网〔营销/3〕281—2014）第四章第十八条、第十九条要求。

典型案例

〔案例描述〕2017年6月，某县公司110千伏变电站出现重满载，需要启动区域性有序用电方案。该公司编制方案时未充分考虑变电站下用户性质，误将某乡镇医院所在线路列入其中。执行有序用电期间，用户负荷压减较困难，调控中心不得已对部分线路拉电，导致乡镇医院失电，对正常就医秩序产生一定影响。

〔案例评析〕未对用户分级分类，导致有序用电期间用户误停电。

2.3 方案实施用户告知不到位

风险描述

实施方案前未及时告知用户，方案到期取消未通知用户。

风险影响

未提前通知用户限电，导致用户生产计划安排难以调整，执行效果不理想。到期未通知用户，导致用户仍压减负荷，造成经济损失。

监督评价要点

检查方案中是否存在用户告知不到位的情况：获取方案清单和执行失败清单，通过现场走访或电话沟通的形式检查是否存在用户告知不到位的情况。

防范措施

在对客户实施、变更、取消有序用电措施前，应提前履行告知义务，并保留工作痕迹。

政策依据

〔内部制度依据〕《国家电网公司有序用电管理办法》（国网〔营销/3〕281—2014）第七章第三十条要求。

典型案例

〔案例描述〕2018年4月，某县公司因变电站C检全停，需要启动区域性有序用电。因配网结构较复杂等，配网转移方案编制完成时，离变电站全停只有3天时间。该区域涉及工业用户300余家，留给相关乡镇供电所员工通知用户停电的时间极短，用户调整生产计划困难较大，最终导致部分线路超限拉闸。

〔案例评析〕有序用电方案实施前，提前通知用户的时间应尽可能充足，给用户留足错峰用电时间。

第八部分
市场化售电风险

1 市场化售电

1.1 一个用户对应多份售电合同

风险描述

同一个营业执照用户名下的所有用电户头与多家售电公司均签订售电合同与三方协议，供电公司业务受理时出现多家售电公司均持有同一用户资料办理市场化业务，互相冲突。如果受理时审查资料未留意，受理并在三方协议上盖章，容易引起纠纷。

风险影响

1. 受理同一用户两个市场化售电关系造成流程冲突。
2. 如将加盖供电公司公章的三方协议交还各售电公司，易引起法律纠纷。
3. 未被用户最终选择的售电公司易和供电公司产生冲突。

监督评价要点

检查是否存在一个用户签约多家售电公司的情况，是否存在流程冲突和法律风险。

防范措施

1. 系统进行强制校验，存在市场化售电关系流程的同一营业执照用户名下的所有用电户头不允许再次发起业务受理。
2. 规范受理程序，受理员与客户经理需先在系统中核查用户有无市场化流程，再审查资料与盖章。如果出现一个用户对应多家售电公司，无用户与售电书面说明和授权，不得变更原系统流程。

政策依据

〔内部制度依据〕浙江省（市）市场化售电营销业务相关规定。

典型案例

〔案例描述〕2019年某电力营业厅受理市场化售电业务时，上午A售电公司持用户授权书、三方合同等齐全资料办理，受理员审核后录入系统。下午B售电公司持同一用户资料前来，受理员未查明该用户是否在系统中存在市场化流程，审核资料后即在三方合同上盖章并交还其中一份给B售电公司。A、B两售电公司均持有效的三方合同，产生纠纷，并向省交易中心投诉属地供电公司。

〔案例评析〕受理人员办理市场化售电业务过程中未核实用户是否存在在途流程即在三方合同上盖章，导致同一用户签订多家售电公司，引起纠纷。

1.2 售电公司与用户私下约定新交易电价

风险描述

售电公司与用户在报送省交易中心的购售电合同与三方合同之外，私下签订补充协议约定新的交易电价，新交易电价与原交易电价之间的差价电费不通过省交易中心与供电公司。

风险影响

售电公司如与用户对差价电费直接进行体外结算，可规避向交易中心缴纳手续费及部分税收，也可以快速实现资金归拢，存在阴阳合同扰乱售电市场秩序的风险。

监督评价要点

检查是否存在阴阳合同扰乱市场秩序的情况。

防范措施

政府出台相关规定，确定在省交易中心备案的购售电合同及三方合同效力上的优先性，提高售电公司与用户私下签订合同的违规成本。

政策依据

〔内部制度依据〕浙江省（市）市场化售电营销业务相关规定。

典型案例

〔案例描述〕2019年10月，某用户与售电公司签订购售电协议时约定电价0.5元/千瓦·时，报供电公司三方合同与省交易中心备案价格均为0.5元/千瓦·时，供电公司代为收取。该用户与售电公司同时签订补充协议，约定每千瓦·时加价0.1元，加价部分用户直接交给售电公司，该补充协议未报供电公司与省交易中心备案，损害了省交易中心的利益。

〔案例评析〕用户与售电公司未遵循诚信、公平交易的原则，使用阴阳合同损害省交易中心利益，也为正常售电交易电费资金安全埋下隐患。

1.3 供电公司员工故意造成差错电量

风险描述
供电公司员工与售电公司勾结，当月故意造成电量差错，使用虚假电量帮助售电公司逃避月度电量偏差考核。

风险影响
1. 错误电量导致电费差错，容易与用户产生纠纷。
2. 售电公司不合理规避偏差考核损害多方利益。

监督评价要点
1. 抽查市场化用户的电量电费的准确性。
2. 检查有偏差考核的市场化用户的电费、抄表数据的准确性，检查是否存在手工抄表等异常情况以规避考核。

防范措施
1. 加强员工管理，廉洁教育，一经发现从严从重处理。
2. 规范电费抄核流程，市场化用户不允许手工录入电量，核算员着重注意各类电量异常原因。
3. 市场化用户电量电费退补须详细描述原因，提供现场照片，经用户、售电公司书面同意方可发起退补流程。

政策依据
〔内部制度依据〕浙江省（市）场化售电营销业务相关规定。

典型案例
〔案例描述〕2019年11月，某售电公司提前测算本月签约用户总电量，发现实际用电量低于月度计划合同电量的95%。为规避对电量差值部分的偏差考核，该售电公司勾结某供电所抄表员，通过手工抄表方式提高用户月度用电量，核算班未仔细核查电量异常提示，导致错误电量电费发行。用户发现月度用电量远超往月电量，用户对此表示怀疑，拨打"95598"投诉。本事件不仅侵害用户和交易中心的利益，还损害供电公司的公信力与公司形象。

〔案例评析〕该抄表员违反廉洁从业原则，与售电公司勾结操纵用户电量，同时核算班未对电量异常核查，导致虚假电量电费出账，引发纠纷。

1.4 市场化用户抄表异常

风险描述

为规避偏差考核，结算月未按采集实际电量抄录，人为调整结算电量。

风险影响

1. 造成售电公司与电力企业、电力客户结算不准确。
2. 造成偏差考核电费少计。

监督评价要点

1. 抽查市场化用户电量电费的准确性。
2. 检查有偏差考核的市场化用户的电费和抄表数据的准确性，检查是否存在手工抄表等异常情况以规避考核。

防范措施

强化抄表质量管控，加大抄表示数复核力度，及时处理抄表示数异常。

政策依据

〔内部制度依据〕《国家电网有限公司电费抄核收管理办法》（国网〔营销/3〕273—2019）第二十条：应严格通过远程自动化抄录用电计量装置记录的数据，严禁违章抄表作业，不得估抄、漏抄、错抄。具备条件的省公司可以分步建立所有电力客户或部分重要电力客户的全省抄表集中模式，不断提升公司的集约化、精益化管理水平。

典型案例

〔案例描述〕某市场化用户当月用电量进入偏差考核区间，为免于用户偏差考核，人为修改用户当月电量。

〔案例评析〕为免于市场化用户的偏差电费考核，人为修改结算电量，造成当月电费结算错误。

1.5 市场化用户套餐价格错误

风险描述

市场化用户执行套餐价格与合同签订套餐价格不一致。

风险影响

造成市场化用户、售电公司、电力企业电费结算不准确。

👍 **监督评价要点**

检查用户的套餐价格与合同的套餐价格是否一致。

🛡 **防范措施**

1.严格按照市场化购售电合同约定的价格售电，维护营销业务系统售电电价。

2.设置多岗位人员复核电价的制度。

📋 **政策依据**

〔外部政策依据〕本省市场化售电营销业务相关规定。

📇 **典型案例**

〔案例描述〕某市场化用户市场化购售电约定，售电单价为固定价差模式，价差0.1元/千瓦·时。营销业务人员在系统录入过程中误将价差录入为0.01元/千瓦·时，导致用户当月市场化电费结算错误。

〔案例评析〕工作人员疏忽，导致市场化价差录入错误，造成当月电费结算错误。

1.6 市场化用户疑似规避1.5倍惩罚

📋 **风险描述**

市场化用户（一般工商业和大工业用户）销户后10天内，同户名重新发起新装流程，以此规避退市电价1.5倍的惩罚。

⚠ **风险影响**

1.扰乱电力市场的正常秩序。

2.存在舆情风险，易引发售电公司投诉。

👍 **监督评价要点**

检查市场化用户销户后，同一个地址是否存在重新发起新装流程的用户。

🛡 **防范措施**

1.对市场化用户销户流程慎重审查，规范办理。

2.监控市场化用户销户后短期内发起新装流程的用户，及时向省交易中心反映报备。

📋 **政策依据**

〔外部政策依据〕《国家发展改革委 国家能源局关于印发〈电力中长期交易基本规则〉的通知》（发改能源规〔2020〕889号）第二十条：无正当理由

退市的电力用户，由为其提供输配电服务的电网企业承担保底供电责任。电网企业与电力用户交易的保底价格在电力用户缴纳输配电价的基础上，按照政府核定的目录电价的1.2~2倍执行。保底价格具体水平由各省（区、市）价格主管部门按照国家确定的上述原则确定。

典型案例

〔案例描述〕某地某市场化用户不愿意再参加电力市场，为规避1.5倍退市惩罚，办理销户，流程归档后2天内申请办理同户名、地址、法人的新装。

〔案例评析〕存在用户利用规则漏洞规避1.5倍退市惩罚的风险。

第九部分

客户服务风险

1 服务意识

1.1 服务意识淡薄

风险描述

1. 工作人员对客户服务需求响应不主动、不及时。
2. 漠视客户合理用电诉求，侵害群众利益。

风险影响

影响客户情绪，造成客户不良感知，发生服务投诉事件。

监督评价要点

1. 检查涉及服务态度问题的工单是否属实：抽查涉及服务态度的各类工单，现场核查或电话回访，确认客户反映的服务态度问题是否属实。
2. 检查实际业务办理是否存在服务意识问题：抽取营业厅监控音频、视频或临厅模拟业务办理，查看营业厅人员是否存在不耐烦、冷漠、推诿、搪塞、怠慢等服务意识淡薄的问题。

防范措施

1. 积极培育服务理念，树立全员服务、主动服务的意识，对客户的诉求不推诿、不拒绝，真心实意为客户着想。
2. 持续开展员工警示教育，及时解决群众最关心、最直接、最现实的利益问题。
3. 发现情绪激动或诉求有升级倾向的客户，均应及时向供电服务指挥中心汇报，并录入工单进行闭环管控。

政策依据

〔内部制度依据〕《国家电网公司供电服务规范》第七章；《国家电网有限公司员工服务"十个不准"》第六条、第八条。

典型案例

〔案例描述〕客户到某营业厅询问电费电量异常问题，希望工作人员可以现场查看，营业厅工作人员为其联系了某供电服务站的抄表师傅，师傅现场查勘后，表示客户家中表后线路错接，客户希望核实是否为电表轮换后造成的，抄表师傅表示轮换是在3年前，需要回单位查看数据才能告知客户，但4天后客户都没有收到工作人员的任何答复。

〔案例评析〕营业厅受理人员"首问负责制"未落实到位，抄表师傅对客户服务需求响应不及时，导致客户认为工作人员漠视其诉求，对此不满。

1.2 服务态度恶劣

风险描述

1.工作人员对客户诉求不耐烦，对客户冷言冷语，使用不礼貌、不文明用语回复客户。

2.工作人员威胁客户，与客户发生争吵。

风险影响

影响客户情绪，造成客户与服务人员态度行为对立，发生服务舆情事件。

监督评价要点

1.检查涉及服务态度问题的工单是否属实：抽查涉及服务态度的各类工单，现场核查或电话回访，确认客户反映的服务态度恶劣问题是否属实。

2.检查实际业务办理是否存在服务态度问题：抽取营业厅监控音频、视频，核实营业厅人员是否存在不耐烦或态度恶劣的情况；现场调查或模拟业务办理，观察工作人员服务态度。

防范措施

1.深入践行"人民电业为人民"的企业宗旨，提升优质服务理念。

2.加强岗前服务规范、服务技巧的培训学习，引导员工合理应对和缓解工作压力，增强心理素质。服务规范不熟悉、服务技巧不熟练、心理素质较差的员工，不得进入一线服务岗位。

3.严格落实考核制度，对因服务态度恶劣造成事情升级的工作人员，严格考核。

政策依据

〔内部制度依据〕《国家电网有限公司关于印发一线员工供电服务行为规范的通知》(国家电网营销〔2023〕482号);《国家电网有限公司95598客户

服务业务管理办法》。

典型案例

〔案例描述〕客户去某营业厅交纳电费，因为银行POS机损坏无法交费，工作人员让客户留下联系电话，客户表示之前留过号码便准备离开，工作人员在客户转身后说了一句"脑子有病"。

〔案例评析〕营业厅受理人员使用不礼貌、不文明用语，导致客户强烈不满，引发舆情事件。

1.3 服务能力不足

风险描述

工作人员对业务规定不熟悉，岗位操作不熟练，无法为客户快速准确地办理各类业务和应答客户咨询。工作人员缺乏服务沟通技巧，与客户沟通不畅，无法准确理解客户诉求或化解矛盾。

风险影响

1. 增加客户业务办理时间，造成业务差错或重复办理，导致客户不满，甚至引发矛盾升级。
2. 影响客户情绪，造成客户与服务人员态度行为对立。
3. 容易引起客户误解，甚至引发矛盾升级。

监督评价要点

1. 检查业务培训是否到位：抽查业务培训计划、培训内容、考试台账等资料是否齐全。
2. 检查实际业务办理是否合规：通过现场模拟业务办理或电话抽查方式，查看工作人员业务技能知识掌握情况。

防范措施

1. 建立健全培训体系，完善培训机制，加强员工服务技能培训，提升服务水平。
2. 建立和完善供电服务绩效考核和激励机制，充分发挥员工创造性和积极性。
3. 熟知本岗位的业务知识和相关技能、岗位规范。

政策依据

〔内部制度依据〕《国家电网有限公司关于印发一线员工供电服务行为规

范的通知》(国家电网营销〔2023〕482号);《国家电网有限公司供电服务"十项承诺"》第九条。

典型案例

〔案例描述〕客户前往某区行政服务中心办理低压居民新装业务,工作人员表示新户通电业务只能在"网上国网"App上办理,因客户是80多岁的老年人,虽然携带了身份证,但是不记得自己的联系方式,工作人员表示该业务只能在App上办理,希望客户回家后让其家人在App上办理。客户认为工作人员拒绝办理业务。

〔案例评析〕行政服务中心受理人员对业务规定不够熟悉,而且和老年人沟通时缺乏沟通技巧,导致客户以为受理人员拒绝办理业务,造成客户不满。

2 服务渠道

2.1 服务渠道不通畅

风险描述

1. 客户通过"网上国网"App等线上办电渠道发起业务申请，受理人员接单不及时，造成客户诉求长时间无响应。

2. 营业厅自助设备长期故障，造成营业厅线下办电客户长时间等待。

3. 客户通过"网上国网"App、微信、支付宝等线上渠道交费后，电费到账不及时。

4. 营业场所拒收现金（无人营业厅除外）。

风险影响

1. 造成客户业务办理不便，影响客户体验，引发服务风险。

2. 造成业务办理超时限或电费到账不及时。

3. 造成客户电费缴纳不便。

监督评价要点

1. 检查各类服务渠道是否全面：核查营业厅内有效服务电话及宣传资料是否摆在显眼位置；营业厅现场模拟现金缴费，核查是否存在拒收现金的现象。

2. 检查各类渠道服务是否响应及时：抽取系统内各类工单接单、派单时间，检查是否按时接单、派单；核查意见工单是否反映营业厅排队过长、设备故障且未提示、线上App故障等问题；现场调查或通过营业厅视频监控，核实营业厅是否存在客户排队等候时间长等问题。

防范措施

1. 开展系统架构优化，提升系统性能，防止系统延迟卡顿情况的发生。

2. 加强线上办电渠道业务监督，明确线上业务接单、派单责任单位或责任人。

3. 开展自助设备全寿命周期管理，实现设备故障自动检测、自主报修等功能。

4.严禁营业厅拒收现金,加强现场督导检查。

政策依据

〔内部制度依据〕《国家电网有限公司供电服务"十项承诺"》第五条、第八条。

典型案例

〔案例描述〕某客户2022年8月28日11点06分通过"网上国网"App办理低压业扩新装,截至9月3日无工作人员与客户联系,客户9月4日在"网上国网"App使用催办功能,截至9月12日仍无工作人员与客户联系,客户对此表示不满。

〔案例评析〕"网上国网"App线上业务不满足24小时内完成业务受理的要求,客户体验感不佳。

2.2 渠道服务项目与公示不一致

风险描述

实际业务办理过程中的网点信息、服务项目、服务时间与营业厅、第三方服务网点等营业场所、移动客户端、微信公众号等线上服务渠道,对外公示网站或知识库报备的网点信息、服务项目、服务时间不一致。

风险影响

造成客户误解,引发客户不良感知,发生服务舆情。

监督评价要点

1.检查线下服务渠道项目与公示是否一致：现场核查营业厅、第三方服务网点等营业场所对外公示或知识库报备的网点信息、服务项目、服务时间是否一致。

2.检查线上服务渠道项目与公示是否一致：对照对外公示内容,模拟业务办理,核查"网上国网"App、微信公众号等线上服务渠道对外公示的服务项目、服务时间、活动信息与实际是否一致。

防范措施

1.严格按照《国家电网有限公司关于印发一线员工供电服务行为规范的通知》要求按实公示服务信息。

2.定期检查各渠道公示信息的及时性。

政策依据

〔内部制度依据〕《国家电网有限公司关于印发一线员工供电服务行为规范的通知》（国家电网营销〔2023〕482号）;《国家电网有限公司95598客户服务业务管理办法》–投诉/意见业务分类。

典型案例

〔案例描述〕某营业厅因装修搬迁至临时营业厅办公并在知识库报备，后因装修延期，营业厅原址无法在报备期内营业，供电公司未及时在知识库修改报备信息，报备期满后，有客户至该营业厅原址办理业务时发现营业厅未营业，引发客户不满。

〔案例评析〕营业厅因知识库报备信息与实际不一致引发客户不满。

2.3 屏蔽客户投诉举报渠道

风险描述

1.供电营业场所、计量装置、供电设施、各类表单及宣传材料等屏蔽"95598"供电服务热线或"12398"能源监管热线。

2.营业窗口意见箱、意见簿形同虚设。

风险影响

未能及时准确掌握客户诉求，让客户失去信心，导致服务事态扩大，引发重复投诉、越级投诉和群体投诉，甚至引发舆论事件。

监督评价要点

1.检查是否存在屏蔽"95598"或"12398"热线情况：查看营业厅有效服务电话及服务App的宣传资料是否摆在显眼位置，检查宣传资料及业务表单、供电服务联系卡等是否印制"95598"和"12398"热线标识；现场核查表箱、变压器、电杆、配电柜等供电设施是否存在只公示当地服务电话、未公示"95598"热线的问题；现场核查抢修车是否按照规范喷涂"95598"标识；登录当地供电企业开通的微博、微信公众号等网上宣传页面，检查是否存在只公示当地服务电话、未公示"95598"或"12398"热线的问题。

2.模拟客户提意见，现场核查是否存在营业窗口意见箱、意见簿形同虚设的问题。

防范措施

1.主动公示"95598"供电服务热线及"12398"能源监管热线，在计量装置、供电设施、故障抢修车辆、供电营业厅、服务监督台、工作单据、便民设施、宣传材料等显著位置印制或喷涂"95598"供电服务热线标识，严禁以各种方式屏蔽"95598"热线电话。

2.加强营业厅运营管理，按规范要求定期检查意见箱、意见簿并及时反馈客户意见。

政策依据

〔内部制度依据〕《国家电网有限公司员工服务"十个不准"》第七条。《国家电网有限公司95598客户服务业务管理办法》第一章第十二条。

典型案例

〔案例描述〕某小区计划停电，供电公司在该小区张贴计划停电公告并公布抢修班组联系电话，未公布"95598"供电服务热线。后停电时间延长，且未及时告知，小区住户拨打抢修电话却长时间无人接听，接听后接线人员无法准确告知客户来电时间且态度较为冷漠，引起住户强烈不满。随即小区住户在当地论坛发布相关内容，拨打市长热线反映此事，造成事件影响扩大。

〔案例评析〕供电所因屏蔽"95598"供电服务热线导致客户反映问题未得到有效解决，引发舆情事件。

3 服务质量

3.1 服务形象受损

风险描述

1. 营业场所未按照《国家电网公司形象识别手册》统一、规范应用"国家电网"品牌等VI标识。
2. 服务人员行为举止、仪容仪表违反国家电网有限公司供电服务规范。
3. 供电营业场所环境杂乱，营业秩序混乱。

风险影响

1. 造成"国家电网"品牌形象模糊、混乱，影响企业形象和品牌形象。
2. 影响客户办电体验，降低客户满意度。

监督评价要点

1. 检查营业场所VI标识是否规范：现场检查营业场所的"国家电网"品牌等VI标识是否符合《国家电网公司形象识别手册》要求。
2. 检查服务场所环境及人员仪表是否规范：现场检查或者通过营业厅视频监控，核查服务人员行为举止、仪容仪表是否规范，营业场所环境、营业秩序是否规范。

防范措施

1. 严格按照《国家电网公司形象识别手册》统一、规范应用"国家电网"品牌等VI标识，不得擅自更改"国家电网"品牌等VI标识。
2. 定期举办营业厅服务礼仪培训和业务技能培训，加强服务人员业务素质和行为规范，提升服务意识。
3. 规范营业环境管理，定期组织检查。

政策依据

〔内部制度依据〕《国家电网有限公司关于印发一线员工供电服务行为规范的通知》（国家电网营销〔2023〕482号）；《国家电网公司形象识别手册》。

典型案例

〔案例描述〕某供电营业厅叫号系统故障，客户排队人员较多，营业厅环境嘈杂，且当日无引导员疏导引流，当某客户排队至柜台前办理业务时，前面已有较多插队客户办理完业务，且业务受理员未按服务礼仪接待客户，态度较为冷淡，最终导致客户现场不满情绪爆发。

〔案例评析〕营业厅营业秩序混乱且服务人员服务礼仪执行不到位影响客户办电体验，引发投诉。

3.2 "首问负责制"落实不到位

风险描述

存在对客户诉求推诿、搪塞和怠慢的现象，导致客户"多头跑"。

风险影响

导致客户诉求响应不及时，甚至出现"多头跑"的情况，客户不满意引发投诉甚至舆情。

监督评价要点

1. 检查营业厅工作人员是否落实"首问负责制"：现场检查或者通过营业厅视频监控，核查接待人员是否认真倾听，热心引导，快速衔接，并主动为客户联系相关工作人员进行处理，是否存在不耐烦、冷漠、推诿、搪塞、怠慢等问题。

2. 检查非营业厅工作人员是否落实"首问负责制"：抽查涉及服务态度的各类工单，现场核查或电话回访，确认工作人员是否存在推诿、搪塞和怠慢客户的问题。

防范措施

无论业务是否对口，工作人员应热心引导、快速衔接、及时转办。

政策依据

〔内部制度依据〕《国家电网有限公司关于印发一线员工供电服务行为规范的通知》（国家电网营销〔2023〕482号）；《国家电网有限公司员工服务"十个不准"》第六条。

典型案例

〔案例描述〕某供电公司营业厅只能办理低压业务，不受理高压新装业务，高压业务只能到该营业厅上级部门供电服务中心申请办理。

〔案例评析〕该供电营业厅违反"首问负责制""同城异地"业务办理规定。

3.3 "一次性告知"制落实不到位

风险描述
未一次性告知客户办电所需的全部资料、业务流程、收费标准等信息，导致客户重复往返。

风险影响
客户对办电所需资料、流程等信息不了解，重复往返引发客户不满。

监督评价要点
1. 现场检查或者通过营业厅视频监控，核查工作人员是否一次性告知客户办电所需要的全部资料、办电流程等信息；到营业厅模拟业务办理，观察工作人员是否一次性告知问题。结合业扩工单，现场调查或电话回访，核查是否存在未"一次性告知"等问题。

2. 抽查涉及服务态度的各类工单，现场核查或电话回访，确认是否存在让客户"多头跑""多次跑"的现象。

防范措施
办理客户用电业务时，一次性告知客户办电所需的全部资料、办理流程、收费标准等信息，主动发放业务办理告知书。

政策依据
〔内部制度依据〕《国家电网有限公司关于印发一线员工供电服务行为规范的通知》（国家电网营销〔2023〕482号）；《国家电网有限公司员工服务"十个不准"》第三条；《国家电网公司业扩报装管理实施细则》。

典型案例
〔案例描述〕某客户于2019年12月1日至供电营业厅咨询如何办理移表业务。次日客户按照甲客户受理员所讲，携带申请资料再次到营业厅申请办理移表业务，乙客户受理员却因客户所带资料不全未当场办理。客户回去后将所需资料交予台区经理，台区经理未将资料递交至客户受理员，导致该业务一直未受理，最终2020年7月该户表计脱落引起客户停电，造成客户不满。

〔案例评析〕客户受理员"一次性告知"落实不到位，未将业务办理的渠道、流程一次性告知客户。台区经理未执行"首问负责制"，未快速响应客户诉求，导致业务办理超时限。

3.4 擅自变更或泄露客户信息

风险描述
1.擅自变更客户信息,导致客户基础信息不准确,引发各类服务通知错发。

2.工作人员利用职务之便,违规窃取客户资料,通过积分套现等手段牟取私利。

3.为回避业扩回访时限偏差、体外循环等问题,弄虚作假修改客户联系信息。

风险影响
1.客户信息泄露,导致客户利益受损。

2.信息修改权限随意使用,损害公司利益和企业形象,容易引发舆情事件。

监督评价要点
1.筛选服务通知错发、客户基础信息相关的客户诉求工单,通过现场调查、电话回访等方式,核查是否存在擅自变更客户信息或客户基础信息不准确,引发各类服务通知错发的情况。

2.结合客户诉求工单、网络舆情等,现场核查是否存在违规泄露客户电量电费、联系信息等客户资料的情况,核查工作人员是否存在利用职务之便,违规窃取客户资料,通过积分套现等手段牟取私利。

防范措施
1.严格执行《国家电网有限公司员工服务"十个不准"》,规范客户信息收集应用,保护客户信息,准确维护客户基础信息。

2.提高工作人员业务素质,提升防范廉政风险意识。

政策依据
〔内部制度依据〕《国家电网有限公司员工服务"十个不准"》第五条,第十条;《国家电网有限公司95598客户服务业务管理办法》-举报(行风问题线索移交)、意见、建议。

典型案例
〔案例描述〕某供电公司员工利用"网上国网"App户号绑定规则,擅自修改营销系统内非本人相关的客户基础联系信息,以达到本人"网上国网"账号与他人户号自动绑定的目的,从而实现违规积分划转,套取电费红包。

〔案例评析〕供电公司员工利用职务之便违规积分套现,导致客户利益受损。

3.5 服务违规收费

风险描述

1. 强行提供有偿服务或介绍关联第三方提供有偿服务。

2. 私立收费项目，未按物价部门收费标准收取相关费用。

3. 工作人员通过个人支付宝、微信等形式私自收取客户电费。

风险影响

损害客户利益，引起客户不良感知，甚至产生法律诉讼，引发舆情事件。

监督评价要点

1. 现场调查有偿服务的收费依据和收费标准：筛选涉及乱收费问题的客户诉求工单，现场调查或电话回访客户，确认有偿服务是否规范。

2. 检查是否按物价部门有偿服务收费标准收取相关费用：现场调查或电话回访客户收取有偿服务费时的人员服务是否规范，现场调查供电单位管理范围内是否使用统一、规范的有偿服务费发票。

防范措施

1. 严格按照物价局公开标准收取电费和业务费。

2. 应客户要求推荐物价局公开标准之外的有偿服务时，应礼貌拒绝，由客户自主选择。

3. 现场工作人员规范仪容仪表和国家电网标识，避免客户受骗。

4. 严禁通过个人方式私下收取客户电费，或者为客户垫付电费。

5. 严禁以任何理由违规收取费用。

政策依据

〔内部制度依据〕《国家电网有限公司员工服务"十个不准"》第九条。《国家电网有限公司关于印发一线员工供电服务行为规范的通知》（国家电网营销〔2023〕482号）。

典型案例

〔案例描述〕客户反映报修后，供电公司安排的师傅过去表示变压器修好或者修不好都要给2000元，客户有转账截图。核实为客户侧专变因为雷击故障导致停电，需要变压器检测合格后方可送电。供电公司工作人员违规协同某电力工程公司人员（即客户所述的供电公司安排的师傅）一起至现场，并任由某电力工程公司人员以供电公司名义向客户索取有偿检测费用，引发客户不满。

〔案例评析〕该公司工作人员报修故障业务时，未征得客户同意，指定施工单位违规提供有偿服务，损害客户利益，引起客户不满。

3.6 服务风险报备不规范

风险描述

1.未按规定程序执行欠费停电，在业务存在纠纷或现场停电受阻情况下强制停电。

2.在未进行"95598"重要服务事项报备情况下，为配合军事机构、司法机关、县级及以上政府机构工作，强制采取停限电或限制接电。

风险影响

损害客户利益，甚至产生法律诉讼，引发舆情事件，损害公司形象。

监督评价要点

1.结合各类诉求工单、网络舆情等，核实未按规定程序执行欠费停电的情况，在业务存在纠纷或现场停电受阻情况下，核实强制实施停电的情况。

2.抽取重要服务事项报备情况，核查配合政府停电的报备依据是否充足；结合各类诉求工单、网络舆情等，核实强制采取停限电或限制接电的属实事项是否进行重要服务事项报备。

防范措施

1.编制配合政府停电实施方案，明确报备流程、所需资料等内容，实现规范化、标准化管理。

2.严格执行重要事项报备流程，规范服务风险报备制度，降低服务风险。

政策依据

〔外部政策依据〕《供电营业规则》第六十六条、第六十七条；《电力供应与使用条例》第三十九条。

〔内部制度依据〕《国家电网有限公司95598客户服务业务管理办法》–重要服务事项报备。

典型案例

〔案例描述〕客户反映有供电公司员工至其住所强制拆表，态度恶劣，客户主动表示该住所为拆迁地块，家里还没有跟政府谈好，电工来了之后就拿梯子上了电杆把线路剪断。经核实，客户为租户，原户主因政府拆迁通知向供电公司申请销户，供电公司至现场强制执行拆表停电。

〔案例评析〕供电公司工作人员在现场拆表受阻的情况下，依然强制拆表停电，违反销户业务执行规范。供电公司前期已得知现场为拆迁地块且租户拒不搬迁，但未按照配合政府执行停电情况进行重要服务事项报备，造成本次服务事件处理不当。

3.7 服务响应不及时

风险描述

1. 客户用电诉求长时间无人联系，或工作人员未按承诺时限到达现场。
2. 客户拨打供电服务热线后，工作人员未在规定时限内处理客户诉求。

风险影响

对客户诉求响应不及时，造成客户情绪激动、不满。

监督评价要点

1. 核实各类渠道受理的客户业务诉求是否按照规定时间处理完毕。
2. 检查各类工单，核实是否存在处理超时限的属实工单。

防范措施

1. 健全营销业务全流程预警、监督和评价机制，优化内部人员联络机制，确保业务跟踪到位。
2. 建立和完善供电服务绩效考核和激励机制，充分发挥员工创造性和积极性。

政策依据

〔内部制度依据〕《国家电网有限公司关于印发一线员工供电服务行为规范的通知》（国家电网营销〔2023〕482号）；《国家电网有限公司员工服务"十个不准"》第六条；《国家电网有限公司供电服务"十项承诺"》第三条、第六条、第七条、第九条。

典型案例

〔案例描述〕客户反映2023年2月2日通过"网上国网"App申请低压非居新装（充电桩）业务，至2023年2月8日依然无人联系。核实发现受理业务后工作人员确定客户现场用电地址具备直接装表条件，前期已在客户车位附近统一布设集中表箱，原定于2023年2月9日直接为客户装表接电，在低压非居新装承诺时限内，工作人员默认客户会通过"网上国网"App自行查询工作进度。

〔案例评析〕工作人员仅仅关注了低压非居新装全流程时限要求，忽略了客户感知，未在客户申请后第一时间联系客户告知装表流程。

3.8 验表结果告知不到位

风险描述

受理客户计费电能表校验申请后，5个工作日内出具的检测结果未通过电话、短信等形式及时告知客户，造成客户不满。

风险影响

主动服务意识不强，引发客户误会，留下对外服务违诺印象，产生服务舆情。

监督评价要点

抽查涉及表计校验的各类工单，现场核查或电话回访，确认客户反映的校表结果未及时告知问题是否属实。

防范措施

1.电表异常快速响应，受理客户计费电能表校验申请后，5个工作日内出具检测结果，并在承诺的时限内及时将校验结果告知客户。

2.强化内部数据稽查，及时跟进校验流程，做好闭环管控。

政策依据

〔内部制度依据〕《国家电网有限公司供电服务"十项承诺"》第七条；《国家电网有限公司员工服务"十个不准"》第六条。

典型案例

〔案例描述〕2023年2月10日，客户拨打服务热线电话反映家中1月电费突增，怀疑电表异常。工作人员现场检查后确认表计和接线无异常，根据客户近期家中用电负荷特性推测，电费突增为天气转冷，家中大功率电器使用频率增加所致，客户对此解释不认可，工作人员进一步建议客户申请表计校验。客户于2023年2月13日申请表计校验流程，表计校验需要时间，所以工作人员与客户约定在2023年2月17日前处理完毕，"95598"工单以约时办结。2023年2月16日，校表结果出具，工作人员未联系客户，2023年2月17日约时时间到，工作人员依然未联系客户。2023年2月18日上午，客户拨打"95598"投诉，反馈工作人员违诺，且服务态度恶劣。

〔案例评析〕工作人员责任心不强，对涉及电费等客户较关心的业务敏感度不高，约时到期前未及时联系客户，造成客户不满。

4 服务事件处置

4.1 负面事件处置不当

风险描述

1. 未建立服务事件应急处理机制，未及时、有效处置负面事件。
2. 恶意隐瞒或未及时上报负面事件。

风险影响

错失危机公关先机，引起事件升级，损害企业形象。

监督评价要点

1. 检查负面事件处理机制是否完善，核查是否确定负面事件应急处置预案，预案是否合理，是否记录负面事件信息，是否履行电话、书面报送流程。
2. 检查负面事件处理是否闭环，查看负面事件记录，核查是否存在工作人员处置不及时、处置方法不恰当导致负面事件扩大化的问题。

防范措施

1. 建立供电服务危机处理制度，成立供电服务危机处理应急小组。
2. 根据"快速响应、实事求是、分级负责、注重效果"的原则，及时高效处理负面事件。

政策依据

〔内部制度依据〕《国家电网公司电力服务事件处置应急预案》。

典型案例

〔案例描述〕某年8月，某市网站发布"智能电表耗电量飙升，电费奇高，几乎翻倍"的报道。该地供电部门监测到该负面事件后，立即向上级部门汇报，并在上级指导下组织专业人员开展危机公关：一是组建电费专家团队，通过分析客户数据，提出电费突增的原因可能为三档阶梯电价导致，用通俗易懂的案例解释计算电费突增情况，并整理省电小技巧引导客户利用谷时用电；二是主动对接该市的市场监管局，抽取部分电能表送该市质量技术监督检测院鉴定，并实时通过媒体公布检测数据和结果，通过第三方权威机构的鉴定结果回应市民关切；三是主动通过热门媒体发布正面信息，掌握舆论的主动权，化解负面事件；四是在上级部门的统一部署下，全省各地市通过当地主流媒体发布正面引导性报道，指导客户利用"网上国网"App实时检测日用电情况，正确解读电费账单，引导客户优化用电。

〔案例评析〕该地市公司监测到负面事件后，及时向上级汇报，并在专业部门指导下成立危机公关小组，及时、有效处置该负面事件；该地市公司充分倾听客户诉求，主动对接第三方权威机构辟谣，以事实为依据回应客户关心的问题，正向引导舆情；该公司上级部门，在全省范围内发布正向引导性报道，以点及面，防患于未然。

4.2 投诉举报处置不当

风险描述

1.未按照投诉、举报处理时限要求，及时联系、处理并答复客户。

2.投诉、举报处理过程中不积极、不规范，或是内部推诿、敷衍，造成客户矛盾上升。

3.处理结果未以事实和法律法规为依据，回复弄虚作假，规避供电公司责任，损害客户的合法权益或供电公司利益。

4.未执行保密、回避制度，泄露投诉举报人的信息。

5.属实投诉举报整改措施落实不到位，未能将处理措施落实到位，未能举一反三，减少客户投诉。

风险影响

未能及时准确掌握客户诉求信息，让客户失去耐心，导致事态扩大，引发重复投诉、越级投诉或群体投诉，甚至舆情事件。

监督评价要点

1.检查投诉举报是否及时：筛查各类投诉举报工单的派单时间、首次联系客户时间、答复客户时间，核实各类渠道的投诉是否24小时内联系客户，4个工作日内答复处理意见；举报是否9个工作日内处理、答复客户并审核、反馈处理意见。

2.检查投诉举报处理是否符合规范：现场调查或电话回访投诉人、被投诉人及相关人员投诉举报处理过程，确认属实投诉后，继续落实整改措施。

🔲 防范措施

1. 坚持实事求是、以理服人、正确归责的原则，在规定时限联系、处理并答复客户。
2. 开展投诉、举报工单的跟踪、督办和工单质量检查，落实考核责任。
3. 保护投诉举报人的合法权益，不得泄露投诉举报人信息，严禁打击报复投诉举报人的行为。
4. 严格按照投诉举报"四不放过"的原则，落实投诉举报处理整改措施。

🔲 政策依据

〔内部制度依据〕《国家电网有限公司供电服务"十项承诺"》第九条；《国家电网有限公司员工服务"十个不准"》第六条；《国家电网有限公司95598客户服务业务管理办法》。

🔲 典型案例

〔案例描述〕某公司接到举报工单，客户A反映隔壁客户B窃电，要求查处。该公司在处理过程中，因客户B较难沟通，窃电处理有难度，工作人员直接让客户整改，但未查处罚款，回复客户A无窃电情况，而且在查处过程中，不慎泄露举报客户的信息，导致客户B向客户A寻衅滋事。最终客户A向能源监管部门反映，引发诉求外溢。

〔案例评析〕用电检查人员未按照法律法规秉公查处客户B的窃电行为，损害供电公司利益，造成国有资产流失；工作人员未执行保密制度，泄露投诉举报人信息，给举报人客户A带来不便；用电检查人员未以事实为依据，弄虚作假，让客户A对公司失去信心，最终导致事态扩大，引发诉求外溢。

4.3 处理不当导致服务诉求外溢

🔲 风险描述

1. 未按照与客户约定时限兑现承诺、解决客户诉求，导致诉求外溢。
2. 客户首次反映诉求后，解决问题不彻底，导致诉求外溢。

🔲 风险影响

因前期处理不完善，让客户对供电公司失去信任和信心，导致服务事态扩大，造成客户不满。

监督评价要点

检查是否存在诉求升级情况：通过检查各类工单或舆情情况，核实是否存在客户多次重复诉求、问题解决不彻底等问题。

防范措施

1.坚持以客户为中心的原则，在约定时限内主动联系客户、认真处理问题并答复客户。

2.加强部门联动，明确营销服务舆情分类分级判定和预警规则。

3.严格落实考核制度，对因处理不完善导致客户诉求外溢升级的情况严格考核。

政策依据

〔内部制度依据〕《国家电网有限公司供电服务"十项承诺"》第九条；《国家电网有限公司员工服务"十个不准"》第六条；《国家电网有限公司95598客户服务业务管理办法》。

典型案例

〔案例描述〕客户于2023年3月27日反映2022年11月其发现供电所工作人员将线路挂在其家屋顶上，他认为这样操作存在安全隐患。于2022年11月20日联系供电服务热线，因为客户家还在装修，供电所承诺会在2023年1月底前处理，但至今一直无人处理，造成客户诉求外溢。

〔案例评析〕未按双方约定时限处理客户诉求，造成客户诉求外溢升级，引发舆情。

4.4 新闻舆论应对不及时

风险描述

1.新闻采访未能主动正面应对。

2.新闻素材未能正面统一出口。

3.报道方式未能主动沟通。

4.社会舆论未能及时澄清。

5.新闻舆论事件信息未能及时上报。

6.已发生的舆情事件未能积极处理。

风险影响

负面报道事件引起新闻舆论升级。

监督评价要点

1. 检查新闻舆情处理是否及时：核查社会舆情、新闻舆论事件是否每天监测，并及时沟通处理，防止大量转发升级；发生三级及以上舆情事件时，有关单位是否及时上报舆情信息。

2. 检查新闻舆情处理是否规范：核实舆情升级的事件是否存在前期处理不规范情况，事件情况说明是否真实、完整、合理。

防范措施

1. 建立供电服务新闻舆论快速响应制度，成立供电服务新闻处理专班。

2. 根据"快速响应、实事求是、分级负责、注重效果"的原则，及时高效处理新闻负面事件。

3. 建立各级新闻发言人制度，各类事件的响应均由新闻发言人对接媒体。

政策依据

〔内部制度依据〕《国家电网公司电力服务事件处置应急预案》。

典型案例

〔案例描述〕某市媒体"民生问政"栏目，采访供电营业厅工作人员，询问"行政服务中心是否开设电力窗口"。工作人员在未向上级部门请示汇报的情况下，直接接受采访，答复"电力窗口未入驻行政服务中心"。事后，工作人员也未及时向上级部门汇报采访事件。在该供电公司负责人毫不知情的情况下，该情况在直播节目上被"民生问政"报道。后核实发现实际情况是供电企业正在主动与行政服务中心对接电力窗口入驻事宜，但行政服务中心正值房产业务突增时期，暂时借用电力窗口，电力业务暂缓入驻。

〔案例评析〕营业厅工作人员在未经批准的情况下，擅自接受参访，所做的答复不是客观、正面、统一的答复；采访后工作人员未能及时上报新闻事件，错失主动沟通、化解误会的先机。

5 信息公开

5.1 信息公布不到位

风险描述
1.移动客户端、门户网站、营业窗口等渠道未及时准确、主动公开信息，如服务承诺、服务项目、业务办理流程、投诉监督电话、电价和收费标准等。

2.移动客户端、门户网站、营业窗口等渠道对外公开的信息变更不及时、不规范或不完整。

风险影响
客户无法及时、准确获取电价、收费标准、投诉监督电话等信息，导致客户利益受损。

监督评价要点
检查各类服务渠道信息公开是否到位：现场核查门户网站、营业窗口等渠道是否准确公示服务承诺、服务项目、业务办理流程、投诉监督电话、电价和收费标准；更新是否及时。

防范措施
移动客户端、门户网站、营业窗口应及时、规范、完整地对外公布服务承诺、服务项目、业务办理流程、投诉监督电话、电价和收费标准等信息。

政策依据
〔外部政策依据〕《供电企业信息公开实施办法》（国能发监管规〔2021〕56号）。

〔内部制度依据〕《国家电网有限公司关于印发一线员工供电服务行为规范的通知》（国家电网营销〔2023〕482号）。

典型案例
〔案例描述〕2019年5月31日，某省发展改革委发布关于降低一般工商业电价有关事项的通知，并于2019年7月1日起执行。当年8月2日，某营业厅的宣传栏中公示的仍然是原电价表。

〔案例评析〕该营业厅对外公布的电价信息未及时更新，对外公开不及时。

5.2 信息推送不到位

风险描述
1. 停限电信息未主动对外公告或者公告不及时，计划检修未能提前7天公告；临时停电未能提前24小时通知重要客户；欠费停电未履行程序通知客户。
2. 未精准研判停电客户范围，停限电信息推送不准确。

风险影响
客户无法及时、准确获取停限电信息，影响正常生产、生活，给客户造成损失。

监督评价要点
分析多户报修、用电信息采集系统停电记录、"95598"停电信息、停电信息短信记录等，核查停限电信息对外通告是否及时或是否与实际一致，核查计划检修停电信息是否提前通知客户或进行公告，临时检修停电信息是否提前通知重要客户，故障停电信息是否及时发布，欠费停电信息是否按照程序通知客户。

防范措施
应用配电自动化系统等，精准研判停电客户范围，充分利用传统及新媒体、短信等渠道，及时准确发布停电信息。

政策依据
〔外部政策依据〕《供电企业信息公开实施办法》（国能发监管规〔2021〕56号）。

〔内部制度依据〕《国家电网有限公司供电服务"十项承诺"》第二条、第三条；《国家电网有限公司关于印发一线员工供电服务行为规范的通知》（国家电网营销〔2023〕482号）。

典型案例
〔案例描述〕2022年4月，客户拨打供电服务热线进行投诉，表示家中停电，但是未收到停电信息，要求供电公司工作人员立即做出解释。核实发现该客户家中停电原因为供电所临时更换老旧小区分支箱，该分支箱供电范围覆盖该客户，但是供电所未将停电信息及时告知到位。

〔案例评析〕供电所的临时停电信息未能及时推送到客户或提前公示，客户因为不知情未能提前安排生活事宜，造成客户损失。

第十部分
营销项目风险

1 项目前期管理

1.1 项目提资不准确

风险描述

提资阶段数据未按照实际情况、实际需求进行提报。

风险影响

基础数据提报不准确，无法有效研判项目需求，导致投资判断失误。

监督评价要点

检查项目提资是否准确：检查营销系统等系统数据（趋势）以及营业厅、计量库房、实验室等实际存量，对比项目说明书、可行性研究报告等相关资料，检查是否存在基础数据提报不准确的情况。对比各项目投产后实际效益与可研阶段效益期望，是否存在由于基础数据提报不准确造成投资效益未达成的情况。

防范措施

1.加强项目单位提资过程的内部审核把关，落实编报及审核责任。

2.项目后评价过程中发现的因提资不准确引起的问题要及时总结，避免后续提资过程中反复出现类似问题。

政策依据

〔内部制度依据〕《国家电网有限公司电力市场营销项目管理办法》（国网〔营销/3〕381—2023）第三十九条：营销项目储备须开展可行性研究，投资在200万元及以上的营销项目由具体负责项目实施的部门及单位（以下简称项目单位）负责或委托符合资质要求的单位编制可研报告，其他项目可编制项目说明书。（一）项目可研报告主要包括以下内容：项目必要性、项目建设目标、项目内容及建设方案、主要设备材料清册、投资估算书、效益分析等。（二）项目说明书主要包括以下内容：项目必要性、项目内容、项目方案、投资估算等。（三）项目可研应合理测算项目投资规模，严禁估列费用。营销项目收取标准原则上参照最新发布的配网行业标准定额，未涵盖部分可参照国家及地方相关标准、公司有关标准执行。（四）项目前期发生的可行性研究等费用可列入项目前期工作费或项目单位成本。

典型案例

〔案例描述〕检查发现某公司2019年移动作业终端应用率较其他公司严重偏低，了解发现该项目在提资阶段未如实填报使用人数，导致终端采购数量大大超过实际使用数量，因而使用率偏低，属于项目提资不准确导致的后续运营问题。

〔案例评析〕基础数据提报不准确，无法真实体现实际需求，导致投资判断失误。

1.2 可研评审不到位

风险描述

1.可研评审中未对项目必要性、建设方案可行性、效益分析进行把关。

2.未按照估算定额、公司投资负面清单等约束条件进行控制。

风险影响

1.不符合公司投资方向的项目被纳入项目储备库，给后续实施带来政策风险。

2.建设必要性不强、经济效益不合理、建设方案不可行的项目被纳入项目储备库，给后续实施带来不利影响。

监督评价要点

检查可研评审是否到位：检查可研评审文件，是否存在未对项目必要性、可行性、投资效益等关键点进行全面评估，评审及批复不及时的情况；检查项目评审资料和竣工资料，是否存在项目先实施后开展可研评审或可研评审未开展、不到位的情况。

防范措施

1.项目后评价过程中发现的因评审不到位引起的问题要及时总结，避免后续评审过程中出现类似问题。

2.评审前，项目单位组织内审，对负面清单、储备重点等方面重点审查。

政策依据

〔内部制度依据〕《国家电网有限公司电力市场营销项目管理办法》（国网

〔营销/3〕381—2023）第四十条：省公司营销部可根据具体情况确定地市供电企业项目可研评审、批复范围，组织经研院等具有项目评审资质的单位开展营销项目可研评审，地市供电企业在授权范围内组织经研院（所）等具有项目评审资质的单位进行评审；评审通过后评审单位应及时出具评审意见。

典型案例

〔案例描述〕检查发现某公司2019年营业厅"三型一化"改造项目基础装修部分下达金额远超估算定额标准，评审中未按照估算定额等约束条件进行投资控制。

〔案例评析〕可研评审不到位导致资金浪费，影响公司投资效益。

2 项目计划与预算执行

2.1 年度采购和进度计划制订不合理

风险描述

1.未根据年度营销项目计划内容梳理采购需求、明确采购批次及方式。

2.未根据年度营销项目目标制订进度里程碑计划。

风险影响

1.无集中采购安排导致项目单位自行采购的设备、服务无法做到价廉、质优，浪费资金，存在质量隐患。

2.项目设备、服务延迟招标，无法保障项目按期完成。

3.无计划导致项目进度失控。

监督评价要点

检查年度采购与计划制订是否合理：根据项目清册，检查是否及时、全面编制年度采购计划，检查是否存在应当年投产（完成）的项目采购时间节点安排过迟的情况；检查是否存在采购未纳入年度计划、采购时间节点过迟，造成项目未按时投产（完成）的情况。

防范措施

1.明确年度营销项目设计、施工、监理、服务及设备的采购批次及方式，并跟踪项目采购工作。

2.建立沟通机制，动态调整采购计划和进度计划。

政策依据

〔内部制度依据〕《国家电网有限公司电力市场营销项目管理办法》（国网〔营销/3〕381—2023）第五十八条：营销项目预算下达后1个月内，省公司营销部组织线上编制项目里程碑计划，并推送至国网营销部；第五十九条：项目里程碑计划应包含项目招标采购、合同签订、财务支出入账等关键环节的工作目标和时间计划，实施全流程跟踪；第六十条：项目单位应严格按照项目里程碑计划组织项目实施，确有特殊原因，需要调整里程碑计划的，应上报国网营销部批准。

典型案例

〔案例描述〕检查发现某公司2019年用电信息采集系统仿真培训装置购置项目，12月25日完成物资收货确认和财务入账，但实际未供货。了解发现该项目年初下达后，省公司营销部未及时与物资部沟通确定采购批次，最终在采购批次中临时增加采购计划。核实后确定全省均出现虚收货问题，未合理制订年度采购计划。

〔案例评析〕项目设备、服务延迟招标，将无法保障项目按期完成，项目进度失控。

3 项目初设

3.1 初步设计不合理

风险描述

1. 建筑安装工程场地未落实等原因导致初步设计（实施方案）深度不足。
2. 未认真进行现场查勘并根据实际情况合理设计。

风险影响

1. 实施与设计不一致，无法按照初设概算控制，造成投资或成本失控。
2. 过多的变更增加了项目管理难度，增大产生合同纠纷可能性。

监督评价要点

检查初步设计是否合理：检查营业厅、充电桩、岸电等建安工程现场，对比项目初步设计或实施方案，是否存在由于设计不合理而频繁变更的情况；检查项目竣工资料，是否存在与初步设计或实施方案有较大偏差的情况。

防范措施

1. 对于未落实场地等关键要素的项目不应组织初步设计评审。
2. 勘察设计合同中对设计质量低下造成变更过多的情况明确考核要求。

政策依据

〔内部制度依据〕《国家电网有限公司电力市场营销项目管理办法》（国网〔营销/3〕381—2023）第五十五条初步设计评审的主要内容：（一）设计规程、规范及标准执行情况；（二）建设规模和工程投资与审定的可研报告一致性；（三）设计内容深度满足规定要求情况；（四）设计基础资料完整性；（五）技术方案及方案优化比较情况；（六）核实工程材料量；（七）对临时过渡方案进行审查；（八）核实概算编制依据、设计深度、费用构成、计算标准、项目及费用性质划分、概算表格的规范性等，核实各项费用的计算，有无漏项或重复计列。

典型案例

〔案例描述〕检查发现某公司2019年某充电站建设工程施工费结算45万元，该项目初步设计中施工费概算30万元。了解发现在初步设计阶段尚未落实工程场地，而实际施工过程中出现为避开地下管线而变更电缆通道、增加施工费的情况，初步设计不合理。

〔案例评析〕建筑安装工程场地未落实等导致初步设计（实施方案）深度不足；未认真进行现场查勘并根据实际情况合理设计。

3.2 擅自变更初步设计（实施方案）

风险描述

营销项目在实施过程中擅自变更设计造成设计内容发生重大变化，未按照初步设计（实施方案）评审程序重新评审。

风险影响

1. 设计的擅自变更破坏了项目经济技术的合理性，造成项目无法实现预期的经济效益。
2. 设计变更带来的费用调整，导致项目单位投资或成本失控，存在廉政风险。

监督评价要点

检查初步设计变更是否到位：检查执行中或已完成的项目，对比项目实施方案或项目初步设计，是否存在发生重大变化但未履行重新评审和批复手续的情况；检查重新评审程序，是否存在未按照初步设计评审程序开展的情况；是否存在项目可研批复部门（单位）未派员参加的情况。

防范措施

1. 项目实施过程中定期开展项目现场和资料检查，及时发现项目实施过程中的变更事项并提请重新评审。
2. 建立与项目初步设计管理单位的沟通机制，及时提交和组织评审。
3. 定期进行专项检查及考核。

政策依据

〔内部制度依据〕《国家电网有限公司电力市场营销项目管理办法》（国网〔营销/3〕381—2023）第五十条：初步设计是在项目可研报告的基础上进一

步细化各分部工程，以满足设备采购订货及工程实施需要等要求而编制的设计文件，初步设计概算是项目投资控制的重要依据；第五十六条：营销项目在实施过程中不得擅自变更设计，不得擅自超出项目概算。因特殊原因造成设计内容发生变化（项目主体工程的规模、数量变化超过15%以上，实施方案、技术路线发生根本变化等）或超过概算时，应按照初步设计评审程序重新进行评审，项目可研批复部门（单位）应派员参加。

典型案例

〔案例描述〕检查发现某公司2019年营业厅"三型一化"改造工程除在专项中列支工程物资和施工费总计120万元，在运营成本中发现列支该项目物资和施工费总计50万元，比对初步设计方案与实际竣工资料，发现扩大了项目规模，增加了原设计方案中不存在的部分，擅自变更初步设计（实施方案）。

〔案例评析〕设计的擅自变更破坏了项目经济技术的合理性，造成项目无法实现预期的经济效益；设计变更带来的费用调整，导致项目单位投资或成本失控，存在廉政风险。

3.3　擅自超出项目概算

风险描述

营销项目在实施过程中擅自超出项目概算（预算）15%时，未按照初步设计评审程序重新评审。

风险影响

计划和预算外安排项目导致项目单位投资或成本失控。

监督评价要点

检查项目是否存在违规超出概算：检查执行中项目的结算列支费用，对比项目概算，是否有超出项目概算的情况，是否有串项目列支的事实超概的情况；检查已完成项目的结算列支费用，对比项目概算，是否有超出项目概算的情况，是否有串项目列支的事实超概的情况。

防范措施

1. 加强实施过程中的成本跟踪和分析，及时实行成本控制策略。
2. 客观原因造成的超概，及时向项目初设（实施方案）批复单位提请评审。
3. 总结经验教训，提升初设（实施方案）编制水平。

政策依据

〔内部制度依据〕《国家电网有限公司电力市场营销项目管理办法》(国网〔营销/3〕381—2023)第五十六条：营销项目在实施过程中不得擅自变更设计，不得擅自超出项目概算。因特殊原因造成设计内容发生变化（项目主体工程的规模、数量变化超过15%以上，实施方案、技术路线发生根本变化等）或超过概算时，应按照初步设计评审程序重新进行评审，项目可研批复部门（单位）应派员参加。

典型案例

〔案例描述〕检查发现某公司2019年营业厅"三型一化"改造工程除在专项中列支工程物资和施工费总计120万元，在运营成本中发现列支该项目物资和施工费总计50万元，高于项目批复的初步设计金额10%以上。

〔案例评析〕计划和预算外安排项目导致项目单位投资或成本失控。

3.4 项目实施未经审批

风险描述

项目未按照规定程序完成项目评审、批复即开展招标采购等项目实质性的工作。

风险影响

1. 未审批项目因资金未落实，易造成工程承发包、物资采购合同违约。
2. 未纳入储备库的项目不满足公司投资要求，造成投资浪费。

监督评价要点

检查项目实施是否审批到位：检查开展招标采购的项目，是否存在尚未完成初设评审和批复的情况；检查已完成的项目，是否存在尚未完成初设评审和批复的情况。

防范措施

1. 严禁计划和预算外安排项目。
2. 定期进行专项检查及考核。

政策依据

〔内部制度依据〕《国家电网有限公司电力市场营销项目管理办法》(国网〔营销/3〕381—2023)第三十四条：各单位依据营销发展投资重点方向、负面清单组织开展下年度营销储备工作，纳入公司项目管理业务中台统一管理，保障营销重点工作开展；第三十五条：营销储备项目是编制年度项目计划和预算的重要基础，公司总部、各单位编制或调整年度营销项目计划和预算时，所安排项目均应从储备库完成可研批复项目中选择。未纳入储备库或者纳入储备库未批复项目均不得列入年度计划和预算；第四十六条：年度营销项目投入规模和预算由公司发展部和财务部分别纳入公司综合计划规模和全面预算统一下达。年度营销项目投入规模和全面预算下达后，各单位可根据具体情况分批分解项目计划。各单位要严格执行公司下达的营销项目计划和预算，严禁计划和预算外安排项目。

典型案例

〔案例描述〕检查发现某公司2019年营业厅"三型一化"改造项目实际在2018年已完成改造并对外营业，即未经审批先行建设。

〔案例评析〕项目资金未落实即开展工程承发包、物资采购等工作，易造成合同违约。

4 项目实施

4.1 采购活动开展不及时

风险描述

未根据制订的年度采购计划及时提报采购需求，造成招标采购工作延期。

风险影响

项目采购活动滞后，无法保障项目按期完成。

监督评价要点

检查项目采购是否及时：根据项目清册、年度采购计划，检查项目是否存在部分项目未纳入采购计划的情况。检查结算滞后项目，是否存在采购不及时导致整个项目进度滞后的情况。

防范措施

1. 及时完成采购需求及相关技术条款的准备工作。
2. 按照采购计划批次及时提报采购需求，并做好跟踪。
3. 未按计划提报采购需求时，及时与物资部门沟通，重新安排采购计划。

政策依据

〔内部制度依据〕《国家电网有限公司电力市场营销项目管理办法》（国网〔营销/3〕381—2023）第六十一条：项目单位应严格执行国家和公司有关的招投标管理规定，做好年度需求计划预测工作，在项目计划和预算下达后，项目单位应主动与物资部门进行沟通联系，按照采购计划批次及时提报采购需求，并跟踪好项目物资、设计、监理、施工（建设）等采购工作。

典型案例

〔案例描述〕检查发现某公司2019年移动作业终端应用项目无物资财务入账记录，了解发现该项目因物资错过当年的采购批次而无法实施采购，即采购活动开展不及时导致项目无法完成。

〔案例评析〕项目招标延迟或取消，无法保障项目按期完成。

4.2 越权采购

风险描述
未按照一、二级采购目录规定的采购范围、采购方式实施采购。

风险影响
应集中采购的，自行组织采购，无法做到价廉质优，造成资金浪费且存在质量隐患和廉政风险。

监督评价要点
1. 检查项目采购是否符合采购要求：检查招标需求，是否存在项目未按照一、二级采购目录规定的采购范围、采购方式实施采购的情况，如应该省公司集中采购的，擅自采取地市授权方式采购。

2. 检查项目中标通知书，是否存在未按照一、二级采购目录规定的采购范围、采购方式实施采购的情况，尤其检查是否存在越权采购中标单价明显高于应采取的采购方式的中标单价的情况。

防范措施
1. 加强采购需求审核，严格按照一、二级采购目录规定的采购范围、采购方式实施采购。

2. 定期进行专项检查和责任审计及考核。

政策依据
〔内部制度依据〕《国家电网有限公司采购活动管理办法》职能职责：项目管理部门或者项目单位负责提出项目采购需求，主要职责是：（一）严格执行公司两级集中采购目录，编制并审核本部门、本单位采购计划及采购文件技术部分，分别报送公司总部或各单位招标采购管理部门。

典型案例
〔案例描述〕检查发现某公司2019年移动作业终端应用项目入账物资单价高于省公司集中招标物资单价，核查发现该批物资未按照集中采购目录执行省公司集中采购，而是自行组织招标，属于越权采购。

〔案例评析〕应集中采购的却自行组织采购，无法做到价廉质优，造成资金浪费，存在质量隐患。

4.3 规避招标

风险描述
通过化整为零、应公开招标而采用邀请招标等方式，规避审批和应采取的招标方式。

风险影响
1. 应公开招标的项目采用邀请招标方式，无法达成项目实施优化的目的。
2. 化整为零造成项目管理难度增加。
3. 采购过程中存在廉政风险。

监督评价要点
检查项目采购是否符合招标要求：检查申请直接实施项目的签报、会议纪要等，是否存在项目未按要求开展招标、化整为零规避招标的情况；检查申请以邀请方式进行招标的项目招标需求，是否存在项目未按要求进行公开招标的情况；检查已完成项目招标流程与招标资料，是否存在通过化整为零、应公开招标而采用邀请招标等方式规避审批和应采取的招标方式的情况。

防范措施
1. 加强采购需求审核，严格按照规定的采购范围、采购方式实施采购。
2. 定期进行专项检查和责任审计及考核。

政策依据
〔外部政策依据〕《中华人民共和国招标投标法》第四条：任何单位和个人不得将依法必须进行招标的项目化整为零或者以其他任何方式规避招标。

〔内部制度依据〕《国家电网公司采购活动管理办法》禁止行为与责任追究：遵守采购程序，禁止下列行为：（一）将必须进行招标的项目化整为零规避招标。

典型案例
〔案例描述〕检查某公司2019年抄表催费业务外包招标流程，发现该公司通过会议纪要形式确定邀请投标服务供应商名单，并采取竞争性谈判方式确定中标服务供应商和中标单价，这属于规避采购行为。

〔案例评析〕应公开招标而采用邀请招标等方式，规避审批和应采取的招标方式。

4.4 招标限价组价依据不足

风险描述

招标项目编制的限价无定额支撑或无市场价格参考。

风险影响

1. 导致项目中标单价虚高，造成资金流失。
2. 存在廉政风险。

监督评价要点

检查项目采购招标限价是否合理：检查项目招标文件，是否存在招标限价与定额、往年招标限价、市场价格偏差较大的情况；查看已完成项目招标资料，是否存在招标限价与定额、往年招标限价、市场价格偏差较大的情况。

防范措施

按照项目评审流程，加强审核限价合理性，严格按照定额组价或参考同类项目中标价格设定招标限价。

政策依据

〔内部制度依据〕《国家电网有限公司电力市场营销项目管理办法》（国网〔营销/3〕381—2023）第四十一条：营销项目可研评审侧重于项目必要性、项目主要技术方案可行性、项目投资测算合理性，主要包括：……（七）项目建设内容、建设规模、工程投资、取费标准、材料价格等……。

典型案例

〔案例描述〕检查某公司2022年五星级供电所争创项目（管理咨询类）招标，咨询工程师服务费招标限价800元/小时，明显高于其他公司同类项目服务单价，且无相关组价依据。

〔案例评析〕招标限价偏高且无足够支撑依据。

4.5 核心业务整体外包

风险描述

主业核心业务采取招标方式进行外包。

风险影响

1. 存在违背特定业务必须自营的法律要求的风险。

2.存在企业经营秘密泄露风险。

3.存在无法提供优质服务的风险。

👍 监督评价要点

检查核心业务是否外包：检查业务外包招标文件是否存在业务外包清单中包含公司核心业务的情况；检查业务外包合同及结算资料是否存在合同、结算的内容中包含公司核心业务的情况。

防范措施

1.对业务外包采购，加强招标业务范围审查。

2.定期抽查业务外包项目的实际业务执行情况，对发现的问题立即组织整改。

政策依据

〔内部制度依据〕《国家电网有限公司关于印发规范供电企业业务外包管理的指导意见（暂行）的通知》（国家电网办〔2018〕1072号）二、因地制宜，细化管理要求对负面清单业务，各单位要深度梳理专业内业务分类，进一步细化项目颗粒度，负面清单业务的辅助性项目报总部备案后可采用劳务外包或劳务派遣的形式完成。存在负面清单业务外包的单位，须制订外包业务回收方案，限期实现负面清单业务自营；在相关业务完全回收之前，要采取具体措施加强监管。对暂时不具备完全外包条件的业务，各单位要结合实际制定限制性外包业务清单，作为负面清单的有效补充。

典型案例

〔案例描述〕检查某公司2022年业务外包项目，发现外包业务内容包括高压装表接电的整项业务，这属于违规开展核心业务外包。

〔案例评析〕核心业务外包存在泄密、违法外包的风险，以及无法提供优质服务的风险。

4.6 合同签订不及时

风险描述

中标通知书发出后30日内未完成合同的签订。

风险影响

1.导致合同后续实施工作拖延。

2.未签订合同的情况下，实施过程中产生的问题无处置依据，易产生合同纠纷。

监督评价要点

检查项目合同签订是否及时：根据招标需求，跟踪后续公告、开标、中标节点，检查是否存在中标通知书发出之日起15天后仍未开展合同线上流转的情况；检查项目合同文件，是否存在合同签订时间在中标通知书发出之日30天以外的情况。

防范措施

合同管理部门跟踪合同签订情况，合同要及时签订。

政策依据

〔外部政策依据〕《中华人民共和国招标投标法》第四十六条：招标人和中标人应当自中标通知书发出之日起三十日内，按照招标文件和中标人的投标文件订立书面合同。

〔内部制度依据〕《国家电网有限公司电力市场营销项目管理办法》（国网〔营销/3〕381—2023）第六十二条：项目单位应按照公司合同管理规定，使用公司统一的项目合同范本，并应自中标通知书发出之日起30日内签订合同及安全协议，明确各方责任与权利。合同订立应履行会签、审批手续。

典型案例

〔案例描述〕检查某公司2019年营业厅"三型一化"改造项目，发现该项目施工中标通知书发出日期为2019年8月15日，合同签订日期为2019年10月10日，竣工资料中开工日期为2019年9月5日。这表明合同签订不及时。

〔案例评析〕未签订合同先行实施，导致问题产生后无处置依据。

4.7 合同关键条款约定不明或不完善

风险描述

1. 合同中标的、质量、进度、支付等关键条款未明确约定。
2. 合同中标的、质量、进度、支付等关键条款缺失。

风险影响

1. 合同条款缺失导致执行无依据。
2. 合同条款不明确导致合同双方对合同理解不一致，执行有偏差。
3. 合同双方因合同条款不明确或缺失引发合同纠纷。

👍 监督评价要点

检查项目合同关键条款是否明确：检查流转中的项目合同，是否存在未使用统一模板或未对工程范围、工程量、合同金额、质量要求、验收标准、违约责任、安全协议等内容明确约定的情况；检查已缔结的合同，是否存在对合同中标的、质量、进度、支付等关键条款未明确约定的情况。

💡 防范措施

1. 合同应使用统一的合同范本，合同内容应明确工程范围、工程量、合同金额、质量要求、工期要求、违约责任、安全协议等内容。

2. 合同审批过程中各会签部门加强专业审核，及时发现和纠正不规范行为。

3. 执行过程中发现缺失或不明确合同条款时，应及时磋商和变更合同。

4. 合同完结后，及时总结合同执行过程中的细节，完善相关条款，供后续合同参考。

📋 政策依据

〔外部政策依据〕《中华人民共和国民法典》第四百七十条：合同的内容由当事人约定，一般包括以下条款：（一）当事人的姓名或者名称和住所；（二）标的；（三）数量；（四）质量；（五）价款或者报酬；（六）履行期限、地点和方式；（七）违约责任；（八）解决争议的方法。当事人可以参照各类合同的示范文本订立合同。

〔内部制度依据〕《国家电网有限公司电力市场营销项目管理办法》（国网〔营销/3〕381—2023）第六十二条：项目单位应按照公司合同管理规定，使用公司统一的项目合同范本，并应自中标通知书发出之日起30日内签订合同及安全协议，明确各方责任与权利。合同订立应履行会签、审批手续。

📂 典型案例

〔案例描述〕检查某公司2019年营业厅"三型一化"改造项目施工合同及相关附件，施工内容仅描述为"完成某营业厅三型一化改造施工"，质量要求描述为"满足甲方要求"，标的、质量不明确。无进度要求条款属于合同关键条款约定不明确或不完善。

〔案例评析〕未签订合同先行实施，产生问题后无处置依据。

4.8 合同签订背离招标文件

风险描述
合同签订内容与招标文件、中标结果偏差较大。

风险影响
1. 合同签订依据不足，出现歧义时导致合同纠纷。
2. 合同签订实施内容与采购事实不符，存在虚假采购风险。

监督评价要点
检查项目合同文件是否与招标文件相符：检查流转中的合同文件，是否存在合同与招标文件中标的、实施周期、技术标准等内容偏差较大的情况；检查已完成或执行中的合同，是否存在合同与招标文件中标的、实施周期、技术标准等内容偏差较大的情况。

防范措施
1. 合同会签过程中提供招标文件、中标通知书作为会签审核依据，对于偏差严重的内容提出更改建议。
2. 对采购文件、技术规范、合同约定实施内容严格编制和把关，确保采购资料表述的内容、合同约定的实施内容和规模与时间需求一致。

政策依据
〔外部政策依据〕《中华人民共和国招标投标法》第四十六条：招标人和中标人应当自中标通知书发出之日起三十日内，按照招标文件和中标人的投标文件订立书面合同。

典型案例
〔案例描述〕检查某公司2019年营业厅"三型一化"改造项目施工合同及招标文件，施工合同内容为"完成某营业厅'三型一化'改造施工以及业务受理机购置"，招标文件内容为"完成某营业厅'三型一化'改造施工"，并不包含业务受理机购置内容。这种情况属于合同签订背离招标文件。

〔案例评析〕合同签订依据不足；设备购置定价无依据。

4.9 甲供物资擅自转为乙供

风险描述
合同中约定的应由甲方供应的物资擅自改变为由乙方供应。

风险影响
1. 乙方供应的物资规格、性能与甲方供应物资不一致，存在项目质量隐患。
2. 乙方供应的物资采购成本增加，导致项目成本失控。
3. 指定供应商或定价过程中存在廉政风险。

监督评价要点
检查项目中是否存在甲供物资擅自转为乙供：检查与施工单位的联系单，是否存在施工合同中约定应由甲方供应的物资擅自改变为由乙方供应的情况；检查已完成项目的结算资料，是否存在合同中约定应由甲方供应实际由乙方供应并结算的情况。

防范措施
1. 及时安排项目相关甲供物资采购工作，避免项目施工待料。
2. 需求频度高、响应时间短、技术统一、需求量大的常用物资纳入协议库存采购模式。
3. 合同缔结过程中充分考虑甲方物资供应能力，合理确定乙供物资范围。

政策依据
〔内部制度依据〕《国家电网有限公司电力市场营销项目管理办法》（国网〔营销/3〕381—2023）第六十三条：合同生效后，项目单位应严格履行合同，确需对项目实施进度、项目经费、预期成果等关键因素进行调整的，项目单位应按规定严格履行审核会签、审批等合同变更程序。

典型案例
〔案例描述〕检查某公司2019年计量装置建设与改造项目档案资料，发现三相表箱1000只由施工方提供并结算，结算单价较集中采购单价上浮25%，施工合同中约定三相表箱为甲供物资，属于甲供物资擅自转为乙供。

〔案例评析〕乙供物资规格、性能与甲供物资不一致，项目质量存在隐患；乙供物资采购成本增加，导致项目成本失控；可能存在廉政风险。

4.10 质量/进度考核条款未执行

风险描述
合同中的质量/进度考核条款未按照约定执行。

风险影响
1. 破坏合同严肃性。
2. 应扣未扣项目考核款,未降低应减少的项目支出。
3. 降低考核标准,存在廉政风险。

监督评价要点
检查项目结算资料是否严格按照合同约定的条款执行。

检查执行中项目进度款、结算款资料,是否存在合同中的质量/进度考核条款未按照约定执行的情况,尤其是完成指标严重低于约定指标而未进行考核的情况。检查已完成项目进度款、结算款资料,是否存在合同中的质量/进度考核条款未按照约定执行的情况,尤其是完成指标严重低于约定指标而未进行考核的情况。

防范措施
1. 实行项目经理制,负责项目质量/进度的管理和考核。
2. 专项检查和经济责任审计过程中发现的质量/进度未达到合同约定却未执行考核条款的,予以通报处理,杜绝类似情况再次发生。

政策依据
〔外部政策依据〕《中华人民共和国民法典》第五百七十七条:当事人一方不履行合同义务或者履行合同义务不符合约定的,应当承担继续履行、采取补救措施或者赔偿损失等违约责任;第五百八十二条:瑕疵不符合约定的,应当按照当事人的约定承担违约责任。对违约责任没有约定或者约定不明确,依照本法第五百一十条的规定仍不能确定的,受损害方根据标的的性质以及损失的大小,可以合理选择请求对方承担修理、重作、更换、退货、减少价款或者报酬等违约责任。

典型案例
〔案例描述〕检查某公司2019年采集系统设备运维项目档案资料,合同约定"月均采集成功率低于99.7%,每降低0.1%,扣除4%的运维费",实际7月和8月的月均采集成功率分别为99.65%和99.63%，低于规定的99.7%，但未按照合同约定扣减运维费。这表明质量考核条款未执行。

〔案例评析〕未认真履行合同，破坏合同严肃性；按照规定，应减少的项目支出未减少；存在廉政风险。

4.11 工程物资退料管理不规范

风险描述
1. 工程结余物料未退料或退还数量不足。
2. 工程结余物料擅自挪作他用。

风险影响
1. 导致工程结余物料流失。
2. 导致项目费用虚高。
3. 存在工程结余物料被私自处理等风险。

监督评价要点
检查项目工程物资退料管理是否规范：检查开展中项目的领退料单据，是否存在已完成验收的部分未对多余预领材料进行退料处理的情况；检查已完成的项目的竣工资料，是否存在验收数量与领退料数量不一致的情况；检查已完成的项目现场，是否存在使用物料与领料数量严重不符的情况。

防范措施
1. 建立营销项目物资管理细则，明确职责与考核。
2. 做好工程竣工验收管理，做到项目物资应用尽用。
3. 合同中对工程结余物资管理进行约定。

政策依据
〔内部制度依据〕《国家电网公司实物库存管理办法》（国网物资/2237—2018）第十四条：各级项目建设管理单位的职责是（三）负责审批本专业工程结余物资退库申请和应退库物资的种类、数量、退库原因及利库计划。负责组织开展项目结余物资可用性鉴定，与物资公司（中心）办理退库手续。负责本专业工程结余退库物资的利库。

典型案例
〔案例描述〕检查某公司2019年计量装置建设与改造项目资料，三相表箱领料数量共1500只，验收时实际安装数量为1385只，未见表箱退料单，经了解得知多余表箱委托施工单位保管，未退回仓库。

〔案例评析〕导致项目费用虚高；存在工程结余物料被私自处理等风险。

4.12 废旧物资管理不规范

风险描述

1. 工程废旧物资未退库或退还数量不足。
2. 废旧物资擅自挪作他用。

风险影响

1. 导致实物资产与ERP台账不一致。
2. 存在工程废旧物资被私自处理等廉政风险。

监督评价要点

检查项目废旧物资管理是否规范：检查开展中项目的废旧物资退料单据，是否存在已完成验收的部分未对拆旧物资进行退库处理的情况；检查已完成项目的竣工资料，是否存在验收拆旧数量与废旧物资退料数量不一致的情况。

防范措施

1. 建立营销项目物资管理细则，明确职责与考核。
2. 施工承发包合同中对项目废旧物资管理进行约定，施工方应拆、实交量重大偏差无合理理由的，依照约定扣除施工款。
3. 加强拆旧物资技术鉴定，废旧物资进行报废审批。

政策依据

〔内部制度依据〕《国家电网有限公司废旧物资管理办法》（国网〔物资/2〕127—018）第十三条：安监、营销、信通、后勤、调度等实物资产管理部门：负责组织制订本专业年度退役退出计划及拆除计划；负责组织专业分工内的退役退出物资技术鉴定及报废审批等工作；负责管理权限范围内废旧物资拆除、移交的管理和监督；组织开展本专业退出物资技术鉴定、试验维修及跨省调配配合等工作。

典型案例

〔案例描述〕检查某公司2019年计量装置建设与改造项目资料，共拆回三相表旧表箱1874只，但三相表箱拆旧退料数量仅为562只，大部分拆回三相表旧表箱未退库，经了解，得知废旧表箱已由施工单位自行处置。

〔案例评析〕存在工程废旧物资被私自处理等廉政风险。

4.13 工程监理制度未严格落实

风险描述

1.应实施监理制度的项目未实施工程监理。

2.监理工作执行不到位，存在监理人员未按时到现场旁站、未落实隐蔽工程检查等情况。

风险影响

1.工程监理缺位，导致工程质量缺少监督。

2.施工计划缺少管控，导致工程进度滞后。

监督评价要点

检查项目工程监理是否落实：检查在建的建安工程项目，是否存在未委托监理的情况，是否存在监理人员未到现场以及未按要求编制和填写监理报告及相关监理记录的情况；检查已完成的建安工程项目，是否存在未委托监理的情况，是否存在监理报告及相关监理记录与现场实际不符（监理文件造假）的情况。

防范措施

1.严格落实工程监理制度。

2.督促监理单位认真履行监理职责，定期检查监理工作质量，确保项目实施质量和进度。

政策依据

〔内部制度依据〕《国家电网有限公司电力市场营销项目管理办法》（国网〔营销/3〕381—2023）第六十四条：项目单位必须严格执行国家、公司相关规范，加强施工安全、工程进度和质量监督，开展项目实施过程风险评估，及时发现风险，制定管控措施，防止风险事件发生。充电设施改造、港口岸电建设改造和营销用房修缮升级等集中施工且有隐蔽性工程的营销项目需引入项目监理，监理单位及监理人员资质须符合国家和行业相关规定。未引入专业监理单位的项目应由项目单位履行相关管理要求，确保项目安全质量。

典型案例

〔案例描述〕检查某公司2018年某岸电设施建设项目资料，工程建设进度滞后于里程碑计划，未见工程监理报告及相关监理记录，了解后得知该岸电项目建设施工采取EPC总包招标模式，未按照要求落实监理招标并开展工程监理。

〔案例评析〕工程监理缺位，导致工程质量缺少监督；施工计划缺少管控，导致工程进度滞后。

4.14 工程实施未招标和签订合同

风险描述

项目未按照规定程序完成招标和合同签订流程即开展项目物资供货、工程项目开工等实质性的工作。

风险影响

1. 无招标和合同保证，易造成合同纠纷。
2. 安全协议未签订，安全责任难以界定，造成安全风险增大。
3. 自行指定承包商、供应商，存在廉政风险。

监督评价要点

检查项目工程是否未招标先施工；检查实施中的项目是否存在未招标、未签订合同的情况；检查已完成的项目，是否存在未招标、未签订合同的情况。

防范措施

1. 严禁未招标和未签订合同提前开展工程建设。
2. 定期进行专项检查及考核。

政策依据

〔外部政策依据〕《中华人民共和国民法典》第一百一十九条：依法成立的合同，对当事人具有法律约束力；《中华人民共和国招标投标法》第三条：在中华人民共和国境内进行下列工程建设项目包括项目的勘察、设计、施工、监理以及与工程建设有关的重要设备、材料等的采购，必须进行招标。

〔内部制度依据〕《国家电网有限公司电力市场营销项目管理办法》（国网〔营销/3〕381—2023）第六十二条：项目单位应按照公司合同管理规定，使用公司统一的项目合同范本，并应自中标通知书发出之日起30日内签订合同及安全协议，明确各方责任与权利。

典型案例

〔案例描述〕某公司营业厅业务检查中发现，某C级营业厅内部因改造升级停止对外营业，延伸检查其施工合同，某公司称暂未完成招标。这表明施工是未招标和未签订合同先行施工。

〔案例评析〕无招标和合同保证，易造成纠纷；安全协议未签订，安全责任难以界定，安全风险增大；自行指定承包商、供应商，存在廉政风险。

4.15 施工过程以包代管

风险描述

工程项目外包中业主未履行主体责任，对施工过程未进行有效监督和管理。

风险影响

1. 工程施工过程中因业主方协调管理不到位导致事故的，应承担主体责任。
2. 施工进度、质量、安全失控。

监督评价要点

检查项目业务是否开展有效监管：检查执行中项目的进度、安全管控记录（工作计划、施工方案、现场安全检查等），是否存在对外包工作进度、安全管控不主导、不参与、不检查的情况；检查已完成项目的进度、安全管控记录（工作计划、施工方案、现场安全检查等），是否存在对外包工作进度、安全管控不主导、不参与、不检查的情况。

防范措施

1. 在建工程实施项目经理制，落实管理责任。
2. 在建工程履行报备制度，多部门参与过程质量、安全、进度监管。

政策依据

〔外部政策依据〕《中华人民共和国安全生产法》第四十四条：生产经营单位应当教育和督促从业人员严格执行本单位的安全生产规章制度和安全操作规程；并向从业人员如实告知作业场所和工作岗位存在的危险因素、防范措施以及事故应急措施。

典型案例

〔案例描述〕检查某公司2019年计量施工项目合同，发现合同条款仅对质量、进度、安全强调施工单位责任和考核，未写明业主方管理职责，延伸检查发现营销班组无外包计量工程的工作计划和现场检查记录，施工单位工作票中无业主单位签字（未履行双签发手续），属于施工过程以包代管。

〔案例评析〕施工过程以包代管，导致施工进度、质量、安全失控。

4.16　项目开工手续不完整

风险描述
1.项目开工前缺少工程施工方案、开工报告等资料。
2.项目开工前工程施工方案或开工报告未完成审核。

风险影响
1.施工安全措施、安全培训等工作未开展，存在施工安全隐患。
2.组织措施、技术措施等施工方案未落实，导致项目进度和质量失控。

监督评价要点
检查项目开工手续是否完整：根据项目清册和合同签订情况，检查是否存在合同签订后未及时履行开工手续、未及时组织开工前安全技术培训和交底的情况；检查项目开工报告、施工方案、培训交底等相关资料，是否存在缺少文件记录、时间逻辑错乱的情况。

防范措施
严格落实项目开工前报批手续，未完成开工审批的项目不允许开工。

政策依据
〔内部制度依据〕《国家电网有限公司电力市场营销项目管理办法》（国网〔营销/3〕381—2023）第六十六条：营销施工类项目在开工前，施工单位应履行完整的开工手续，编制施工方案和工程开工报告，经监理单位和项目单位审核通过后方可组织现场施工。

典型案例
〔案例描述〕检查某公司2019年某充电站新建项目资料，项目开工手续不完整，缺少施工人员培训记录，无施工进度计划，开工报告上业主项目部未填写审批意见并盖章。

〔案例评析〕安全培训等工作未开展，开工报告未经审批，存在施工安全隐患；无工作进度计划，无法有效开展进度控制。

5 项目验收

5.1 隐蔽性工程验收不到位

风险描述

1. 未对隐蔽性工程（暗敷管线、接地装置等）进行验收。
2. 隐蔽性工程验收不到位，未采取拍照、录影方式对隐蔽工程取证存档。

风险影响

1. 隐蔽性工程质量失去监督。
2. 隐蔽性工程资料缺失，影响后续结算、后期维保工作。

监督评价要点

检查项目隐蔽工程是否验收到位：根据工程工艺特性，检查在建工程的项目经理、监理是否存在未制订隐蔽工程验收计划的情况，是否存在隐蔽工程未规范验收的情况；检查项目隐蔽工程监理资料，是否存在隐蔽工程无验收资料或资料不全的情况。

防范措施

1. 隐蔽性工程隐蔽前由监理单位或项目单位验收，对发现的问题落实整改，验收通过前不允许隐蔽。
2. 隐蔽工程验收时，需采取拍照、录影方式对隐蔽工程取证，取证资料纳入项目档案管理。

政策依据

〔内部制度依据〕《国家电网有限公司电力市场营销项目管理办法》（国网〔营销/3〕381—2023）第七十四条：对于有隐蔽性工程（暗敷管线、接地装置等）的项目，施工单位应在工程隐蔽前向项目单位或监理单位提出阶段性验收申请。项目单位在接到验收申请后3个工作日内组织项目运行维护、设计、监理单位进行隐蔽工程验收，并采取拍照、录影方式对隐蔽工程进行取证，取证资料纳入项目档案管理。

典型案例

〔案例描述〕检查某公司2018年某岸电设施建设项目资料，缺少隐蔽工程验收资料及相关影音材料，了解后得知施工单位在隐蔽工程未验收的情况下擅自进行遮蔽，也未对隐蔽工程拍照或录像，监理单位也未对隐蔽工程验收提出要求。

〔案例评析〕隐蔽性工程质量失去监督；隐蔽性工程资料缺失，影响后续结算、后期维保工作。

5.2 全面验收未执行

风险描述

未按照项目组成进行全面验收。

风险影响

1. 无法及时发现质量问题。
2. 无法确定实际工程量。

监督评价要点

检查项目是否开展全面验收：根据工程工艺特性，检查在建工程的项目经理、监理是否存在未制订工程全面验收计划的情况；检查项目竣工资料，是否存在工程未按检验批、分部、分项进行验收资料编制的情况，是否存在验收范围小于结算的情况。

防范措施

自检验批逐级检验，每个层级均落实验收责任人，落实签字制度和责任考核。

政策依据

〔内部制度依据〕《国家电网有限公司电力市场营销项目管理办法》（国网〔营销/3〕381—2023）第七十七条：（三）现场检查应对以下内容（可选，不限于）进行逐项核实：阶段性验收整改情况、安装施工工艺、现场安装调试记录、设备试验情况、设备运行工况、设计变更审批、施工单位资质、监理报告、项目可研报告及初步设计批复文件等；现场验收检查应逐项填写验收记录，必要时可采用拍照、录影方式记录，检查完成后及时提交项目单位。

典型案例

〔案例描述〕检查某公司2019年某充电站新建项目，在投运当月发生充电机侧电缆头绝缘被击穿烧毁，检查发现是电缆头制作工艺不达标造成的，电气安装质量验收时未对电缆头制作工艺以及电气试验报告进行检查。

〔案例评析〕未全面验收，无法及时发现质量问题。

5.3 签证要求未落实

风险描述

项目开工报告、验收报告、结算书等资料未签字盖章或越权签证、代签。

风险影响

1. 项目资料不完整。
2. 项目资料内容真实性存疑。
3. 项目流转合法性存疑。
4. 无法有效追溯责任。

监督评价要点

检查项目资料签证是否规范：检查项目部是否制定项目签证相关规章制度；检查在建工程资料是否存在未落实签证制度的情况；检查项目资料是否存在签章不全、代签等情况。

防范措施

1. 制定项目各环节签证制度，落实考核责任。
2. 明确施工单位、建设部门以及项目管理、财务、档案等职能部门的检查职责，确保及时发现和整改问题。

政策依据

〔内部制度依据〕《国家电网有限公司电力市场营销项目管理办法》（国网〔营销/3〕381—2023）第八十五条：项目结（决）算报告编制完成后，向审计部门提交竣工验收的资料、结（决）算书和相关过程管理资料，过程管理资料应至少包括以下内容：（三）项目设计、施工（建设）、监理、设备材料等采购资料及相应合同文本；（四）项目竣工图或施工图、施工图会审记录，经批准的施工方案，以及设计变更、项目洽商和相关会议纪要；（五）设备、材料现场验收单，竣工验收报告。

典型案例

〔案例描述〕检查某公司2022年营销设备设施维修维护项目，发现电子报账附件中开工报告上只有签字无盖章；竣工验收报告与竣工验收申请单上负责人签字笔迹不一致。

〔案例评析〕签证不全；存在代签情况。

5.4 项目成本未按批复列支

风险描述

未按照批复的项目实施方案列支项目成本。

风险影响

1. 无法准确核算项目成本。
2. 无法准确评估项目经济合理性。

监督评价要点

检查项目列支成本是否规范：检查在建项目的ERP记账记录，对比项目实施方案，是否存在超批复的方案实施的情况；检查已完成项目的ERP记账记录，是否存在超项目批复结算的情况（串项列支也属于超批复实施）。

防范措施

1. 做好ERP记账的审核和整改，项目关闭前及时发现和整改问题。
2. 按照要求及时安排项目评审和计划、预算调整。

政策依据

〔内部制度依据〕《国家电网有限公司电力市场营销项目管理办法》（国网〔营销/3〕381—2023）第五十条：初步设计是在项目可研报告的基础上进一步细化各分部工程，以满足设备采购订货及工程实施需要等要求而编制的设计文件，初步设计概算是项目投资控制的重要依据。

典型案例

〔案例描述〕检查某公司2019年用电信息采集系统运维项目ERP记账信息，发现其中列支移动作业终端物资费15万元，属于未按照批复列支项目成本。

〔案例评析〕项目列支不规范，无法准确核算各类项目成本。

5.5 验收发现问题未落实整改

风险描述

1. 验收中发现的问题未落实整改。

2.验收中发现的问题整改后未复验。

风险影响

1.产生工程遗留问题，工程存在安全质量隐患。

2.在未完成问题整改复验的情况下，直接进行工程结算。

监督评价要点

检查复验工作是否规范开展：检查在建项目的验收资料，是否存在验收缺陷无整改和复验记录的情况；检查已完成项目的验收资料，是否存在验收缺陷无整改和复验记录的情况。

防范措施

未经验收的内容不得纳入工程结算。

政策依据

〔内部制度依据〕《国家电网有限公司电力市场营销项目管理办法》（国网〔营销/3〕381—2023）第七十七条：（五）验收整改，竣工验收审查发现的问题，项目单位应明确整改内容、整改时限和责任单位。整改完成后项目建设单位应再次申请验收。

典型案例

〔案例描述〕检查某公司2019年"三型一化"营业厅基础装修项目，验收报告中记录验收发现的"母婴室灯带光色与设计要求不一致"的问题没有复验记录，相关问题也未整改。

〔案例评析〕产生工程遗留问题，工程存在安全质量隐患。

6 项目结算

6.1 结算量/价无支撑依据

风险描述

1. 未按照合同约定的定价依据结算，结算单价无支撑依据。
2. 未履行工程量确认签证，结算工程量无支撑依据。
3. 套取错误的结算定额。

风险影响

1. 多计工程款，造成项目资金缺失。
2. 存在廉政风险。

监督评价要点

检查结算工程量与结算价格是否规范：检查在建项目的进度款、结算款资料，是否存在结算单价与合同约定不一致的情况，是否存在结算工程量与验收资料不一致的情况；检查已完成项目的进度款、结算款资料，是否存在结算单价与合同约定不一致的情况，是否存在结算工程量与验收资料不一致的情况。

防范措施

1. 合同中明确结算依据和优先级，避免结算单价无依据或定额引用错误。
2. 项目验收过程中落实工程量签证制度，做好工程量变更签证。

政策依据

〔内部制度依据〕《国家电网有限公司电力市场营销项目管理办法》（国网〔营销/3〕381—2023）第八十五条：项目结（决）算报告编制完成后，向审计部门提交竣工验收的资料、结（决）算书和相关过程管理资料，过程管理资料应至少包括以下内容：（一）项目及资金计划批文；（二）项目可研报告、初步设计及相应评审文件；（三）项目设计、施工（建设）、监理、设备材料等采购资料及相应合同文本；（四）项目竣工图或施工图、施工图会审记录、经批准的施工方案，以及设计变更、项目洽商和相关会议纪要；（五）设备、材料现场验收单，竣工验收报告。

典型案例

〔案例描述〕检查某公司2022年用户计量装置改造项目工程结算资料，涉及杆上表箱的金具制作安装工作，此工作内容在合同签订时未明确单价，实际结算价格为双方协商，并未按照合同约定采用定额组价。测算后发现结算单价明显高于定额组价。

〔案例评析〕价款结算缺乏支撑依据，多付工程款，浪费资金；存在廉政风险。

6.2 重复结算

风险描述

同一工作内容在多个项目中结算。

风险影响

1. 重复结算导致资金流失。
2. 存在廉政风险。

监督评价要点

检查项目结算是否存在重复结算：检查在建工程的结算资料，是否存在结算内容已在其他项目中结算的情况，尤其是同时开展改造和运维时；检查已完成工程的结算资料，是否存在结算内容已在其他项目中结算的情况，尤其是同时开展改造和运维时。

防范措施

加强相同、相近工作内容在不同合同之间的横向排查，特别是总包合同中的专业分包工作内容。

政策依据

〔内部制度依据〕《国家电网有限公司电力市场营销项目管理办法》（国网〔营销/3〕381—2023）第八十三条：竣工验收后，项目单位应开展采购及合同管理、物资管理、验收管理等内容（营销施工类项目还应侧重于工程造价管理的内容）的内部核查或第三方核查，并出具核查意见指导整改。

典型案例

〔案例描述〕检查某公司2022年供电营业厅"三型一化"改造工程项目和

2022年营销设备设施维修维护项目，发现均对音频、视频改造工作进行了结算，且工程量、结算金额相同。

〔案例评析〕同一工作重复结算，存在资金流失和廉政风险。

6.3 虚列工程量

风险描述

1. 对实际不存在的工程量进行结算。
2. 对非外委的工作内容向外委单位结算。

风险影响

存在廉政风险。

监督评价要点

检查项目结算是否存在虚列工程量的情况：根据营销系统数据、工作计划情况，结合现场实际，检查在建工程的结算资料是否存在结算数量大于实际工程量的情况，是否存在自营工作按外包进行结算的情况；根据营销系统数据、工作计划情况，结合现场实际，检查已完成工程的结算资料，是否存在结算数量大于实际工程量的情况，是否存在自营工作按外包进行结算的情况。

防范措施

1. 通过营销系统、安全管控系统及现场，多角度核实工程量及工作量所属的真实性。
2. 加强签证管理，确保责任可追溯。

政策依据

〔内部制度依据〕《国家电网有限公司电力市场营销项目管理办法》（国网〔营销/3〕381—2023）第八十三条：竣工验收后，项目单位应开展采购及合同管理、物资管理、验收管理等内容（营销施工类项目还应侧重于工程造价管理的内容）的内部核查或第三方核查，并出具核查意见指导整改。

典型案例

〔案例描述〕检查某公司2022年用户计量装置改造项目分项工程结算资料中涉及计量箱改造60只，营销系统内流程完备，但检查工作票，发现其中40只为公司内部人员施工，并非外委单位施工。

〔案例评析〕虚列工程量，存在套取资金和廉政风险。

6.4 结算和支付未按合同约定内容进行

🗒 风险描述
1. 超前、滞后或未支付进度款。
2. 多扣、少扣或未扣质保金。

🛡 风险影响
1. 项目资金进度与项目实际进度不符。
2. 质保金少扣或未扣导致项目后续质量保障不足。
3. 易产生合同纠纷。

👍 监督评价要点
检查项目结算是否严格按照合同约定执行：根据合同约定，检查在建项目的结算资料，是否存在项目结算未按照合同规定的进度结算，未按规定扣除质保金等情况；根据合同约定，检查已完成项目的结算资料，是否存在项目结算未按照合同规定的进度结算，未按规定扣除质保金等情况。

🛠 防范措施
1. 工程款支付过程中履行付款审批手续，严格按照合同约定条款付款。
2. 工程竣工结算时，认真核对合同质保金条款，按要求扣除质保金。
3. 到期返还质保金时，应提供验收意见和质量保证金返还意见书。

📋 政策依据
〔内部制度依据〕《国家电网有限公司电力市场营销项目管理办法》（国网〔营销/3〕381—2023）第八十八条：项目资金必须严格遵守公司财务有关规定，按照合同约定内容，根据项目实际进度结算和支付。

📑 典型案例
〔案例描述〕检查某公司2019年电动汽车充换电设施运维项目：签订的三方协议中约定"技术服务期内，乙方和丙方工作范围内充电设施产生的电费由丙方下属分公司代缴，并由丙方下属分公司直接和甲方按季度按实结算"，实际仅2019年5月22日和11月25日两笔代缴，未按约定按季度履行结算；根据合同约定，"合同签订后，2019年3月31日前，甲方向乙方支付50%的款项"，实际充电站运维首次付款支付申请日期为2019年4月22日，未按合同约定履行。

〔案例评析〕项目资金进度与项目实际进度不符，未按合同约定支付款项；可能产生合同纠纷。

6.5 项目结算审价（计）未开展或开展不到位

风险描述
1.项目竣工验收后未开展采购及合同管理、物资管理、验收管理等内容审价（计）。

2.审价（计）核查未开展或开展不到位，量价错误未发现。

风险影响
1.多结或少结工程款。

2.存在廉政风险。

监督评价要点
检查项目是否按照要求开展审价（计）：检查在建工程的付款报销材料，是否存在未按规定进行工程的量价审核或虽开展量价审核但未发现明显错误的情况；检查已完成工程的付款报销材料，是否存在未按规定进行工程的量价审核或虽开展量价审核但未发现明显错误的情况。

防范措施
1.明确项目结算内部核查流程和职责。

2.将工程审价报告作为包含建筑安装的营销项目资金支付的必要附件。

3.工程造价咨询合同中明确工作内容和工作质量。

政策依据
〔内部制度依据〕《国家电网有限公司电力市场营销项目管理办法》（国网〔营销/3〕381—2023）第八十三条：竣工验收后，项目单位应开展采购及合同管理、物资管理、验收管理等内容（营销施工类项目还应侧重于工程造价管理的内容）的内部核查或第三方核查，并出具核查意见指导整改；第八十六条：各级审计部门可根据管理要求，对公司营销项目结（决）算工作开展审计监督。

典型案例
〔案例描述〕检查某公司2019年营业厅"三型一化"改造项目的工程量是造型墙面150平方米、门楣框架50平方米、门楣底板50平方米，实际测量现场营业厅，发现工程量为造型墙面132平方米、门楣框架41平方米、门楣底板41平方米，实际工程量少于结算工程量，审价环节未质疑。审计人员核算确定后要求整改。

〔案例评析〕审价单位未现场核定即出具工程造价审定报告，多结工程款，存在廉政风险。

6.6 存在项目预结算

风险描述

项目未完成，但是为了保证项目的计算率，提前结算项目。

风险影响

1. 预结算项目逾期实施本身存在较大的税务风险，后期项目实施与预结算内容一旦发生偏差或管控不到位，极易发生资金安全、廉政等风险。

2. 可能存在其他风险。

监督评价要点

检查项目是否存在项目预结算情况：检查在建工程的付款报销材料，是否存在未按合同约定和施工进度超额支付预结算的情况；检查已完成工程的付款报销材料，是否存在现场施工未结束就已验收的情况。

防范措施

1. 杜绝项目预结算情况，对实施项目预结算的单位进行考核。

2. 严控项目实施进度，确保项目准时完成。

政策依据

〔内部制度依据〕《国家电网有限公司电力市场营销项目管理办法》（国网〔营销/3〕381—2023）第八十五条：项目结（决）算报告编制完成后，向审计部门提交竣工验收的资料、结（决）算书和相关过程管理资料，过程管理资料应至少包括以下内容：（一）项目及资金计划批文；（二）项目可研报告、初步设计及相应评审文件；（三）项目设计、施工（建设）、监理、设备材料等采购资料及相应合同文本；（四）项目竣工图或施工图、施工图会审记录，经批准的施工方案，以及设计变更、项目洽商和相关会议纪要；（五）设备、材料现场验收单，竣工验收报告。

典型案例

〔案例描述〕检查某公司2022年某供电营业厅"三型一化"改造工程项目支付记录，显示项目支付进度已达90%，现场检查项目施工进度不足50%。

〔案例评析〕超项目进度支付项目资金，极易发生资金安全、廉政等风险。

7 项目档案

7.1 档案管理流程、职责不明确，执行不到位

风险描述

1. 未制定档案交接、验收、保管、借阅制度。
2. 未明确项目档案资料管理职责，管理职责模糊。
3. 档案管理流程、职责执行不到位。

风险影响

1. 项目资料归档交接过程中项目档案资料规范性无人把关。
2. 档案管理不当造成项目资料遗失、损毁。

监督评价要点

检查项目档案管理职责是否明确：检查营销项目管理部门是否存在未建立营销项目档案交接管理相关制度、管理职责不清晰明确的情况；检查营销项目档案资料是否完整齐备，档案交接、借阅是否履行相应手续并存档。

防范措施

1. 制定档案交接、验收、保管、借阅制度，档案管理落实到人。
2. 项目建设过程中同步做好项目文件材料的收集整理工作，及时完成文件材料归档。

政策依据

〔内部制度依据〕《国家电网有限公司电力市场营销项目管理办法》（国网〔营销/3〕381—2023）第九十三条：项目档案归档工作应按照公司关于档案管理规范的有关规定，由项目单位具体负责。

典型案例

〔案例描述〕检查某公司2019年智能电能表建设与改造项目，过程中要求提供某供电所某小区智能电能表批量新装工程竣工资料档案，管理人员无法提供，称档案资料被供电所人员借阅后未归还，已遗失。该公司未对供电所

人员追责和考核。

〔案例评析〕管理不当造成项目资料遗失、损毁，对计量工程竣工资料档案未严格保管，且丢失后未对相关责任人员追责和考核。

7.2 项目资料未按规定制作

风险描述

1. 项目档案资料未按照"一项一档"要求进行整理。

2. 项目档案资料收集不完整。

3. 未在期限内完成项目档案资料归档。

4. 投资200万元及以上的营销项目未逐项单独编制竣工结算资料。

风险影响

档案资料不真实、不准确、不完整，无法客观反映项目实际情况，影响后续有效利用资料。

监督评价要点

检查项目档案资料是否完整；检查营销项目管理部门是否存在未编制营销项目档案资料制作标准的情况；检查营销项目档案资料，是否存在归档资料不完整、不真实、不准确的情况，是否存在未按要求单独编制单项工程资料的情况。

防范措施

1. 按照"一项一档"要求进行项目档案整理和归档工作。

2. 项目建设过程中同步做好项目文件资料的收集整理，确保项目档案资料内容完整、真实、准确。

3. 及时移交项目档案资料。

政策依据

〔内部制度依据〕《国家电网有限公司电力市场营销项目管理办法》（国网〔营销/3〕381—2023）第九十三条：项目档案归档工作应按照公司关于档案管理规范的有关规定，由项目单位具体负责。项目管理部门在项目建设过程中应同步做好项目文件材料的收集整理工作，项目竣工后3个月内完成文件材料归档。

典型案例

〔案例描述〕检查某公司2019年用电信息采集建设与改造项目的档案，管理人员提供的档案未按照单项工程（常规按照供电所或服务站分别立项）制作竣工结算资料，而且工程资料中未见领退料单。

〔案例评析〕未按照"投资200万元及以上的营销项目逐项单独编制竣工结算资料"的要求进行项目档案整理和归档工作；项目建设过程中未同步做好项目文件资料的收集整理，造成项目档案资料内容不完整，影响后续有效利用资料。

8 项目评价

8.1 项目评价管理不到位

风险描述

项目完成后未对项目投资情况、效益情况、运营情况开展分析与管理。

风险影响

1. 项目投入产出低，未达到预期投资收益。
2. 低收益项目重复投资，浪费资金。

监督评价要点

检查项目评价管理是否到位：检查营销项目管理部门，是否存在未建立项目评价管理制度的情况；检查项目后评价资料，是否存在未对迁移、续建、扩建、升级改造的项目开展分析的情况，未结合项目前期投资情况与投入后运营情况评价项目效益的情况，出现投入产出比低、低收益项目重复投资情况。

防范措施

加强对投资项目的后评价管理，分析经济、技术、管理、运营等方面的不足，为后续可研立项、招标采购、过程管理提供参考依据。

政策依据

〔内部制度依据〕《国家电网有限公司电力市场营销项目管理办法》（国网〔营销/3〕381—2023）第九十八条：营销项目建成投产并运行一定时间后……应由项目单位结合本单位实际组织开展后评价工作；第九十六条：营销项目检查是对营销项目基础管理、项目计划管理、项目实施情况等进行的全面检查，由各单位自行制订年度项目检查计划并组织实施，项目检查结果施行信息化管理，纳入后评价管理范围。

典型案例

〔案例描述〕检查某公司2021年电动汽车充换电设施技改项目，发现充换电设施自投运以来,每月充电业务数不足30笔,投资效益不明显。

〔案例评析〕充换电设施投资不够精准,效益不明显,且无迁建等后续整改方案。